Hans-Dieter Mutschler

Die Gottmaschine

Das Schicksal Gottes
im Zeitalter der Technik

Pattloch

Die Deutsche Bibliothek — CIP-Einheitsaufnahme

Mutschler, Hans-Dieter:
Die Gottmaschine : das Schicksal Gottes im Zeitalter der Technik /
Hans-Dieter Mutschler. - Augsburg : Pattloch, 1998

ISBN 3-629-00819-4

Pattloch Verlag, Augsburg
© 1998 Weltbild Verlag GmbH

Titelgestaltung: LUNA, Halle/Westfalen unter Verwendung eines Fotos
von Tony Stone Bilderwelten/John Lund
Satz: Uhl + Massopust, Aalen; gesetzt aus 12/15 pt Venus
Druck und Bindung: Wiener Verlag, Himberg
Printed in Austria

ISBN 3-629-00819-4

Vorwort

„**G**ott" und „Maschine" in einem Wort zusammenzuschreiben scheint geschmacklos, eine unverzeihliche Verwechslung der Kategorien. Wenn im antiken Theater der Gott mittels Hebekran ins Geschehen herabgelassen wurde, um die heillose Verstrickung der Sterblichen zu entwirren, dann hatte diese technische Transaktion etwas durchaus Lächerliches. Ein Gott, der mühsam am Kran herumgehievt werden muß, ist kein solcher. Andererseits artikuliert sich die Endlichkeit des Menschen fast nirgends klarer als in seiner Verwiesenheit auf technische Geräte. Die Götter brauchen keine Maschinen, und daß wir auf sie angewiesen sind, zeigt uns überdeutlich, daß wir keine Götter sind.

Es gibt also einen Gegensatz zwischen Religion und Technik, der sich im 19.Jahrhundert zur offenen Feindschaft steigerte: Was wir selbst machen können, verdanken wir nicht etwa den höheren Mächten und je mehr wir selbst bewerkstelligen, um so machtloser werden sie.

Technische Geräte haben zudem etwas penetrant Diesseitiges. Im Gehäuse ihrer Funktionen eingeschlossen, gestatten sie, standardisierte Leistungen nach Bedarf abzurufen, die Welt nach eindeutig bestimmten Zwecken zu manipulieren und dies aufgrund klar erkennbarer Naturgesetze. Das Mysterium, die Grundkategorie der Religion, scheint hier außer Kraft gesetzt. Das Ding siegt über die Aura.

Von solchen nichtauratischen Dingen sind wir mehr und mehr umgeben. In der Großstadt lebe ich in einer künstlichen Umgebung, in der die Natur nur noch als Randphänomen vorkommt, wobei auch die menschlichen Beziehungen zunehmend funktionalisiert und rationalisiert werden, so daß das Maschinelle zusehends nicht nur meine Um-, sondern auch meine Innenwelt prägt.

Welche Bedeutung hat das Religiöse in einer solchen Welt? Wird es marginalisiert wie die Kirchtürme, die einmal alles überragten, aber verglichen mit den sie überwuchernden Hochhäusern nur noch wie Inseln traditioneller Sinnstiftung wirken, Psychotope des Menschlichen, demnächst trockengelegt vom Kapital, das alles verzweckt?

So wird es häufig dargestellt, aber ich habe meine erheblichen Zweifel an dieser Darstellung. Ich möchte in diesem Buch ganz im Gegenteil zeigen, daß moderne Technik seit der entscheidenden Wende in der Industriellen Revolution des letzten Jahrhunderts durchdrungen ist von religiösen Vorstellungen, daß sie ohne diese Vorstellungen keinesfalls zustande gekommen wäre und daß sie insbesondere nicht die Akzeptanz und Breitenwirkung gefunden hätte, wäre sie nicht getragen von solchen dezidiert religiösen Vorstellungen.

Den Begriff der „Religion" verwende ich hier in einem sehr weiten, nicht etwa christlichen oder kirchlich-dogmatischen Sinn. Die Religiosität, die den Technisierungsprozeß trägt und durchdringt, ist frei flottierend, logisch inkohärent und häufig vormoralisch wie der griechische Mythos oder die germanischen Götter oder, was dem noch näherkommt, wie die Sinnstiftungsangebote, die heute in jeder Bahnhofsbuchhandlung ausliegen, mit ihrer abenteuerlichen Mischung aus Quantentheorie, Zen-Buddhismus und Hildegard von Bingen.

Ich möchte zeigen, daß große Techniker wie Werner von Siemens, Carl Benz, Wernher von Braun oder Fachleute für Künstliche Intelligenz wie Marvin Minsky und Hans Moravec von religiösen Mythen zehren, die, wie alle Mythen, zugleich blind und grausam sind, Technikmythen, die kontinuierlich in den Aberglauben und ins Ideologische übergehen.

Um dies deutlich zu machen, muß ich zunächst das rationalistische Selbstmißverständnis vieler Technikproduzenten und insbesondere vieler Technikkonsumenten auflösen, das uns suggeriert, Technik sei etwas durch und durch Rationales. So sieht es zunächst aus. Man braucht sich aber nur einmal unseren Umgang mit Automobilen und Computern vor Augen zu führen, um zu sehen, daß hier von „Rationalität" oft keine Rede sein kann. Während die Maschine verläßlich funktioniert, entgleitet ihr Gebrauch ins Irrationale.

Dieser Prozeß kann nicht verstanden werden, wenn man den Sinn der Technik auf zweckrationale Handlungen einengt. Indem ich dagegen den variablen Bedeutungshof der Technik freilege, mache ich zugleich ihre religiösen Wurzeln sichtbar.

Es wäre ein Wunder, wenn noch niemand auf diese Idee gekommen wäre, und so gibt es in der Tat das monumentale Werk „Mythos der Maschine" von Louis Mumford aus den sechziger Jahren. Meine Idee stimmt mit der Mumfordschen überein mit dem Unterschied, daß ich sie in die neueren Technologien, insbesondere in die Computertechnologie, hinein verfolge und daß ich vor allem das Mumfordsche Philosophiekonzept ablehne. Mumford beruft sich auf die Lebensphilosophie der zwanziger Jahre, wie z. B. auf Henri Bergson und dessen starre Gegensätze von „Intuition" und „Intellekt", „Lebensakt" und „maschinellem Mechanismus". Seine Technikkritik ruht auf einem rein intuitiven Fundament, ist expressiv und appellativ, aber nur selten argumentativ. Von daher ist Mumford in Gefahr, der Irrationalität seines Gegenstandes zu erliegen.

Dagegen habe ich mich bemüht, im Anschluß an Kant ein rational nachvollziehbares Begriffsschema zu entwickeln, das es gestattet, ideologischen Schein und ideelle Bestimmung zu sondern. Indem ich dieses Schema mit neueren Untersuchungen zur Symboltheorie verbinde, mache ich meine Überlegungen anschlußfähig an die Psychologie, aber auch an die Theologie, die allerdings das Problem der Technik noch nicht wirklich für sich entdeckt hat.

Das vorliegende Buch verdankt sich im Wesentlichen meiner zehnjährigen Mitgliedschaft in der Forschungsgruppe „Technik und Ethik" an der Frankfurter Universität, zu der die Professoren Johannes Hoffmann, Konrad Ott, Hermann Schrödter, Martin Trömel und die Doctores Iris Gniosdorsch und Guido Knörzer gehören, von denen ich viel gelernt habe. Die Grundsatzüberlegungen dieser Gruppe wurden veröffentlicht in den von Johannes Hoffmann herausgegebenen Sammelbänden.

Besonders danke ich meinem Freund, dem Chemiker und Philosophen Jens Soentgen für die ausgiebigen Diskussionen und dafür, daß er mich vor den größten Torheiten meiner Detailversessenheit, Sprachverliebtheit und ausufernden Phantasie bewahrt hat, so daß ich für den Rest selbst verantwortlich bin.

Hans-Dieter Mutschler

1.

Technik als Funktion und Technik als Idee

Der Spaten
ist eine verlängerte Vogelkralle,
das Flugzeug ein verlängerter Vogelflügel,
das Automobil verlängert
die Sprintleistung des Geparden.
Der Panzer optimiert das Panzernashorn
und das Telefon reicht weiter
als das Gebrüll des Löwen.

1.1. Einleitung

Technik durchdringt unser Leben wie früher die Kunst, die Religion oder
der Nationalismus. Technik ist omnipräsent selbst im menschlichen Körper. Was wäre ich ohne Zahnersatz oder Aspirin? Sie tönt aus allen Laut-
sprechern, flimmert über die Schirme, verändert unsere Wahrnehmung.
Wie anders sieht die Welt aus, wenn ich auf dem Pferd reite als wenn
ich mit dem Auto oder Motorrad fahre.

Technik, so könnte man glauben, ist ein Hilfsmittel, um sich in der
Welt zurechtzufinden, aber das gilt ebenso für die Sprache oder für gesellschaftliche Normen. Es ist also gar nicht so leicht zu sagen, was
„Technik" ist. Eine gewichtige, heute herrschende Geistesströmung, der
„Konstruktivismus", behauptet sogar, daß eine Differenz zwischen Natur
und Technik gar nicht existiere. Nach Maturana und Varela gibt es in Natur *und* Kultur eine einheitliche Selbstorganisationsdynamik, genannt „Autopoiese", die sowohl Organismen als auch ihrer selbst bewußte Wesen
und sogar gesellschaftliche Normen hervortreibt, in einem Prozeß, der im
Prinzip technischer Natur ist. Technik wird hier zur Zentralkategorie. Die
Welt erscheint als ein universales Konstruktionsbüro, allerdings ohne Konstrukteur – dies soll die Vorsilbe „Auto" in dem Wort „Auto-poiese" signa-
lisieren.

In meinen Augen ist der Konstruktivismus die Ideologie des Techno-
kratenzeitalters. So wie in den Großstädten nur mehr künstliche Gegenstände vorkommen und die Menschen das Gefühl für die Natur verloren
haben, weil sie in ihrer Lebenswelt nicht mehr vorkommt, so verschwindet dem Konstruktivisten das Gegebene hinter dem Gemachten.

Nun ist der Konstruktivismus leicht zu widerlegen, weil er die Eigendynamik der Natur im selben Sinne voraussetzen muß wie ein Großstädter die reinigende Kraft der Wälder und der Flüsse, ohne die ihm die Luft und das Wasser ausgehen würde.[1] Das Prekäre ist nur: wir sehen diese Zusammenhänge nicht mehr. Unsere sinnliche Vorstellungskraft ist überfordert, wenn es um den Schadstoffausstoß von Großstädten geht. Es ist nicht mehr wie früher auf dem Land, wo jeder seinen eigenen Dreck unmittelbar sehen oder riechen konnte.

Ich erwähne den Konstruktivismus, weil er ein Symptom dafür ist, daß technische Verfahren so sehr in unsere Lebenswelt eingedrungen sind, daß wir massive Probleme haben, Nichttechnisches überhaupt noch zur Kenntnis zu nehmen.

Andererseits ist klar, daß das „Technische" keine Letztkategorie sein kann, denn Technik hat relativ zu Sinnhorizonten wie „Gott" oder „Gerechtigkeit" nur subsidiären Charakter, ja selbst ein Hedonist, der die Lust als einen Höchstwert ansieht, betrachtet die Technik immer nur als Mittel zu diesem seinem Endzweck. Es ist also unabdingbar, daß wir technische von nichttechnischen Lebensvollzügen unterscheiden.

Es gab viele Versuche, einen spezifischen Bereich des Technischen von außertechnischen Bereichen abzugrenzen, doch diese Versuche hatten meist etwas Willkürliches. Eine Konzeption ging mit Arnold Gehlen davon aus, daß der Mensch ein „Mängelwesen" sei, von der Natur gegenüber den Tieren stiefmütterlich behandelt.[2] Technik spiele die Rolle des „Organersatzes" oder auch der „Organüberbietung".

Eine andere Konzeption, die Gehlen zugleich vertrat, behauptete, daß die Technik das wichtigste Instrument des Menschen sei, um sich in der Natur zu bewähren. Technik drängt die Naturschranke nach hinten, um Platz für die menschliche Kultur zu schaffen, die, so gesehen, in Opposition zur Natur steht.

Eine weitere Auffassung setzte bei der Beobachtung an, daß der wesentliche Stachel, der die technische Innovation etwa im Mittelalter vorantrieb, die Sehnsucht nach Befreiung von schwerer körperlicher Arbeit war, so daß der Sinn von Technik die Arbeitserleichterung wäre.

In all diesen Fällen wird Technik sektoralisiert, eingegrenzt auf einen bestimmten Bereich menschlicher Erfahrung. Ich glaube allerdings, daß solche Eingrenzungen problematisch sind, weil sich Technik nicht an bestimmten Bereichen festmachen läßt: Sie durchdringt im Grunde alles. Man denke nur an die Kommunikationstechnologien! Welches Liebesverhältnis ist heute noch ohne Telefon denkbar? Ich werde gleichwohl solche Bereichsdefinitionen berücksichtigen, weil sie nach wie vor eine große Rolle spielen.

All diesen, in sich sehr verschiedenen, Konzepten ist jedoch dies gemeinsam, daß sie die Technik für eine Gegeninstanz zur Magie, Religion, Metaphysik oder einer symbolischen Weltauslegung halten, wie sie heute wieder in der Esoterik modisch wurde.

Technik scheint durchdrungen von einem Schub der Ernüchterung, einem Zug ins Diesseitige und Säkulare. In den zwanziger Jahren vertrat der Neopositivist Otto Neurath eine, wie er es nannte, „wissenschaftliche Weltauffassung" in der die Gesellschaft als eine Maschine angesehen wurde, die nach sozialen Zielvorstellungen zu optimieren war. In einer solchen marxistischen Perspektive des „social engeneering" war die Religion ein überwundenes Stadium der gesellschaftlichen Entwicklung und die Menschheitsgeschichte schien sich nach denselben Prinzipien aufzuklären, welche die Alchimistenküche von einem modernen Chemiewerk unterscheidet.

Solche Vorstellungen sind bis heute lebendig: hier die Reste an Aberglauben, kompensatorischer Esoterik und überkommenem Glaubensgut, dort die technische Welt, die „materialistisch" und prinzipiell durchschaubar ist, eine technische Welt, welche die Restbestände an Mystik, Metaphysik und Esoterik zum Verschwinden bringen wird.

Ich glaube, daß diese Auffassung grundverkehrt ist. Sie beruht auf einem oberflächlichen Technikverständnis und zehrt von einer verbreiteten Selbststilisierung des „homo faber" als eines durch und durch „rationalen" Menschentyps. Meiner Meinung nach war jedoch der Technisierungsprozeß von Anfang an von Metaphysik durchdrungen, wäre ohne sie weder zustandegekommen noch perpetuiert worden und hätte sich nie zu der alles durchdringenden Macht steigern können, als den wir ihn heute erfahren. Daß es uns anders erscheint, liegt an der Andersartigkeit moderner gegenüber herkömmlichen, insbesondere handwerklichen, Techniken.

Unter „moderner" Technik möchte ich das verstanden wissen, was seit dem 18. und 19. Jahrhundert als industriell organisierte, auf Wissenschaft beruhende Maschinentechnik über uns kam, im Verhältnis zu der die herkömmlichen Handwerkstechniken vergangener Jahrhunderte als etwas tiefgreifend anderes erscheinen.

Ich bin darüber hinaus der Meinung, daß sich insbesondere im 19. Jahrhundert mit der Industrialisierung eine Revolution ersten Ranges ereignet hat, die unsere gesamte psychische Befindlichkeit so erschütterte, daß es so scheinen konnte, als sei hier ein nichthintergehbarer Bruch vom Jenseits zum Diesseits eingetreten.

Dieser Bruch ist einerseits harmloser als man gewöhnlich glaubt. Es gibt nichts Religiöseres als Porsche- und Maseratifahrer, wie ich im sechsten Kapitel zeigen werde. Andererseits ist der Bruch in den Eigenschaften technischer Gegenstände, den die Industrielle Revolution mit sich brachte, viel tiefgreifender als meist zugestanden wird.

Ich vertrete die Auffassung, daß wir durch die Möglichkeit, Natur exakt zu berechnen, eine wissenschaftliche Chemie zu etablieren, Werkzeugmaschinen gezielt einzusetzen, mit Kunststoffen oder Metallen zu arbeiten, statt mit gewachsenen Stoffen wie dem Holz, daß wir durch diese Umwälzungen technische Produkte hervorgebracht haben, die ganz neue Eigenschaften aufweisen, die es daher philosophisch neu zu bedenken gilt, weil sie uns in eine weitgehend analogielose Situation gebracht haben.

Wesentlich an dieser neuen Situation ist die Zersplitterung der traditionell *einen* Vernunft in nichtüberlappende „Rationalitätsinseln". Darunter verstehe ich die Möglichkeit, wissenschaftlich-technische Verfahren gezielt so einzusetzen, daß Binnenwelten entstehen, die relativ autark, funktional und rational durchschaubar sind. Jeder Autofahrer weiß, was ich meine: Das Automobil ist im System der Straßen, Tankstellen, Reparaturwerkstätten und Raststätten ein wohlfunktionierendes Fortbewegungsmittel — nicht nur physisch in sich abgeschlossen. Diese automobile Welt erzeugt eine eigene Art von Plausibilitätsstruktur, die sich völlig von dem abhebt, was ein Reisender erlebte, der im Europa des 16. Jahrhunderts durch die Wälder ritt. Der moderne Massenverkehr ist wie eine systemtheoretisch zu beschreibende und zu optimierende gigantische Maschinerie, deren Teil der individuelle Autofahrer ist. Der Reiter des 16. Jahrhunderts ritt nicht durch eine Maschine und auch sein Pferd war keine solche. Der Autofahrer des 20. Jahrhunderts bewegt sich in einem vom Computer gesteuerten künstlich erzeugten, soziotechnischen System.

Vielleicht läßt sich der Begriff der „Rationalitätsinsel" noch klarer am Beispiel des Computers verdeutlichen. Viele Menschen erfahren die Binnenrationalität eines Computerprogramms als Entlastung vom Chaos ihres Lebens. Solange ich mich im Programm bewege, ist alles klar. Das System hat eine wohltuende Art von Durchschaubarkeit, welche die Außenwelt vergessen macht, wo diese Durchschaubarkeit gewöhnlich nicht herrscht.

Das Technische übt auf diese Art eine psychische Sogwirkung auf uns aus, weil es wie das Eindeutige des künstlich Erzeugten gegenüber der Mehrdeutigkeit des Realen, wie das Funktionierende gegenüber dem Dysfunktionalen, das Berechenbare gegenüber dem Chaotischen wirkt. Auf der Ebene der Trivialliteratur macht sich diese Sehnsucht nach Rationalitätsinseln der Technik in der Existenz von Zeitschriften wie „Auto, Motor, Sport", „Soldat und Technik", „Audio", „Motorrad" oder den zahlreichen Computerzeitschriften bemerkbar. In diesen Publikationsorganen ist ausschließlich von PS-Zahlen, Hubräumen, Reichweiten, Zugriffszeiten, Festplattenkapazitäten, Verbrauchswerten oder Wirkungsgraden die Rede. Das Technische wird zur Welt an sich. Was funktioniert ist auch gerechtfertigt.

Die Ursache für diese Faszination des Technischen scheint mir die Eindeutigkeit der technikimmanenten Funktionen, ihre Verläßlichkeit und Vorhersagbarkeit zu sein. In der technischen Binnenwelt bin ich die Mehrdeutigkeit und Kontingenz der Welt los. Da die technischen Geräte vor der Industriellen Revolution nicht auf wissenschaftlicher Einsicht in die jederzeit und überall gleich geltenden Naturgesetze beruhten, hatten sie auch nicht die Funktionalität und Verläßlichkeit der modernen Geräte, und deshalb gab es auch das damit verbundene Problem einer Binnenrationalität nicht, die sich gegen den Rest der Welt abschottet.

Dieses Sich-Abschotten führt zum Verlust an symbolischer Präsenz, da Symbole immer mehrdeutig sind. Es führt damit zugleich zum Verlust an religiöser und metaphysischer Interpretierbarkeit, weil weder Religion noch Metaphysik im Funktionalen aufgehen.

Ähnliche Konsequenzen hat es, wenn ich den Sinn der Technik auf „Organersatz" oder „Organüberbietung" hin festlege wie Arnold Gehlen, denn dann hat Technik mit den geistigen Vollzügen des Menschen nichts mehr zu tun und wird metaphysisch belanglos. Fasse ich sie mit Marx als ein Instrument auf, das dazu dient, die Naturschranke nach hinten zu verschieben, dann hat sie ihren ausschließlichen Ort im Bereich des „Stoffwechsels der Gattung" und erscheint so als unverbunden mit Bereichen wie Märchen, Mythos, Religion oder Metaphysik. Beschränke ich mich auf die technische Binnenrationalität und bewege mich nur noch in der durchaus befriedigenden logischen Syntax ihrer immanenten Verhältnisse, ihrer abrufbaren Funktionen und spezifischen Leistungen, dann wird die Mehrdeutigkeit der Welt vor meinem Blick verschwinden und meine Fähigkeit des symbolischen Sinnverstehens wird auf das Berechenbare hin regredieren.

Gegenüber solchen Regressionen möchte ich auf der Mehrdeutigkeit und Unabschließbarkeit der Technik beharren. Das technische Gerät hat zwar oft etwas Klotzhaftes, steckt in einem geschlossenen Gehäuse, funktioniert prächtig und signalisiert auf diese Weise Autarkie, Diesseitigkeit, Eindeutigkeit und Klarheit. Nichts hindert jedoch, daß diese Eigenschaften, die das technische Gerät durchaus aufweist, zum Vehikel transzendenter Ängste, Befürchtungen oder Hoffnungen werden.

Ein immer wiederkehrendes Motiv in der Technikentwicklung besteht in der Sehnsucht, Grenzen zu überschreiten, nicht, um irgendwohin zu gelangen, sondern um sie überschritten zu haben. Diese Sehnsucht gehorcht keinem praktischen Zweck, sondern nur sich selbst. Recht besehen ist die Technik kein in sich abgeschlossenes Gehäuse, keine Rationalitätsinsel, sondern ein universaler Verweisungszusammenhang, so vielfältig, chaotisch und unvorhersehbar wie die Welt, die sie umgibt oder die Menschen, die sich ihrer bedienen.

1.2 Vom elektrischen Fluidum zum Cyberspace – Die Mehrdeutigkeit der Technik

Die mathematische Berechenbarkeit der Energie-, Material- und Informationsflüsse im modernen technischen Gerät macht es zum idealen Mittel des zweckrationalen Handelns. Das Gerät scheint in seinem Mittelcharakter aufzugehen. Daher hat man lange Zeit den Bereich des Technischen, als den Bereich der Mittel, vom Bereich der Zwecke, als dem eigentlich kulturellen Bereich abgesondert[3], oder auch von einem Gegensatz zwischen „Zivilisation" und „Kultur" gesprochen.

Der Rasierapparat dient zum Rasieren, der Rasenmäher dient zum Rasenmähen, der Dosenöffner zum Öffnen von Dosen: Verhältnisse von stupender Geheimnislosigkeit. Faßt man es so, dann ist alles klar und es entsteht wiederum jener Schein der metaphysikfreien Diesseitigkeit, der das technische Gerät auszeichnet als ein klares Mittel zu eindeutig bestimmten Zwecken.

Ich möchte im Folgenden zeigen, daß dieser Schein trügt. Die Zwecke der technischen Artefakte sind oft so wenig festgelegt, daß sie mit ihm erst entstehen! Die Geheimnislosigkeit des Technischen drängt sich nur einem Blick auf, der gewissermaßen mit der Nase an der Scheibe klebt. Einen Schritt zurück und das technische Gerät eröffnet einen Bereich unabschließbarer Mehrdeutigkeit, der schroff mit seinen Binnenverhältnissen kontrastiert.

Das Auto dient zum Fahren von A nach B? Gewiß! Aber nicht weniger der Angeberei, der Aggressionsabfuhr, dem Vertreiben von Langeweile oder vor allem dem Gefühl der Machtsteigerung, die ein Tritt aufs Gaspedal mit sich bringt, wenn der Fahrer über 200 Pferdestärken befiehlt, das Auto in 7,6 Sekunden von 0 auf 100 km/h beschleunigt und über 220 km/h schnell fährt. (Alles Eigenschaften des neuesten, völlig übermotorisierten VW-Golf-Sechszylinder). In der Antike hätte man 2000 Sklaven benötigt, um eine solche Energieleistung zu erbringen. Kein Wunder, daß wir uns am Steuer verhalten wie die Cäsaren!

Moderne Technik ist eindeutig in ihren immanenten Leistungen, im realen Gebrauch aber so vieldeutig wie alles, was der Mensch hervorbringt und der Schein, es könnte sich anders verhalten, rührt allein daher, daß wir die immanenten Funktionen des Technischen mit ihrer gesellschaftlichen Rolle verwechseln. In einer Glühlampe laufen die Elektronen exakt nach den Regeln der Elektrodynamik und der konstruktive Aufbau eines solchen Geräts ist so gestaltet, daß wir eine standardisierte Leistung je nach Bedarf und jederzeit abrufen können. Auf dieser Ebene des Funktionalen gibt es tatsächlich eine klare Zuordnung der Mittel und Zwecke, eine besondere Form der Durchschaubarkeit, die aber rein technikimmanent bleibt.

Aber man braucht nur einen Schritt zurückzutreten und auf die wirkliche geschichtliche und gesellschaftliche Einbettung solcher technischen Geräte zu achten, dann verlieren sie ihren eindeutigen Charakter: Als im Berlin des ausgehenden 19. Jahrhunderts die Gasbeleuchtung durch die elektrische Straßenbeleuchtung ersetzt wurde (übrigens zum ersten Mal in Europa), ging der nächtliche Diebstahl drastisch zurück, *weil man die Diebe besser sehen konnte*. Die Einführung der elektrischen Beleuchtung war zugleich ein *moralischer* Fortschritt. Werner Siemens, der für die

Straßenbeleuchtung in Berlin zuständig war, wurde für seinen unermüdlichen Einsatz für die Elektrizität von Kaiser Friedrich III. geadelt und hieß fortan „Werner *von* Siemens", während die Sozialisten damals sogar glaubten, daß die zunehmende Elektrifizierung den Übergang vom Kapitalismus zum Sozialismus beschleunigen und die Differenz zwischen Stadt und Land aufheben werde. Das steckte noch hinter Lenins bekanntem Diktum, wonach der Sozialismus „Sowjetmacht plus Elektrizität" sei.

Wenn wir heute über solche Naivitäten lachen, weil sich sowohl wir als auch die Diebe an das elektrische Licht gewöhnt haben und weil der Sozialismus trotz der Vereinigung von Elektrizität und Sowjetmacht zusammengebrochen ist, dann sollte man doch nicht übersehen, daß mit der Gewöhnung an eine Technik ihr variabler Bedeutungshof nicht etwa einfach verschwindet. Er verschiebt sich nur in den Bereich des weniger Spektakulären. Deshalb war es vor der Elektrifizierung die Dampfkraft, die moralrelevante Züge trug, während es heute die Computer sind, die den spektakulären Bereich besetzt halten. Es ist durchaus verkehrt, wenn Ernst Bloch sagt: „Jedes Werkzeug setzt genaue Bedürfnisse voraus und hat einen präzisen Zweck, sie zu befriedigen; sonst wäre es nicht da."[4]

Als das Telefon erfunden wurde, wußte zunächst niemand, wozu es gut sein könnte. War es ein physikalisches Demonstrationsobjekt, sollte es den Telegrafen ersetzen, war es eine Empfangsstation für Informationssendungen (man benützte das Telefon zunächst als eine Art „Radio am Draht"), sollte es der zwischenmenschlichen Kommunikation dienen? Genauso unklar war zunächst der Kreis der Benutzer. Die ersten Telefone waren eher, wie die ersten Automobile, Statussymbole für diejenigen, die es sich leisten konnten. Daß sich das Telefon zu einem Massenkommunikationsmittel entwickeln würde, konnte man um 1900 in keiner Weise vorhersehen. Die Zwecke folgen im Prozeß der Technisierung oft den Mitteln nach, nicht umgekehrt, wie es ein verbreitetes rationalistisches Vorurteil will.

Das ist bis heute so. Die „Deutsche Gesellschaft für Luft- und Raumfahrt" (DGLR) propagiert nach wie vor die bemannte Weltraumfahrt, obwohl alles, was im Weltraum gemacht werden kann, durch Roboter billiger zu erledigen ist. Der Wissenschaftler Roy Gibson begeisterte sich noch vor kurzem vor der DGLR für eine zu bauende große, erdnahe Orbitalstation, wie sie schon Wernher von Braun projektiert hatte, und endete mit der resignierten Frage: „Ein weiteres wichtiges Problem kommt hinzu — was werden wir mit diesen Riesenlaboratorien anfangen?" Er sei sehr besorgt, „daß unsere jetzigen Programme nicht genügend Verwendungszwecke finden werden."[5]

So verläuft der Technisierungsprozeß nicht gerade selten: Die Mittel werden erzeugt, aber die Zwecke sind noch nicht in Sicht. Wissen wir etwa wozu das Internet gut ist? Technik ist mitnichten die Sphäre der durchgängigen Zweck-Mittel-Rationalität. Sie könnte und sollte es vielleicht sein. Aber bislang läuft der Technisierungsprozeß eher naturwüchsig als gesteuert und selbst wenn er gesteuert liefe, ließen sich weder alle Nebenfolgen noch alle Zwecke vorhersehen, welche die ursprünglich geplanten überlagern. Das Internet ist ein gutes Beispiel für diese Dialektik. Ursprünglich eingerichtet von den amerikanischen Militärs als ein dezentrales Informationssystem im Falle eines atomaren Erstschlags der Russen, wurde es nach dem Zusammenbruch des Sowjetimperiums für die Allgemeinheit zugänglich. Was dann geschah, entzog und entzieht sich jeder Prognose, da wir bis heute noch nicht wissen, wozu das Internet gut ist. Es kann sein, daß es sich im letzten als eine globale Dorflinde herausstellen wird, da es den „Brunnen vor dem Tore" nicht mehr gibt und der Mensch eben gerne schwätzt oder aber es wird zusehends professionalisiert, um in den Händen der Werbestrategen zu einem neuen Medium der Propaganda herabzukommen, oder es wird mit einer neuen Textgattung, dem sogenannten „Hypertext" zugleich das „dezentrierte", „multiple" Subjekt hervorbringen, einen neuen Menschentyp mit frei flottierenden Mehrfach- oder „Patchwork"-Identitäten, also jene postmoderne Menschensorte, die man früher etwas weniger freundlich „schizophren" genannt hat.

Wenn eine Technik neu entsteht, erzeugt sie oft einen Bedeutungshof, der bis ins Religiöse, manchmal auch Pseudoreligiöse hineinragt. Hat sie sich etabliert, dann verliert sich das Exaltierte dieser Bedeutungszuschreibungen, ohne daß sie jemals gänzlich verschwinden könnten. Die Elektrizitätswerke warben gegen Ende des 19. Jahrhunderts für den Strom mit Plakaten, auf denen die Göttin der Elektrizität dargestellt war, die, wie einst Zeus, ihre Blitze schleuderte. Zu jener Zeit galt Elektrizität als das Lebensfluidum schlechthin, so daß man Stromleitungen unter dem Erdboden verlegte, um die landwirtschaftliche Produktion zu steigern. Viele Ärzte liefen damals mit kleinen, handbetriebenen Generatoren herum und elektrisierten jeden, gleichgültig an was er litt, so wie man heute gegen alles irgendwelche Pillen schluckt. Noch 1890 wurde der elektrische Stuhl in den USA eingeführt mit dem Argument, dies sei eine besonders „humane" Form des Tötens und auf der Pariser Weltausstellung von 1900 gab es einen aufwendig gestalteten und auch so genannten „Elektrizitätspalast", welcher der Verherrlichung dieser Energieform diente.

Selbst heute, nach über 100 Jahren, transportiert das elektrische Licht einen eminenten Symbolgehalt, der sich z. B. nachts aufdrängt, wenn wir eine Großstadt überfliegen, wenn plötzlich der Strom ausfällt oder wenn wir in einer gemütlichen Stunde das Kerzenlicht dem elektrischen vorziehen. In all diesen Fällen bedeutet das elektrische Licht weit mehr als das bloße Mittel des Hellerwerdens, es transportiert darüber hinaus einen Symbolgehalt, der sich dem unmittelbaren zweckrationalen Gebrauch überlagert und ihn nicht selten dominiert.

Machen wir uns nichts vor! Das Zweckrationale ist gerade im technischen Bereich oft nichts als ein Vorwand. Untersuchungen haben ergeben, daß der Computer, zweckrationales Mittel par excellence, auf weite Strecken zu nichts anderem dient, als den Spieltrieb seiner Besitzer zu befriedigen und zwar nicht nur auf dem Niveau des kleinen Verwaltungsangestellten, der heimlich seine Patiencen legt, sondern bis hinauf in die höchsten Chefetagen. Man schätzt, daß ungefähr 2% (!) des amerikanischen Sozialprodukts durch nutzlose Spielereien mit dem Computer verschwendet werden, insbesondere durch mehrfaches Umformatieren und Ausdrucken von Texten und Tabellen, die nicht „schön" genug sein können.[6] Wieviele Handys sind heute in Betrieb, nicht weil ihre Besitzer etwas mitzuteilen hätten, sondern weil sie effektvoll dazu benutzt werden können, sich in den Mittelpunkt zu stellen!

Es gibt also eine zu wenig beachtete Dialektik zwischen rein technikimmanenten Funktionen und den realgeschichtlichen Diversifikationen, zwischen dem konstruktiv eindeutigen Aufbau eines technischen Mittels und der unabschließbaren Mehrdeutigkeit der Zwecke, die ein solches technisches Gerät erfüllen kann. Technische Mittel mögen noch so eindeutig in ihren abrufbaren Funktionen sein, ihre Verwendungszusammenhänge sind es *gerade nicht.*

Was das Verhältnis von Religion und Technik anbelangt, so ist es wichtig, diese Mehrdeutigkeit im Auge zu behalten. Konzentriert man sich nämlich auf die standardisierten Funktionen im Innern eines technischen Geräts und auf die unmittelbaren Zwecke, denen es dient, dann verschwindet der religiöse Horizont, weil er in diesen Funktionen nicht untergebracht werden kann. Nur wenn man die Variabilität der entfernteren Zwecke mitberücksichtigt, werden der technische und der religiöse Diskurs anschlußfähig. Zu einem Rasenmäher steht Gott nicht im unmittelbaren Verhältnis und jener progressiv sich dünkende Theologe, der das Gebet einen „Dosenöffner der Seele" nannte, hatte sich gehörig vertan.

Die Technikentwicklung ist oft untergründig motiviert von dem Wunsch nach totaler Weltbewältigung, nach der Überwindung aller menschlichen Schranken. Auf diesem Niveau ist sie mit der Religion vergleichbar. Blickt man lediglich auf die immanenten Zwecke, dann bleibt dieser Bezug verborgen.

Das technische Handeln steht in einer merkwürdigen Spannung, die bis heute nicht wirklich bewältigt wurde: Einerseits gestattet es, immanente Abläufe nach strengen Kriterien zu regeln, so daß wir über ein System verläßlicher Mittel verfügen, die wir rational durchschauen und handhaben können, andererseits ist das technische Mittel nie nur isoliertes Laborobjekt, sondern eingebunden in das unüberschaubare Kausalgeflecht naturaler und sozialer Beziehungen, wodurch es mehrdeutig und unhandlich wird. Die bestgemeinten Produkte hatten oft ökologische Folgen, die niemand vorhersehen konnte, so daß ihre negativen Auswirkungen den Nutzen bei weitem überwog. Nicht anderes ist es mit den sozialen Konsequenzen des technischen Handelns. Auch sie sind nur zum geringsten Teil vorhersehbar. Man lese einmal bei Carl Benz, einem der Erfinder des Automobils, nach, welche edlen Motive der Befreiung des Menschen ihn getrieben haben und vergleiche damit, was inzwischen aus seiner Erfindung geworden ist! Vielleicht hätte Benz angesichts von Treibhauseffekt, verstopften Autobahnen, 10 000 Unfalltoten pro Jahr allein in der BRD auf seine Erfindung verzichtet.

Aber so kann man nicht argumentieren: Die Bedeutungsverschiebungen, die ein technisches Produkt zur Folge hat, wenn es in soziale und naturale Kontexte eingebettet wird, sind immer nur zum Teil vorhersehbar und zwar aus prinzipiellen Gründen, denn kein Mittel legt von sich aus die Zwecke fest, denen es dienen wird[7], so wie auch seine Sekundärwirkungen niemals ganz durchschaubar sind. Als das Automobil zu Beginn unseres Jahrhunderts in Mode kam, war es zunächst ein gehobenes Luxusprodukt für den Adel oder Geldadel. Ein Auto kostete damals so viel wie ein ziemlich großes Haus, die Kosten für den „Chauffeur" nicht eingerechnet. Niemand hätte damals vorhersehen können, daß es sich innerhalb weniger Jahrzehnte zum Massenverkehrsmittel entwickeln würde. Noch krasser war es, als das Telefon erfunden wurde und selbst die elektrische Beleuchtung war zu Beginn ein Luxusprodukt für besonders Privilegierte.

Legt ein Mittel die Zwecke nicht fest, dann noch weniger die Nebenwirkungen: Als das DDT in den dreißiger Jahren zum Einsatz kam, war es zunächst ein sehr wirksames Pflanzenschutzmittel, später erkannte man seine Wirksamkeit gegen die Malaria, wodurch über 100 Millionen Menschen das Leben gerettet werden konnte. Erst viel später entdeckte man die gravierenden gesundheitlichen Schäden, die es zugleich hervorruft (insbesondere Leberschäden), so daß es heute, jedenfalls bei uns, verboten ist.

Technik siedelt sich an in der Spannung zwischen Eindeutigkeit der ursprünglichen Zwecksetzung und Vieldeutigkeit ihres realen Gebrauchs, ganz im Gegensatz zur Politik, wo man niemals aus der Vieldeutigkeit herauskommt und intuitive Geister oft das Rennen machen. Der Glaube, daß der Eindeutigkeit der technikimmanenten Funktionen eine ebensolche Eindeutigkeit ihres gesellschaftlichen Gebrauchs entspräche, ist nichts als ein, wenn auch verbreitetes, Vorurteil, eine Scheinklarheit, die von den Technokraten ohne hinreichenden Grund verbreitet wird. Man ist heute allergisch gegen jeden mythischen, mystischen oder metaphysischen Begriffsnebel, aber eine Klarheit an der falschen Stelle ist auch nicht viel besser.

Maschinen sind wie Rationalitätsinseln im unüberschaubaren Kausalgeflecht der Realität und nur im Labor, wo alle relevanten Parameter konstant gehalten und alle weiteren Zwecksetzungen ausgeblendet werden, ist die Maschine „sie selbst". Auf der Teststrecke bei „Opel" ist der neueste „Astra" nichts als ein Mittel, um bequem von A nach B zu gelangen. Im realen Leben dient er oft ganz anderen Zwecken: Ein ziemlich hoher Prozentsatz der Autofahrer fährt nicht, um ein Ziel zu erreichen, sondern um zu fahren. Die vorgeblich klare Zweckbestimmung des Technischen ist ein Mythos zur Beruhigung unseres schlechten Gewissens.

1.3 Das verstärkte Gebrüll des Löwen – Technik als Organverlängerung

Es gibt noch eine Reihe anderer Vorurteile, die ein adäquates Verständnis der Technik erschweren. Nach Plato stattete der Gott Epimetheus die Menschen mit technischen Fähigkeiten aus, weil sie gegenüber den Tieren benachteiligt waren. Arnold Gehlen hat in unserem Jahrhundert, wie bereits bemerkt, den Menschen als ein „Mängelwesen" interpretiert, das im Vergleich zu den Tieren schlecht ausgestattet sei, so daß er, was ihm fehle, durch Kultur und Technik ausgleichen müsse. Technik als eine Art „Organverlängerung". Das heißt: der Spaten ist eine verlängerte Vogelkralle, das Flugzeug ein verlängerter Vogelflügel, das Automobil verlängert die Sprintleistung des Geparden. Der Panzer optimiert das Panzernashorn und das Telefon reicht weiter als das Gebrüll des Löwen.

Diese Vorstellung ist nicht völlig verkehrt, denn Technik hat ihren ursprünglichen Ort in der Auseinandersetzung des Menschen mit der Natur. Die gesamte landwirtschaftliche Technik kann zunächst einmal als ein Versuch angesehen werden, den Kampf der Tiere mit der Knappheit der Ressourcen auf dem Niveau des Menschen erträglicher zu gestalten. Von daher kam die Idee, Technik sei ein Mittel, um die Naturschranke nach hinten zu verschieben, damit sich der Mensch einen Raum schaffe für seine kulturellen Produktionen, denn in der Tat, wer nichts zu beißen hat, malt auch nicht.

Im 19. Jahrhundert war diese These vom technischen Hinausschieben der Naturschranke allgemein akzeptiert. Wie das Tier, so hatte sich auch der Mensch in der Natur zu bewähren und weil er keine Krallen hatte, brauchte er einen Spaten, weil er keine Flügel hatte, mußte er Flugzeuge bauen. Nicht nur die Konservativen und Liberalen, sondern auch die Marxisten sahen in der Technik ein Mittel im Kampf gegen die Natur, die zu besiegen war. Diese These war zunächst nicht unplausibel, denn die technische Entwicklung diente bis ins späte 19. Jahrhundert in erster Linie der Erfüllung der Primärbedürfnisse wie Ernährung, Behausung, Heizung oder Kleidung. Die Marxisten haben diese These vom Zurückdrängen der Naturschranke durch die Technik allerdings bis in unser Jahrhundert hinein vertreten. „Die nackte Haut", heißt es bei Ernst Bloch, „zwingt uns durchaus, zu erfinden."[8] Noch bei den Neomarxisten Marcuse oder beim frühen Habermas ist Technik ein Mittel zur Lebensbewältigung in einer Natur, die als feindlich angesehen wird.

Wohlgemerkt: Diese These ist nicht an sich verkehrt, sie ist nur ungenügend. Da wir kein Fell haben, brauchen wir Kleider, so daß die Mechanisierung der Textilproduktion seit dem 18. Jahrhundert zunächst als eine Substitution des Naturzustandes angesehen werden kann. Aber schon bei der Kleidermode versagt diese Auffassung. Zur Kleidermode gibt es nur entfernte Analogien im Tierreich. Der Mensch ist gerade *nicht* eitel wie ein Pfau, sondern eitel wie ein Mensch.

Die These, wonach Technik dazu dient, die Naturschranke nach hinten zu verschieben, um Platz für kulturelle Produktionen zu schaffen, ist in bezug auf die Befriedigung der Primärbedürfnisse plausibel, auch dann, wenn es sich um mechanische Geräte wie Hebekräne, Schaufelbagger oder Überseeschiffe handelt. Auch orientierten sich viele Techniken in der Zeit ihres Entstehens erst einmal an der Natur, indem sie das, was der menschlichen Natur versagt war, nachahmten. Die ersten Dampfloks wurden nicht nur „Dampfrösser" genannt, sie schnaubten auch entsprechend und imitierten den Antrieb auf den Schienen mit Hilfe von mechanisch gestalteten „Hinterbeinen".

J. P. Reis konstruierte eines der ersten Telefone in Analogie zum menschlichen Ohr. Auch der andere Erfinder des Telefons, A. G. Bell, orientierte sich als Taubstummenlehrer und Professor für Stimmphysiologie zunächst an der menschlichen Natur. Die Fliegerei versuchte jahrhundertelang, den Vogelflug nachzuahmen, was ein Irrweg war. In all diesen Fällen versuchte man, die Grenzen der menschlichen Natur dadurch zu verschieben, daß man existierende Lebewesen zum Vorbild nahm, die bereits bestimmte Beschränkungen überwunden hatten. Die Natur wurde als etwas angesehen, das uns einengt und die eigene menschliche Natur als eine Schranke, die es technisch zu überwinden galt: Technik als Emanzipationsinstrument, das die Freiheit von der Natur, sowohl der äußeren als auch der inneren, garantiert. Dabei wurde völlig übersehen, daß wir selbst mit zur Natur gehören, weshalb Freiheit immer nur Freiheit *in* der Natur, niemals Freiheit *von* ihr sein kann.

Zudem beweist dieses erste Sich-Orientieren an natürlichen Gegebenheiten nicht, daß Technik nur Organverlängerung oder Substitution von Natur ist. Es gibt nämlich wichtige Bereiche, wo dieses Technikverständnis versagt, wie z. B. in der Kommunikations-, aber auch in der Militärtechnologie.

Militärtechnik hat es schon immer gegeben und es ist nur wenig übertrieben, wenn man sagt, daß im technischen Bereich der „Krieg Vater aller Dinge" sei. Jedenfalls kann die Militärtechnik nicht als ein Mittel zur Auseinandersetzung mit der Natur begriffen werden. Der Vergleich zwischen Panzer und Panzernashorn war ja auch sehr bemüht. Kein Tier führt Kriege wie der Mensch, es ist weder heroisch, pflichtbewußt noch „bestialisch" und führt insbesondere keine Vernichtungskriege. Die Tiere sind in dieser Hinsicht dem Menschen weit überlegen, weil sie niemals töten, nur um zu töten, sondern sie töten stets um eines bestimmten Vorteils willen.

Auf jeden Fall entstehen in der Technik schon früh Betätigungsfelder, die nicht in den Rahmen einer Auseinandersetzung des Menschen mit der äußeren Natur gehören, sondern seine spezifische Sozialnatur ausgestalten, sei sie barbarisch, kommunikativ oder heroisch.

An dieser Stelle kann man auch sehen, daß die allzu einfache Auffassung von der Technik als bloßer „Zivilisation", der dann die höhere „Kultur" gegenübersteht, falsch sein muß. Diese Auffassung ließe sich halten, wenn Technik im wesentlichen Organverlängerung, Optimierung unseres Kampfes mit der Natur wäre. Dann würde Technik in den Bereich des Groben hineingehören, dem der Bereich des Verfeinerten, Kulturellen gegenüberstünde. In Wahrheit ist es jedoch so, daß Technik *alle* Bereiche des menschlichen Handelns durchdringt, gerade auch die „feineren", wie am Beispiel der Kommunikationstechnik deutlich wird und dies nicht erst, seit es den Computer gibt. Die Erfindung des Buchdrucks durch Johannes Gutenberg im 15. Jahrhundert ist bereits ein frühes Beispiel für die seither wachsende Verschränkung zwischen Technik und Kultur, die mehr ist als bloße „Zivilisation", und vielleicht kann man schon das Entstehen der Schrift dazu rechnen.

Dieser Zusammenhang ist aus dem Grunde wichtig, weil es in diesem Buch, wie der Titel schon andeutet, um das Verhältnis zwischen der Frage nach Gott und der Frage nach der Technik geht, ein Verhältnis, das nur hinreichend bestimmt werden kann, wenn man die Technik in einem weiten Sinne interpretiert und nicht vorschnell auf bestimmte Funktionen, wie die Auseinandersetzung mit der Natur, festlegt. Tut man dies und sieht in der Technik wesentlich nur Hebekräne, Bulldozer und Mähdrescher, dann wird die Frage nach Gott inhaltsleer, weil er mit solchen Geräten nicht in eine direkte Beziehung gebracht werden kann. Gott ist nicht funktional.

Die Technik ist also sowohl von ihren Zwecksetzungen als auch von ihren Anwendungsfeldern her unabschließbar. Weder können wir aus der Eindeutigkeit technikimmanenter Funktionen auf ihre eindeutige gesellschaftliche Rolle schließen, noch können wir das Technische auf einen bestimmten Bereich, wie den der Auseinandersetzung mit der Natur oder die Erleichterung schwerer Arbeit, einschränken. Auch ein solcher Versuch würde von vornherein eine mögliche Interferenz zwischen Religion und Technik aus unserem Gesichtsfeld verdrängen. Will man keine weltanschaulichen Vorentscheidungen treffen, die das Ergebnis der Untersuchung vorwegnehmen, dann muß man die volle Variabilität der technischen Anwendungsbereiche berücksichtigen. Das Klotzhafte vieler technischer Geräte täuscht uns allerdings leicht über diese Variabilität hinweg:

Als um 1900 der Dampfpflug aufkam, schien er seinen klar bestimmten Ort in der Auseinandersetzung des Menschen mit der Natur zu haben. Aber diese Geräte hatten, wie überhaupt alle Geräte zu jeder Zeit zugleich die Aufgabe, die Konkurrenz zu beeindrucken, da sie nach damaliger Währung 100 000 DM kosteten, was heute sicher das Zehnfache wäre. Diese Dampfpflüge sprengten in vieler Hinsicht das zweckrationale Denken, indem sie unter ökonomischen Gesichtspunkten keinesfalls profitabler waren als ein ganz gewöhnlicher Ochsenpflug, schließlich waren sie nicht nur zu teuer, sondern auch zu schwer und zu gefährlich, denn ihr Leistungsgewicht lag bei 300 kg/PS und ihre Kessel explodierten sehr häufig. Trotzdem schafften sich die reichen Landwirte solche Dampfpflüge an, die so schwer waren, daß sie beträchtliche Mühe hatten, sie aufs Feld zu bringen und hinterher wieder nach Hause zu karren. Der Dichteringenieur Max Eyth hat diese Dampfpflüge poetisch besungen, wie es überhaupt im 19. Jahrhundert eine weit verbreitete Dampfpoesie gab, für die Namen wie Max Maria von Weber (der Sohn des Komponisten Carl Maria), Heinrich Seidel oder Hans Dominik stehen, Dichter, die heute nicht ohne Grund vergessen sind.

Nicht daß sich seit dieser Zeit irgend etwas an solchen Motivationen verändert hätte. Es gibt Untersuchungen, wonach Hochhäuser eine ganz bestimmte Höhe haben sollten. Sind sie im Verhältnis zu hoch, dann wird die Statik zu teuer, sind sie zu niedrig, dann schlagen die Grundstückspreise negativ zu Buch. Es gibt also eine optimale Höhe, die z. B. in Manhattan bei 63 Stockwerken liegt. Gemessen daran sind allerdings die meisten Hochhäuser, insbesondere die Banken, viel zu hoch. Solche Gebäude sind also nicht nur zweckrational angelegt, sondern zugleich Symbole der Macht des Geldes, so wie die Kathedralen einstmals Symbole der Macht Gottes oder die griechischen Tempel Symbole der politischen Macht waren.

Das Symbolische überformt fast überall das Zweckrationale. Selbst ein harmlos wirkender Strommast, der in der Landschaft steht, ist niemals nur Mittel zum Zwecke der Energieübertragung, sondern zugleich ein Symbol der Macht, welche die Elektrokonzerne über die regionalen Anbieter davongetragen haben.

Solche Semantisierungen haben zur Folge, daß das Nichtfestgelegtsein der Technik auf präzise bestimmbare Zwecke und Anwendungsbereiche noch weiter aufgefächert wird: Die Symbolik, die mit jeder Technik untrennbar verbunden ist, überlagert die an sich schon gegebene Bedeutungsmannigfaltigkeit.

In der Regel wird dieser Aspekt kaum beachtet, weil die technischen Geräte ihre zweckrationale Bestimmung so deutlich auf der Stirn tragen, daß wir geneigt sind, sie von der Sphäre der Kunst abzusondern, wo die symbolische Vermittlung im Vordergrund steht. Die Ursache ist wiederum die, daß Symbole jederzeit mehrdeutig sind und technische Geräte auf

der Eindeutigkeit ihrer Funktionen beruhen. Daher gibt es prima vista einen schroffen Gegensatz zwischen Kunst und Technik. Dies gilt aber nur, solange man das technische Gerät mit dem abstrakten Laborblick des Ingenieurs betrachtet, der sich auf seine inneren Funktionen beschränkt. Sieht man das Gerät in seiner *realen* gesellschaftlichen Einbettung, dann kann man ohne Übertreibung sagen, *daß es außerhalb symbolischer Transformationen überhaupt nicht vorkommt.*

Die Technik ist kein System neutraler Mittel, das nur durch den privaten Spleen der Konsumenten symbolisch aufgeladen wird, so wie mancher sein Auto streichelt und ihm einen Namen gibt oder ein anderer alte Radios sammelt, die er hegt und pflegt wie eine Katze oder ein Meerschweinchen. In Wirklichkeit hat es noch nie eine Technik gegeben, die nicht im großen Stil symbolisch transformiert wäre. Technik *bedeutet* uns etwas. Sie ist niemals weltanschaulich neutral oder emotional gleichgültig.

Der Dampfpflug, poetisch besungen von Max Eyth. Titelblatt von Max Eyths Autobiographie von 1899

Nach dem Kriege waren die in Deutschland, übrigens ohne zwingenden Grund, eingeführten Atomkraftwerke Symbol der industriell und technisch weit fortgeschrittenen Bundesrepublik. Schullehrer fuhren mit ihren Klassen zu diesen Wunderwerken der Zukunftstechnologie, um sie zu bestaunen. Heute sind die Atomkraftwerke negativ besetzt. Sie stehen für staatliche Repression und die anonyme Macht der Konzerne.

Symbolisierungen dieser Art sind oft sehr irrational. Man sollte sich nur vor Augen führen, daß die technische Rationalität kein Mittel gegen solche Formen des irrationalen Gebrauchs ist, da sich solche symbolischen Besetzungen auf einer ganz anderen semantischen Ebene bewegen. Sie unterlaufen sozusagen reibungsfrei die Ebene des Zweckrationalen.

Völlig falsch wäre eine Auffassung, die diese Symbolisierungsleistungen als sekundäre und unwesentliche Zusatzbestimmungen zu einer an sich seienden und von Hause aus „vernünftigen" Technik begreifen würde, die davon unberührt bliebe. Motto: Hier der nüchterne Techniker

und seine erzpraktischen Zwecksetzungen, dort der weltanschaulich Ver-
bildete oder Verbogene, der es noch nicht zur Nüchternheit und Klarheit
des Ingenieurs gebracht hat.

Mit der Nüchternheit der Ingenieure ist es gar nicht so weit her und
der „weltanschauliche Überbau", in den die technischen Geräte implan-
tiert werden, ist in seinen Auswirkungen viel diesseitiger und kapi-
talträchtiger als man zunächst annehmen würde. Beispielsweise hatten
die technischen Artefakte im Deutschen Kaiserreich Repräsentations-
funktion, weshalb sie *besonders groß* sein mußten. Überdimensionierte
Ozeandampfer mit Speisesälen wie bei Ludwig II., riesige eiserne Fach-
werkbrücken wie in Großhesseloh bei München, über den Rhein bei
Mainz oder zwischen Köln und Deutz, geschichtsträchtige Kanalbauten
wie den Nord-Ostsee-Kanal oder den Hohenzollernkanal, der die Havel
und Oder mit Berlin verband, beeindruckende griechisch-römische oder
auch christlich-gotische Bahnhöfe (oder beide Stile bedenkenlos gemischt), die Erfindung des Riesenrades, die ersten Kuppelbauten mit
mehr als 100 Metern Spannweite, gigantische Wasserkraftwerke, die
berühmte Schwebebahn in Wuppertal, die Zahnradbahn auf den „Rigi"
am Vierwaldstädter See, den „Pilatus" bei Luzern und insbesondere auf
das 3454 Meter hohe „Jungfraujoch" in den Berner Alpen. Ferner die ersten kilometerlangen Tunnels unter den großen Pässen, wie unter dem
St. Gotthard oder dem Simplon, landauf, landab heroische Standbilder,
wie etwa den „Alten Fritz" in Berlin „Unter den Linden", ein gußeisernes
Monstrum, 13 Meter hoch, 10 Tonnen schwer oder auch die 16 Meter
hohe „Bavaria" in München auf der Theresienwiese. Auch das Nieder-
walddenkmal bei Rüdesheim, die stramme „Germania", oder das Reiter-
standbild Kaiser Wilhelms des Ersten auf dem „Deutschen Eck" bei Ko-
blenz, stammen aus jener, das Gußeiserne liebenden, Zeit. Zwischen
1880 und 1930 verzehnfachten sich die Schiffsgrößen und man baute
eiserne Siebenmaster, wo die traditionelle Holzbauweise höchstens drei
bis vier Masten erlaubt hatte. Das Allergrößte war freilich der „Zeppelin",
nämlich dreieinhalbmal so lang wie ein moderner „Boeing 747 Jumbo

Jet", er umschloß 200 000 m^3 Rauminhalt und zog bei der jeder Landung Tausende an. Wenn er über die Städte flog, brannte den Hausfrauen das Mittagessen an, weil sie mit offenem Mund in den Himmel starrten.

Zum Zwecke des rein quantitativen Imponiergehabes nahm man die unglaublichsten Risiken in Kauf: Zum Beispiel war der „Zeppelin" mit Wasserstoff gefüllt, das Explosionsrisiko also extrem hoch, weshalb er nach der furchtbaren Katastrophe der „Hindenburg" in Lakehurst (New Jersey) nicht mehr gebaut wurde. Selbst wenn damals Helium in hinreichenden Mengen zur Verfügung gestanden hätte, hätte sich der „Zeppelin" von vornherein nicht durchsetzen können, da er sich auch bei geringen Windstärken nicht vertäuen ließ oder weil er nicht in die dafür gebauten Hallen einfahren konnte, wenn der Wind aus der falschen Richtung kam.

Der Bau des „Zeppelins" war von vornherein ein Wahnsinnsunternehmen, paßte aber in jene Epoche, wie die seinerzeit längste Eisenbahnbrücke, die 1873 am Tay in Schottland gebaut wurde, aber bei einem Sturm wenige Jahre später einstürzte und 200 Menschen in den Tod riß. Fontane schrieb dazu die bekannte Ballade „Die Brück' am Tay" („Tand, Tand ist das Gebild von Menschenhand"). Der Einsturz dieser Brücke wirkte damals so schockierend wie später der Untergang der „Titanic" im Jahre 1912, der im historischen Gedächtnis geblieben ist.

Es ist wohl der Mühe wert, sich diese technische Großmannssucht des 19. Jahrhunderts in Erinnerung zurückzurufen, denn sie emanzipierte sich oft auch noch vom Zweck des nationalen Imponiergehabes und diente der Repräsentation der technischen Macht als solcher. Man hat den Eindruck, als ob die Lust an der Tiefe und an der Vertikalen in die Horizontale des technischen Fortschritts umgekippt wäre, wo sie ihre quantitativen Triumphe feierte, eine Tendenz, die bis heute ungebrochen ist.

Wo Symbolisierungsleistungen eine Rolle spielen, werden offenbar zweckrationale Überlegungen spielend außer Kraft gesetzt. Der „homo oeconomicus", der Mensch, der jederzeit seinen Nutzwert optimiert, ist eine Erfindung der Ökonomen. Sie stutzen den Menschen so zurecht, daß er in ihre Theorien paßt. In der Technikentwicklung geht es oft sehr unökonomisch zu. Zum Beispiel war es gerade zu jener Zeit in Amerika erstmals gelungen, den Wasserkühler der Autos durch einen Luftkühler zu ersetzen. Damit wurden die Automobile leichter, brauchten weniger Benzin, das Kühlwasser konnte im Winter nicht mehr einfrieren, im Sommer nicht mehr überkochen usw.

All diese Gründe kamen jedoch nicht in Anschlag, weil die Autokäufer einen großen, repräsentativen Wagen haben wollten. Ein Wagen mit Kühler sah einfach „mehr nach Auto" aus als ein luftgekühlter. Weil das so ist, haben große Wagen wie Mercedes, Bentley oder Jaguar bis heute eine große Kühlerattrappe, hinter der sich das eigentliche Kühlaggregat verbirgt. Diese Attrappe darf auch bei kleineren Autos nicht fehlen. Bei VW (Passat) und Ford (Fiesta) versuchte man die letzten Jahre ohne eine solche Attrappe auszukommen, aber das Publikum akzeptierte es nicht, so daß die Firmen mit ihren neuesten Versionen einen Rückzieher machen mußten. Die Käufer — zumindest die deutschen — können auf die Machtsymbolik des Kühlers nicht verzichten. Es war ja auch der Deutsche Wilhelm Maybach, der in den achtziger Jahren des letzten Jahrhunderts den Kühler erfand und dessen Luxuslimousinen — die größten, die es jemals in Deutschland gab — sich durch riesige Kühler auszeichneten. Seitdem muß ein deutscher Wagen einen Kühler haben. Keinesfalls genügen Luftschlitze, wie in Frankreich oder Italien. Wo es nichts zu kühlen gibt, kann auch kein Motor dahinter sein. Im Bereich des Technischen ist kaum etwas symbolträchtiger als das Auto. Dies soll im sechsten Kapitel näher ausgeführt werden.

Ganz allgemein ist die Technik mitnichten die Sphäre des Rationalen, der man (in absteigender Reihenfolge) die Sphäre der Politik, der Kunst oder der Religion entgegensetzen könnte. Technik durchzieht sich mit allen Antrieben, die aus unseren Eingeweiden kommen, hehren und weniger hehren und oft geschieht dies über die Brücke symbolischer Vermittlungen. Man hat daher Gründe, solche Vermittlungen ernst zu nehmen. Sie sind jedenfalls eine Produktivkraft ersten Ranges, sozusagen das Rohöl der Seele, das die Technik treibt.

Hinzu kommt, daß es gerade diese symbolischen Vermittlungen sind, die eine Brücke zwischen Technik und Religion schlagen, natürlich oft auch eine Brücke zwischen Technik und Aberglaube, dem sich die technische Rationalität genauso hilflos ausgeliefert sieht. Jedenfalls ist in einem Buch über Religion und Technik auf die Symbolkontexte zu achten, in der sich Technik jeweils ausdrückt. Das Religiöse liegt nicht in den technischen Grundfunktionen, sondern in seinen wenig beachteten Obertönen, die im Bereich des Symbolischen schwingen, deshalb aber nicht weniger real sind.

„Was ein Auto ist, muß auch einen Kühler haben."

Mercedes-Benz „300 SL" mit offener Sportkarosserie, 1953

1.4 Die Verscheuchung jedweden Gottes – Die Technik als Widersacher der Religion

Wenn man solche symbolischen Transformationen beachtet, dann wird man nicht leicht in jene merkwürdige Auffassung hineingeraten, die so tut, als seien Religion und Technik sich ausschließende Alternative, etwa nach dem Muster: Früher beteten die Bauern den Rosenkranz, heute verwenden sie Kunstdünger. Der Christ nahm einst sein Leiden an als ein Kreuz, heute gibt es den Computertomographen.

Aktion gegen Kontemplation, Tun gegen Leiden, Selbstbestimmung gegen Heteronomie, so lauten die bekannten Schlagworte. In Wahrheit läßt sich jedoch niemals Aktion gegen Kontemplation, Tun gegen Leiden, Selbstbestimmung gegen Heteronomie setzen, weil sich menschliches Leben jederzeit im Spannungsfeld beider Pole bewegt. Auch derjenige, der in seinem Leben ausschließlich auf Wissenschaft und Technik setzt – und solche Menschen gibt es merkwürdigerweise immer noch – auch ein solcher entgeht nicht der Tatsache, daß wir weder uns selbst, noch die Welt gemacht haben und daß dasjenige, was wir real ausrichten können, jederzeit ziemlich gering ist gegenüber dem, was wir akzeptieren müssen. Daran hat die gesamte Technisierung nichts Entscheidendes geändert. Der Technisierungsprozeß ist wie die Trockenlegung durch die Deiche in Holland: Es wurde zwar bis zum heutigen Tage viel Land gewonnen, aber das Meer ist dadurch auch nicht viel kleiner geworden.

Was unsere sehr begrenzten Manipulationsmöglichkeiten betrifft, so denke ich hier zunächst nicht an die unvorhersehbaren Nebenfolgen der Technik, die ihre positiven Leistungen oft genug ad absurdum führen. Viel gravierender sind strukturelle Gegebenheiten, die auch nicht im günstigsten Falle unseren Manipulationswünschen offen stehen, wie z. B. die Naturgesetze oder die konkrete Form der Evolution des Lebens. Die Physik und die Biologie haben hier ihre deutlichen Grenzen:

Der Physiker manipuliert, aber nur aufgrund von Regeln, die er vorfindet. Wäre es anders, hätten wir längst das Perpetuum mobile gebaut und säßen im energetischen Schlaraffenland. In der Biologie ist die Evolution ein primum datum, das wir weder in seinem Sosein erklären noch verändern können. Wir können die Evolution nicht erklären, weil wissenschaftlich erklären „ableiten aus Gesetzen" heißt und weil die Evolution in ihren wesentlichen Sprüngen ein Zufallsgeschehen ist, das gerade als solches den Begriff der wissenschaftlichen Erklärung sprengt. Und wir können die Evolution nicht verändern, weil Geschichte immer ein Apriori bezeichnet, in das wir ungefragt hineingestellt wurden. Keiner kann etwas für seine Eltern, aber auch nicht dafür, daß er von den Affenartigen abstammt. Mir scheint, daß sich dieses geschichtliche Apriori auch nicht durch die modernsten Verfahren der Gentechnologie oder der „Artificial-Life"-Technik aushebeln läßt. Was wir in diesen Bereichen tun ist nur dieses, daß wir auf drei Milliarden Jahre Evolution, die uns vorgegeben ist und in den Genen gespeichert wurde, einen flachen Firnis von wohlgemeinten Veränderungen auftragen, von denen wir noch nicht einmal wissen, welche negativen Auswirkungen sie haben werden. Die Gentechnologie hängt am Tropf der Evolution, nicht umgekehrt.

Der Glaube, daß sich Religion und Technik verhalten wie das Hände-in-den-Schoß-Legen und die Ärmel-Hochkrempeln ist ein Mythos wie auch die Überzeugung, Religion und Technik stünden in einem Konkurrenzverhältnis. Das ist, als würde man nur noch ein- statt ausatmen wollen.

In diesem Buch soll, außer im siebten Kapitel, kein explizit religiöser Standpunkt eingenommen werden. Ich werde die religiöse Option als eine *Möglichkeit* behandeln, die sinnvollerweise eingenommen werden *kann*, aber nicht eingenommen werden *muß*. Ich richte meine Polemik nur gegen diejenigen, die glauben, daß die Technisierung notwendigerweise oder auch mit großer Wahrscheinlichkeit in den Atheismus führen müsse. Dies ist nicht nur falsch, sondern beraubt auch diejenigen, die eine solche Position vertreten, eines mächtigen Instruments, um den Technisierungsprozeß zu verstehen. Es ist nämlich nicht nur so, daß Technik und Religion nicht im Gegensatz zueinander stehen, es wird sich im folgenden vielmehr zeigen, daß Religion nicht selten durch die Technik hindurchgreift und zwar gerade bei denen, die sie für ein überholtes Stadium der Menschheit halten.

Man kennt den Topos „Technik als Ersatzreligion" aus dem 19. Jahrhundert, wo die neuerbauten Bahnhöfe wie Kathedralen aussahen und mit Götterfiguren geschmückt wurden, ein Jahrhundert, in dem sogar die Dynamo- oder Dampfmaschinen mit Säulen und korinthischen Kapitellen verziert waren, um das Göttliche der elektromotorischen Kraft oder des Dampfes zum Ausdruck zu bringen.

Doch dieser Topos einer Technik als Ersatzreligion ist auch heute noch lebendig. Er amalgamiert sich beständig mit den neuesten Technologien und wer ihn ignoriert, beraubt sich nicht nur eines Analyseinstruments, sondern auch einer wichtigen Möglichkeit zur Kritik. Der Titel dieses Buches ist durchaus ironisch und kritisch zugleich gemeint.

Kritik ist überall dort angebracht, wo endliche Standpunkte verabsolutiert werden. In der Physik ist es die „Weltformel", in der Technik die Anmaßung, alles machen zu können. Und nur, weil wir diesen Anspruch im Hinterkopf haben, hat das Argument „Technik *oder* Religion" einen Schein von Plausibilität. Wenn es so wäre, daß wir die Urkräfte des Kosmos manipulieren könnten, wie der Physiker Paul Davies annimmt, wenn wir aufgrund von Vakuumfluktuationen die „creatio ex nihilo" technisch reproduzieren könnten, wie derselbe Autor uns glauben machen will[9], dann wäre zwischen Mensch und Gott keine Differenz, weil es kein Außerhalb mehr gäbe. Technik wäre alles, der Mensch Schöpfer seiner selbst. Nur wenn man an solche Allmachtsphantasien glaubt, kann Technik die Religion ersetzen, wobei sie sich allerdings selbst unter der Hand in eine Art von Religion verwandeln muß. „Nemo contra Deum nisi Deus ipse", hat man früher einmal gesagt. Kein Technokrat bekämpft die Religion, es sei denn, er hätte eine andere in der Hinterhand.

Die genannten Engführungen des Technikverständnisses werden vielleicht nirgends deutlicher als bei Bert Brecht, der sie alle zugleich vertrat.

In seinem Stück über Charles Lindberghs erste Atlantiküberquerung von 1927 in dem winzigen Flugzeug „The Spirit of St Louis" stellt Brecht

Lindbergh als einen modernen Helden dar, der sich der Technik bedient, um die Grenzen der Menschheit zu sprengen. „Mut und Technik gegen Gott und Natur", so lautet die simplistische Hintergrundideologie dieses Stückes. Hier ist alles beisammen: die Vorstellung von der Technik als einem eindeutigen Mittel zum Zwecke des Zurückschiebens der Naturschranke, die zugleich die Religion zum Verschwinden bringen soll, welche dadurch zu einem Konkurrenzunternehmen zur Technik wird.

Für Brecht ist Charles Lindbergh eine Art technisch überhöhter Albatros, der sich wagemutig von seiner Erdverhaftetheit losreißt, Gott, Natur und Tradition hinter sich läßt, um im Nichts dieser Negation ein Selbstgefühl zu genießen, das er mit echter Freiheit verwechselt, denn:

> Wenn ich fliege, bin ich
> Ein wirklicher Atheist
> Also kämpfe ich gegen die Natur und
> Gegen mich selber.

Und dann der Aufruf:

> Darum beteiligt euch
> An der Bekämpfung des Primitiven
> An der Liquidierung des Jenseits und
> Der Verscheuchung jedweden Gottes, wo
> Immer er auftaucht.
> Unter den schärferen Mikroskopen
> Fällt er.
> Es vertreiben ihn
> Die verbesserten Apparate aus der Luft.
> Die Reinigung der Städte
> Die Vernichtung des Elends
> Machen ihn verschwinden und
> Jagen ihn zurück in das erste Jahrtausend.

> So auch herrscht immer noch
> In den verbesserten Städten die Unordnung
> Welche kommt von der Unwissenheit und Gott gleicht.
> Aber die Maschinen und die Arbeiter
> Werden sie bekämpfen, und auch ihr
> Beteiligt euch an
> Der Bekämpfung des Primitiven! [10]

Gegenüber solchen ideologischen Engführungen, die ja nicht nur im Marxismus verbreitet waren, ist auf der unabschließbaren Vieldeutigkeit des technischen Handelns zu bestehen. Dieses Handeln ist von Hause aus weder gegen Gott noch gegen die Natur gerichtet. Es gibt keine prästabilierte Eigendynamik des Technischen, die auf ein vorherbestimmtes Ziel gerichtet wäre, sondern Technik ist schlicht, was wir daraus machen. Technik transportiert insbesondere keinen aufklärerischen Impuls.

Zur selben Zeit, als Bert Brecht sein Stück über Charles Lindbergh schrieb, begann der Nestor der Raketentechnik, Hermann Oberth, von der Eroberung des Weltraums zu träumen und beschrieb das räumliche Transzendieren in Begriffen religiöser Transzendenz. Später hat sein Schüler Wernher von Braun eine Art „Gott-Natur" unterstellt, die die räumliche Transzendenzbewegung des Menschen ebenso verursache wie zuvor den Gang der Fische an Land vor über 200 Millionen Jahren. Solche Vorstellungen gibt es bis heute unter Raketenkonstrukteuren und zwar bis in die höchsten Spitzen der NASA. Was das bedeutet, soll im zweiten Kapitel geklärt werden. Es belegt jedenfalls die Tatsache, daß sich der Technisierungsprozeß mit *allen* Motivationen belädt, die den Menschen umtreiben, also auch mit religiösen. Technik ist in ihrem Gebrauch so vieldeutig wie der Mensch, der sie hervorbringt und sie ist nicht zum geringsten Teil religiös motiviert.

„Wenn ich fliege, bin ich ein wirklicher Atheist", hatte Bert Brecht gesagt. Manchem geht es auch umgekehrt.

Anmerkungen

1 Ich werde im fünften Kapitel näher auf den Konstruktivismus eingehen und diesen Gedankengang weiter entfalten, der hier nur angerissen wird.

2 Vgl. den Artikel „Die Technik in der Sichtweise der Anthropologie", in: Gehlen, S.93 ff.

3 So z. B. noch in Max Horkheimers „Kritik der instrumentellen Vernunft".

4 Bloch, S. 767

5 Jahrbuch der DGLR 1989/II, S. 644 f.

6 Soziologische Untersuchungen bestätigen, daß auch bei uns die „zweckrationale Nutzung" des Computers im Verhältnis zu seiner „symbolischen Funktion oft nur eine untergeordnete Rolle" spielt. Jörg Pflüger, in: Rammert, S. 55.

7 Auf diese unaufhebbare Dialektik zwischen Mitteln und Zwecken im technischen Bereich verweist Johannes Rohbeck in seiner Untersuchung über „Technologische Urteilskraft".

8 Bloch, S. 730

9 Davies, S. 214

10 Brecht, S. 232

2. Der Traum vom Fliegen

Heute blüht die blaue Blume der Romantik
im Technisierungsprozeß,
wo man sie am wenigsten suchen würde.
Der Sturz in den Weltraum,
den wir früher nur romantisch auf einer nächtlichen Sommerwiese
imaginieren konnten, wird jetzt real,
aber seine Wirkung auf die Psyche
hat an bezwingender Kraft nur noch gewonnen.

2.1 Da capo Ikarus – Jenseitsprojektionen im Zeitalter der Technik

Fast jeder hat schon einmal davon geträumt, zu fliegen: Die Arme ausbreiten, über Städte, Berge, Täler und Flüsse schweben, die Aufwinde nutzen, sich tragen lassen, in die Ferne blicken. Im Traum stoßen wir dabei meist gegen einen Kirchturm oder Hochspannungsmast und stürzen ab wie Ikarus, in dessen Gestalt die Antike Fliegen und Hybris in direkte Beziehung zueinandersetzte (nicht ohne Grund, wie sich zeigen wird).

Was treibt uns an, unser Leben zu riskieren, nur um einige Augenblicke in der Luft zu verbringen wie der Schneider von Ulm oder später Otto Lilienthal, der 1896 mit seinem Gleitflugzeug, kaum abgehoben, in den Tod stürzte? Lilienthal war nicht nur von der technischen Bedeutung seines Tuns, sondern auch von der friedensstiftenden Wirkung des Luftverkehrs überzeugt, insofern er grenzenüberschreitend sei. Es ging ihm also nicht einfach nur darum, der Menschheit Flügel zu verleihen. Das Gehopse hatte zugleich einen *moralischen* Sinn.

Was es bedeutete, als endlich ein jahrtausendealter Traum in Erfüllung ging und der Mensch sich in die Lüfte erheben konnte, ist heute, im Zeitalter der Linienflüge, kaum noch nachvollziehbar. An diesem Punkt war der Technisierungsprozeß ganz sicher von der Idee beherrscht, die Schranken der Natur zu überwinden, um in ein neues Reich der Freiheit vorzustoßen. Diese Idee steckte als treibendes Motiv schon hinter der Entwicklung der Dampfmaschine und ihrer Verwendung im Schienenfahrzeug. Allerdings war die Eisenbahn, insofern sie an die Schiene gebunden war, auf eine eindimensionale Bewegung beschränkt.

Carl Benz, einer der Erfinder des Automobils, hatte die darüber hinausgehende Idee, „die Lokomotive von ihrer Zwangsläufigkeit zu befreien. Sie sollte nicht mehr gebunden sein an die eiserne Linie der Schiene". Der „große Kulturfortschritt" bei Erfindung des Automobils liegt, sagte er darin, „daß die motorgetriebenen Fahrzeuge mit ihrem freien, richtungsbestimmenden Können eine höhere Entwicklungsstufe darstellen auf dem Wege hinauf zur souveränen Beherrschung des Menschen von Raum und Zeit".

Dies ist die eigentliche Idee hinter dieser technischen Entwicklung: Die „souveräne Beherrschung des Menschen von Raum und Zeit". Der alte Benz erlebte noch die Anfänge der Fliegerei zu Beginn des Jahrhunderts und fühlte sich wie eine Art technologisch gewendeter Moses, der das gelobte Land der dreidimensionalen Bewegungsfreiheit zwar nicht mehr betreten, aber zumindest schauen durfte. Vom fliegenden Menschen sagt er schwärmerisch: „Tief unten läßt er triumphierend alle Erdenschwere. Abgestreift sind die angeborenen Fesseln des Raumes."[1]

„Angeborene Fesseln des Raumes": Wie sehr im Automobil die über es hinausgreifende Idee des Fliegens steckt, wird z. B. an den Reklameplakaten aus der Zeit nach dem Zweiten Weltkrieg deutlich, auf denen im Vordergrund ein Automobil, im Hintergrund aber ein Flugzeug abgebildet war. Damals hatten die Autos nicht selten „himmlische" Namen wie z. B. die „Étoile Filante" von Renault oder der „Firebird" von General Motors, Rennwagen, deren Chauffeure auch heute noch „Pilot" heißen.

Für unser heutiges Empfinden ist es kurios, daß sogar die Entwicklung der Dampflok von den Zeitgenossen mit der Idee des Fliegens in direkte Verbindung gebracht wurde, schließlich ist nichts „irdischer" als eine Dampfmaschine, aber die erste von George Stephenson 1829 in England gebaute Dampflok hieß vollmundig „Rocket", während die Lokomotive, die im Jahr 1835 von Nürnberg nach Fürth fuhr und damit das Zeitalter der Eisenbahn in Deutschland eröffnete, den stolzen Namen „Adler" trug. Für unser heutiges Empfinden hätte sie eher „Walroß" heißen müssen, aber die Passagiere, die damals mit der spektakulären Geschwindigkeit von 15 km/h durch die Lande brausten, hatten eher das Gefühl zu fliegen, im Vergleich zur herkömmlichen Fortbewegungsart mittels Pferd oder Kutsche.

Während des ganzen 19. Jahrhunderts war das Symbol für die Dampflok ein geflügeltes Rad, ein Symbol, das uns heute spontan nicht mehr verständlich ist und deshalb außer Gebrauch kam. Auf der anderen Seite hieß die amerikanische Mondlandefähre „Adler", die am 20. Juli 1969 im „Mare Tranquillitatis" niederging. Das repräsentative Symbol des Idealen haftet an der jeweils neuesten Technik.

Das heißt: Im Konkreten steckt ein Überschuß, im Zweckrationalen eine Idee. Man vergißt dies leicht, weil dieser Überschuß im Produkt erstirbt und alsbald aus dem historischen Gedächtnis verschwindet. Nicht

Georg Stephensons „Rocket", die beim ersten Lokomotivrennen in Rainhill 1829 allen Konkurrenten davonfuhr.

nur der Telegraf und die Eisenbahn wurden im 19. Jahrhundert als ein Sieg des Menschen über Raum und Zeit gefeiert, auch die Speicherung und Fernleitung von elektrischer Energie sah man damals im Lichte einer solchen Hoffnung auf das physische Transzendieren aller naturalen Schranken. Es ist leicht, sich über solche Motive lustig zu machen, aber sie begleiten den Technisierungsprozeß in all seinen Phasen und vieles spricht dafür, daß er ohne sie nicht zustande gekommen wäre.

Verfolgt man die Geschichte der Fliegerei bis hin zur Weltraumtechnik, dann stößt man sehr häufig auf zwei Motive: der Mensch *muß* in immer weitere und höhere Räume ausgreifen und dieser Ausgriff führt zugleich zu einem Überschreiten der *moralischen* Schranken der Menschheit. So hat es auch der Raketenkonstrukteur Wernher von Braun dargestellt. Er äußerte sich bereits 1949 sehr apodiktisch: „Es wird nie einen Grund geben, nicht alles in der Weltraumfahrt zu wagen. Auch die Entwicklung und der Bau einer Weltraumstation werden so unvermeidlich sein wie der Sonnenaufgang."

Später, als die Amerikaner die Führung im Weltraum übernommen hatten, behauptete er nicht weniger kategorisch: „Die Weltraumfahrt ist jetzt ein unmilitärisches Unternehmen, das der Völkerverständigung dienen wird." Es sei „die Zeit gekommen … für größere Aufgaben, bei denen wir Erdbewohner unseren Blick gemeinsam hinauslenken müssen in das unendlich große und unendlich herausfordernde Jenseits." Dieses Jenseits vermischte sich ihm auf eine schwer nachvollziehbare Weise mit dem Jenseits der christlichen Religion, so daß er sogar glaubte, die Eroberung des Weltraum werde einmal „den Schlüssel zu … letzten Erkenntnissen" liefern, wie z. B. dem Sinn des Daseins.[2]

Auch von Brauns Lehrer, Hermann Oberth, war ein großer Metaphysiker. Neben ganz exakten Plänen zur Eroberung des Weltalls, wie sie das berühmte Buch „Die Rakete zu den Planetenräumen" enthält, schrieb er zugleich ein so verworrenes Buch wie „Der Katechismus der Uraniden". In diesem Buch vermischte er seinen UFO-Glauben mit Spiritismus und übriggebliebenen Resten von Aufklärung und Christentum. Ein

Beispiel mehr dafür, wie gut sich höchster wissenschaftlicher Scharfsinn und weltanschauliche Nebelwerferei vertragen.

Man hat Gründe, skeptisch zu sein gegenüber solchen überschwenglichen, weltanschaulichen Ausgriffen. Vielleicht am meisten gegenüber dem von der friedensstiftenden Wirkung der Technik als einer solchen. Das Argument von der friedensstiftenden Wirkung des Fliegens wurde ja nicht nur von Otto Lilienthal vorgebracht. Lilienthal prophezeite darüber hinaus, daß der Krieg durch den Einsatz der Fliegerei verschwinden werde, weil es dann keinen wirksamen Schutz mehr gegen Angriffe aus der Luft gebe. Im Ersten Weltkrieg rechtfertigte man mit diesem Argument den Einsatz der ersten, noch ziemlich primitiven, Kampfflugzeuge. Auch die ursprüngliche Einführung des Panzers und des Giftgases wurden seinerzeit so begründet. Giftgas sei, sagte man, so schrecklich, daß es nie zum Einsatz kommen werde, Panzer seien unüberwindlich, so daß sie zwangsläufig zur Abschaffung des Krieges führen müßten. Bis hin zu Ronald Reagans „Star War", (dem SDI-Programm), haben die Militärs jederzeit so argumentiert und fast immer hatte das Drehen an der Rüstungsschraube neue und noch verheerendere Folgen.

Im Falle des Fliegens scheint die Symbolik des räumlichen Transzendierens außerordentlich bezwingend zu sein. In seiner wohlartikulierten, aber auch wohlkalkulierten, Naivität singt der Hobbyflieger Reinhard Mey: „Über den Wolken muß die Freiheit wohl grenzenlos sein." Wem ginge da nicht das Herz auf?

Der Erhebung des Leibes folgt offenbar zwangsläufig eine solche des Gemüts. Der Mensch als psychophysisches Wesen dechiffriert das räumliche Transzendieren zugleich als psychisches, ja als moralisches Fortschreiten: „Der gestirnte Himmel über mir und das moralische Gesetz in mir", hieß es bei Kant, aber die Analogie zwischen der Welt der Gestirne und der moralischen Welt ist viel älter. Der spätantike Philosoph Boethius, der an der Wende vom 5. zum 6. Jahrhundert lebte, betet in dem klassischen Werk „Trost der Philosophie" so zu seinem Gott:

Nichts ist frei von allen Gesetzen,
Nichts weicht ab von eigenen Bahnen.
Alles führst du zu sicheren Zielen,
Nur des Menschen Handeln verschmähst du,
In verdiente Maße zu zwingen ...
Wie du lenkst den unendlichen Himmel,
Füge die Erde in feste Gesetze ...
O glückseliges Menschengeschlecht,
wenn die Liebe auch euren Geist
Lenkt, so wie sie den Himmel lenkt.[3]

Das heißt also: die Gesetze der Gestirnbewegung sind zugleich moralische Vorschriften für das menschliche Handeln. Weil sich aber die Gestirne nach vorhersehbaren Regeln bewegen, ist auch das menschliche Handeln vom Schicksal vorherbestimmt. Freiheit gibt es im Grunde nicht.

Bei Kant war das anders gemeint. Für ihn war nicht die Gesetzlichkeit des Kosmos der Ausgangspunkt, sondern das Sittengesetz. Freiheit war ursprünglich, die Naturgesetze abkünftig, bloß phänomenal. Hierin drückte sich das Autonomiedenken der Neuzeit aus, wie es in Kants Werk seinen deutlichsten Ausdruck fand. Es ist von Interesse zu sehen, daß dieses Autonomiedenken der Aufklärung von den modernen Technokraten rückgängig gemacht wird, so ähnlich wie die Astrologie bis heute die Gesetze der Gestirnbewegungen dem menschlichen Handeln vorordnet.

Bei Wernher von Braun findet sich die antike Vorstellung des Boethius wieder, wonach die Gesetze der Welt zugleich *moralische* Gesetze sind. Weil aber die Gesetze des Kosmos deterministischen Charakter haben, wird auch das menschliche Handeln durch sie bestimmt, so daß sich die Moral aufhebt. Daher von Brauns Glaube, daß die Entwicklung und der Bau einer Weltraumstation „so unvermeidlich wie der Sonnenaufgang" sein werden.

In meinen Augen ist dieses naturalistische Verständnis des Technisierungsprozesses ein echter Rückfall hinter die Aufklärung. Die einmal gewonnene Autonomie des Sittlichen wird dem technokratischen Einheitsdenken geopfert. Das Transzendieren der Natur durch den Menschen wird selbst wieder zum Naturprozeß, so ähnlich wie bei den Alchimisten die Herstellung des Goldes zugleich die Seele läutern sollte (der alte Traum, Gott und Geld, Einfluß und Wahrheit, Reichtum und Tugend zugleich haben zu wollen).

Obwohl die Weltraumfahrt etwas aus der Mode gekommen ist, wirkt der Geist der sechziger Jahre nach. So bemerkte einer der höchsten NASA-Manager, Jesco von Puttkamer, noch vor kurzem: „Wie schon die humanistische Motivation des Apollo-Programms gezeigt hat, ergibt sich für den Menschen als intellektuelles, soziales und ethisches Wesen auch eine humanistische Rolle im All, die ihre Stärke grundlegend aus seinen idealistischen Bedürfnissen, Wünschen und Sehnsüchten bezieht." Es gebe „anerkannte Ausdrucksformen menschlicher Ethik, die von der bemannten Erschließung des Alls berührt werden". Dazu gehören nach Puttkamer: „Forschungsdrang, Wißbegier, Abenteuerlust, Wahrheitssuche, Streben nach Gutem, Gerechtigkeit, Weisheit und Schönheit, Glaube an höhere Ziele usw." Weil es weiter eine „fundamentale Untrennbarkeit von materieller und geistiger Welt" gibt, sei auch klar, daß „unser Vorrücken zu neuen physischen Grenzen auch weiteres Wachstum im Bereich des Geistes mit sich bringt".

Puttkamer geht so weit, die Erfahrung der Schwerelosigkeit mit archetypischen Vorstellungen in Zusammenhang zu bringen, der Vorstellung von „Geistern, Engeln und Aposteln, aber auch Teufeln, Hexen und Dämonen" und stellt dann die Frage: „Ist die Schwerelosigkeit, was die Psyche betrifft, vielleicht ein uns vertrauter Zustand, dem wir zustreben, auch wenn unsere physiologischen Systeme der Schwerkraft verfallen zu sein scheinen?"[4]

Das Transzendieren räumlicher Schranken führt hier nicht nur zur moralischen Erhebung, sondern in den Bereich religiöser Transzendenz, in den Bereich der Erlösung von der Erdverfallenheit des Menschen. Ich mache darauf aufmerksam, daß diese Idee von ansonsten ganz „nüchternen" Technikproduzenten vertreten wird. Auch Carl Benz war ein nüchterner, auf das Diesseitige und Praktische gerichteter Geist. Und trotzdem durchdringt diese Nüchternheit eine Sehnsucht nach Transzendenz, die sich oft am falschen Objekt befriedigt, jedenfalls dann, wenn sie wie die Alchimisten sowohl das Gold als auch die Tugend will. Wie dem auch sei: Wesentlich ist, daß die bezwingende Symbolik des Weltraums und des Fliegens entweder als Abglanz einer inneren Freiheit begriffen werden kann oder aber als realisierte Freiheit selbst, die dann allerdings verlorengeht. Man kann sich am Weltraum auch vergaffen.

Der Kosmos hat in der Tat etwas Bezwingendes. Lege ich mich nachts auf eine Wiese und blicke in den Sternenhimmel, dann kehrt sich meine Wahrnehmung leicht um: nicht mehr die Erde erscheint mir nun als das Stabile, Eigentliche, das tragende Unten, sondern der ins Unendliche sich ausdehnende Raum wird eine Art von Schlund, in den hineinzustürzen ein romantisches Entzücken sein müßte. So starb vermutlich Empedokles, der Philosoph, als er sich in den Krater des Ätna warf.

Ein solcher Wonnegraus, den das physisch Unendliche in uns erregt, ist durchaus nachvollziehbar, obwohl man ihm mißtrauen sollte. Alles Romantische ist zugleich von Grausamkeit und vom Wahn durchzogen. Der Tod im Ätna ist sehr gut inszeniert, wie später der Doppelselbstmord des Dichters Heinrich von Kleist oder das exemplarische, gleichzeitig aber genießerische Hinsterben des Dichters Novalis, der dichtend hinter seiner Freundin Sophie herstarb, während er sich mit einer anderen verlobte. Diese romantische Todessehnsucht hat zugleich etwas Theatralisches, Operettenhaftes, Verlogenes. Man kann sich auch ohne Ätna umbringen.

Heute blüht die blaue Blume der Romantik im Technisierungsprozeß, wo man sie am wenigsten suchen würde. Der Sturz in den Weltraum, den wir früher nur romantisch auf einer nächtlichen Sommerwiese imaginieren konnten, wird jetzt real, aber seine Wirkung auf die Psyche hat an bezwingender Kraft nur noch gewonnen.

Frank White schrieb 1989 ein Buch über den sogenannten „Overview Effekt", in dem er die Summe aus 20 Jahren Weltraumfahrt zog. Ulf Merbold, der deutsche Astronaut, schrieb ein Vorwort zu diesem Buch, das es wert ist, ausführlich zitiert zu werden, weil es ein erstrangiges Dokument der neuen Technoromantik ist:

„Beim ersten Blick aus dem Fenster verschlug es mir die Sprache. Die Sonne strahlte auf uns herab und ließ Spacelab im Laderaum des Shuttle glänzen, daß es eine Lust war. Doch erstmals in meinem Leben sah ich die Sonne aus einem *tiefschwarzen* Himmel leuchten.

Beim ersten Blick zum Horizont der Erde stockte mir der Atem. Nicht daß mich die Krümmung der Horizontlinie überrascht hätte, es war vielmehr die königsblaue Farbe der Atmosphäre, die mich verzauberte. Doch wie dünn war die lebenserhaltende Schicht! Hier war der Moment von dem alle Astronauten erzählt hatten, die vor mir geflogen waren, und worüber einige von ihnen in diesem Buch ausführlicher berichten. Die Erde lag ausgebreitet unter uns. Ihre Schönheit war hinreißend — keine Sprache kann es beschreiben — doch wie verletzlich sah sie aus!

Von dem Moment an, als ich den ersten Blick durch das Fenster geworfen hatte, kam ich nicht mehr davon los. Wann immer es meine Zeit erlaubte und auch wenn sie es eigentlich nicht erlaubte, zum Beispiel während der Schlafenszeit, betrachtete ich die Sonne, Mond und Sterne, doch mehr als alles andere die Erde. Es war faszinierend, wie viele ihrer Feinheiten sich uns offenbarten. Wir sahen die Ozeane, die Kontinente, die Küstenlinien, die Inseln, die Gebirge mit all ihren Gipfeln, Gletschern, Tälern und die Flüsse. Mit staunenden Augen verfolgten wir die Schauspiele der Natur. Die hohen Türme der Gewitterwolken warfen im Licht der untergehenden Sonne lange Schatten auf die Oberfläche der Erde. War es schon dunkel, sahen wir die Wolken bei jedem Blitzschlag von innen heraus auf wundervolle Weise erleuchtet. Wir waren hingerissen von der Schönheit und der Gewalt der unter uns tobenden Gewitter. Kamen wir bei Nacht in die Nähe eines magnetischen Pols, sahen wir die Nordlichter schräg unter uns ein märchenhaftes Schauspiel aufführen. Ähnlich wie riesenhafte, leuchtende Gardinen schienen sie sich im Wind zu bewegen. Doch sie änderten dabei nicht nur ihre Form, sondern auch immerwährend ihre pastellene Farbe.

Wir fanden vom Menschen geschaffene Strukturen wie Kanäle, Stauseen oder die Kondensstreifen der Flugzeuge wieder. Wir nahmen sie als freundliche Zeichen zur Kenntnis. Nachts grüßten uns die Großstädte der Welt mit Myriaden von Lichtern. Sie schienen zum Greifen nahe zu sein. Doch wir sahen auch die hellen Flammen über den Ölfeldern des Mittleren Ostens und entdeckten die industriellen Ballungsräume in Europa, der Sowjetunion, den Vereinigten Staaten von Amerika und in Asien. Dort war die Luft von Abgasen, Rauch und Aerosolen weiß getrübt. Seit ich mit eigenen Augen sehen konnte, wie dünn die schützende Lufthülle der Erde ist und wie sehr wir die Atmosphäre stellenweise durch Industrie- und Verkehrsabgase belasten, bin ich besorgt, ob wir die Selbstreinigungskraft der Natur nicht überfordern. Dürfen wir unbesorgt Wohlstand, Bequemlichkeit und Komfort genießen, ohne uns um die damit verbundene Belastung der Umwelt zu kümmern, oder haben wir nicht vielmehr die Pflicht, die Erde denjenigen, die nach uns kommen, in einem guten Zustand zu hinterlassen?

Ein einziger Umlauf um den Erdball kostete uns weniger als neunzig Minuten Zeit, Länder wie Frankreich oder Deutschland waren jeweils in einer Minute passiert. Wir suchten die trennenden Grenzlinien zu finden, die auf allen Landkarten zwischen den Ländern so deutlich vorhanden sind. Doch sie existieren nicht. Ich erinnerte mich daran, daß mein Großvater während des Ersten Weltkriegs, mein Vater während des Zweiten Weltkriegs Soldat in Frankreich gewesen waren. Wie grotesk ist die Geschichte. Ich konnte es nicht begreifen.

Die Erde, das war klargeworden, ist ein kleiner Himmelskörper. Sie ist von zauberhafter Schönheit, und gleichzeitig hält sie alles bereit, was wir zum Leben brauchen: die Luft zum Atmen, die Nahrungsmittel, das Wasser und die soziale Einbindung in die menschliche Gesellschaft, ohne die ein Leben nicht möglich oder zumindest nicht lohnend wäre. Gleichzeitig schützt uns die Erde vor der ionisierenden Röntgenstrahlung und den Elementarteilchen aus der Tiefe des Kosmos. Genau besehen ist sie ein Raumschiff, mit dem fünf Milliarden Passagiere durch das lebensfeindliche Weltall fliegen. Sie ist ein Raumschiff mit einem wundervollen Lebenserhaltungssystem. Eine Eigenschaft des Raumschiffes Erde ist, daß keiner der Passagiere aussteigen kann. Wir sind gezwungen, die Reise durch das finstere All gemeinsam fortzusetzen, ob uns alle Mitreisenden sympathisch sind oder nicht.

Vom Weltraum aus erschien mir die Erde als eine überaus freundliche Heimat. Dort unter uns lagen die Stätten der Kindheit und der Jugend, dort unten warteten meine Frau, meine Kinder und meine Freunde darauf, mich und meine Gefährten wieder in die Arme schließen zu können."[5]

Ein so langes Zitat rechtfertigt sich durch seinen überraschenden Inhalt, aber auch durch seine überraschende Form. Es handelt sich nämlich um Poesie, Weltraumpoesie. Dies ist deshalb überraschend, weil Merbold ein außerordentlich nüchterner Mensch ist, wie überhaupt die meisten Weltraumfahrer nicht nur nüchtern sind, sondern nüchtern sein müssen, immerhin kostet eine Stunde Aufenthalt im Weltraum circa 100 000 DM. Keine Zeit für Schwärmereien. Und doch hat sich nicht nur Ulf Merbold so überschwenglich-ekstatisch-mystisch-poetisch geäußert. Die Schönheit des Weltalls bringt auch den nüchternsten Geist zum Schwärmen und auch hier findet man, wie bei den meisten Weltraumfahrern, diesen charakteristischen Übergang ins Moralische: Die Welt ist von Natur aus wertdurchtränkt, das menschliche Leben ist von Hause aus metaphysisch bedeutungsvoll geladen, die Grenzen zwischen den Völkern werden verschwinden, wir sind allesamt nichts als eine einzige große Familie und so weiter und so fort.

Diese Denkfigur ist in keiner Weise originell. August Borsig, der bedeutendste Dampflokomotivenproduzent im Europa des 19. Jahrhunderts äußerte sich seinerzeit ganz entsprechend: „Die Lokomotive", sagte er, „rückt die Völker näher aneinander, sie saust über Vorurteile hinweg."

Niemand würde dies heute noch über unsere Lokomotiven sagen, obwohl sie zehn oder zwanzig mal schneller fahren als die, die Borsig vor 100 Jahren herstellte. Es sind immer nur die avanciertesten Spitzentechnologien, die sich zur Zeit ihres Entstehens mit dem Rotgold des Wahren, Guten und Schönen überziehen.[6]

2.2 Die Poesie der Dampfmaschine – Über das Romantische in der Technik

Die Japaner planen längerfristig, ein Hotel auf dem Mond zu bauen. Vielleicht bietet „Neckermann" bereits in 20 Jahren Shuttleflüge zu einer Orbitalstation an, wo wir dann Ferien machen werden wie heute auf den Malediven. Ein regelrechter Weltraumtourismus entsteht. Marktuntersuchungen haben ergeben, daß 70% der Japaner, 61% der Amerikaner und 43% der Deutschen ein Interesse hätten an einem Aufenthalt im Weltraum. Ein Flug würde bei 500 000 Flügen pro Jahr circa 100 000 DM kosten, wenn der Staat diese finanziell unterstützt, was er vermutlich tun wird. Vielleicht wird der Flug zu solchen Weltraumstationen und -hotels in einigen Jahrzehnten so gewöhnlich sein wie heute ein Linienflug von Frankfurt nach Paris.

Staunen wir, wenn wir im Düsenjet sitzen? Vielleicht das erste Mal. Anders war das in den Anfängen der Fliegerei. Antoine de Saint-Exupéry hat diese ursprüngliche Erfahrung in seinen Romanen unsterblich gemacht. Er war allerdings gegen Ende seines Lebens ziemlich skeptisch gegenüber der zunehmenden Professionalisierung und Standardisierung des Flugverkehrs. Das Fliegen war poetisch belangvoll, solange es ein Abenteuer war, solange der Pilot im Freien saß, den Wind an den Verstrebungen pfeifen hörte und an den Vibrationen spürte, ob sein Motor noch richtig lief. In der Zwischenzeit ist das Poetische, Sinnliche und Abenteuerliche aus der Fliegerei verschwunden. Die Kampfflieger des

Ersten Weltkrieges, die sich noch eigenhändig mit Handgranaten bewarfen und mit Pistolen beschossen, fühlten sich als Helden und wurden als solche verehrt. Das Flugzeug hatte in seiner Frühzeit etwas von einem unbändigen Pferd an sich, das zu reiten von Heroismus zeugte. Die heutigen Kampfflugzeuge gewinnen aufgrund der besseren Bordelektronik. Macintosh gewinnt gegen Microsoft und der Pilot ist nichts als der Mandarin seiner Instrumente. Welche Banalisierung des Todes! Im Leben eine Nummer und im Tode wieder oder immer noch und da erst recht. Symbol dieser Entindividualisierung sind unsere Soldatenfriedhöfe: technisch standardisierte Gräber wie die Waffen, mit denen die Soldaten getötet wurden oder auch die Lebensläufe, in die man sie hineingezwängt hatte.

Sterben im Krieg war schon immer grausam, aber der Ritter des 13. Jahrhunderts starb in einer Rüstung, die man individuell für ihn angefertigt hatte, mit einem Schwert, dessen Stärken und Schwächen er kannte und wenn er starb, dann verdankte er es womöglich der eigenen Ängstlichkeit oder weil er sich für andere in die Bresche geworfen hatte. Der Tod eröffnete ein Feld individueller Erfahrung und mancher wuchs im Sterben über sich hinaus. Im technisierten Krieg werden jedoch die Menschen gemetzelt wie Hühner, Schweine oder Kälber in einem vollautomatisierten Schlachthof.

Möglicherweise wird es bald einen Saint-Exupéry des Weltraumflugs geben. Aber wenn, dann müßte es sehr bald geschehen, solange diese Technik noch in den Anfängen steckt. Sollte die genannte Entsprechung stimmen, dann gäbe sie Anlaß zu der Vermutung, daß wir uns auch an den Weltraum gewöhnen werden und daß sich die ästhetische, moralische, und bei manchen Weltraumfahrern auch mystische Verzückung des „Overview Effects" wieder legen wird. Die Weltraumfahrer von morgen werden so wenig aus dem Fenster blicken wie die Manager von heute, wenn sie von San Francisco nach Hongkong fliegen.

Ist die Verzückung des Anfangs deshalb ohne Bedeutung? Auch das Gefühl des Verliebtseins ist in der Pubertät am stärksten und stumpft mit den Jahren ab, was manche für ein Zeichen von Reife halten. Wird ein ursprüngliches Gefühl durch die Gewohnheit bedeutungslos?

Mir scheint, daß sich gerade am Anfang etwas Wesentliches, durchaus Wertvolles, zeigt. Wir staunen immer nur am Anfang. In der Folge nimmt die Zeit dem Bedeutungsvollen, wie auch den Greueln, ihr Gewicht. Trotzdem sind es die Anfänge wert, erinnert zu werden. Sie kennzeichnen eine Richtung, die sich später verwischt, vielleicht auch, weil diese ursprünglichen Gefühle so naiv sind, daß wir uns ihrer schämen. Als Erwachsener bin ich leicht in Gefahr, über die Verliebtheit eines Dreizehnjährigen zu lachen, so wie ich manche Zeugnisse aus den Anfängen der technischen Entwicklung nur mit Ironie und einem Gefühl der Überlegenheit zur Kenntnis nehmen kann.

Beispielsweise machte die Firma „Helios" in den achtziger Jahren des vorigen Jahrhunderts Reklame für das elektrische Licht mit einem Plakat, das den Gott Helios auf einem Generator thronend zeigt, vor dem die überwundenen Götter des Gaslichts wie finstere Teufel oder verruchte Ketzer zu Boden fallen. Dieses industriell-religiöse Pathos amüsiert uns, so wie uns die Götter des Dampfes und des Feuers amüsieren, die auf dem Frankfurter Bahnhof dem Titan Atlas helfen, die Weltkugel zu tragen. Aber wieso hatten die Weltraumraketen der Amerikaner fast durchweg Götternamen: „Juno", „Thor", „Titan", „Atlas", „Mercury", „Saturn"? Und wieso hieß das amerikanische Mondlandeprogramm „Apollo"? Und weshalb wurden die amerikanischen Weltraumbahnhöfe zu Wallfahrtsorten der Nation?

Bernd Ruland, Wernher von Brauns Biograph, sagt: „Das Riesengebäude auf Kap Kennedy, in dem die Raketen zusammenmontiert werden, mag als moderne Variante des klassischen Apollo-Tempels auf dem Palatin gelten, als ein Tempel für den technischen Fortschritt, dem Gott der künstlichen Gehirne gewidmet ... So ist es ganz natürlich, daß Kap Kennedy für die amerikanischen Touristen eine Wallfahrtsstätte geworden ist, die sie mit Ehrfurcht betrachten."[7] Ruland schrieb sein Buch über Wernher von Braun im Jahr 1969, d. h. kurz

Die Divinisierung der Elektrizität im 19. Jahrhundert.
Werbemittel der Firma Helios in Köln, 1888.

nach der amerikanischen Mondlandung, als die Weltraumbegeisterung auf dem Höhepunkt war. Obwohl sie seitdem merklich nachgelassen hat, wirkt die bezwingende Symbolik des räumlichen Transzendierens nach wie vor.

Auch Frank White, der in seinem Buch über den „Overview Effect" das Selbstbewußtsein vieler Weltraumfahrer wiedergibt, vergleicht den Sprung ins All, wie von Braun, mit der Landnahme der ersten Amphibien. Das heißt, „daß die Weltraumforschung sehr wohl einem noch höheren Zweck als unserer eigenen Evolution als Spezies dienen und eine vitale Funktion für das Universum als Ganzes übernehmen kann ... Die wahren Implikationen dieses evolutionären Prozesses sind nur aus der Sicht des Universums als eines Ganzen erkennbar: Aus dieser Perspektive könnte der Overview Effekt einen Hinweis auf den Daseinszweck der Menschheit als Spezies liefern."[8]

Eine solche Form der neomythisierenden Technoromantik hat allerdings, wie jede Romantik, auch ihre bedenklichen Seiten. Während wir uns an der Unendlichkeit berauschen, welche die neuentwickelten Apparate in uns erregen, entgeht uns gleichzeitig der *reale* geschichtliche Zusammenhang, in dem sie stehen. Die Weltraumtechnik war z. B. von Anfang an Kriegstechnik. Oberths erste Raketenversuche in den zwanziger Jahren waren von den Militärs der Weimarer Republik finanziert, um den Versailler Vertrag zu umgehen, der den Deutschen die Entwicklung von Flugzeugen untersagt hatte. Raketen waren nicht verboten, weil man sie noch nicht als kriegsrelevant einschätzte. Oberth gesteht, er habe die Militärs am liebsten schon im Ersten Weltkrieg dazu überredet, insgeheim Raketen zu bauen.

Oberths Schüler, Wernher von Braun, arbeitete später eng mit den Nationalsozialisten zusammen, stellte es aber hinterher so dar, als sei es ihm nur um die Entwicklung der Weltraumraketen gegangen, während er zu den Nazis ein kritisches Verhältnis bewahrt habe. Rainer Eisfeld hat in seiner aufschlußreichen Arbeit über „Wernher von Braun und die Geburt der Raumfahrt aus dem Geist der Barbarei" diesen Mythos gehörig zerpflückt. Jedenfalls war die Weltraumtechnik von Anfang an mit der Macht- und Militärpolitik verquickt, wie übrigens die Flugtechnik zu allen Zeiten, ob es nun die ersten Maschinen der Brüder Wright, der legendäre „Zeppelin" oder die ersten Strahlflugzeuge waren.

In der Öffentlichkeit wird dies gewöhnlich anders dargestellt. Präsident Kennedy erklärte 1961 vor dem amerikanischen Kongreß: „Ich bin der Ansicht, daß sich unsere Nation dazu verpflichten sollte — noch ehe dieses Jahrzehnt zu Ende geht, das Ziel zu erreichen, einen Menschen auf dem Mond zu landen und ihn wohlbehalten zur Erde zurückzubringen. Wir haben gelobt, daß wir den Weltraum nicht beherrscht sehen wollen von einer feindlichen Flagge der Eroberung, sondern von einem Banner des Friedens und der Freiheit. Wir haben geschworen, daß wir den Weltraum nicht erfüllt sehen wollen mit Waffen zur Massenvernichtung, sondern mit Instrumenten der Forschung und Verständigung." Dementsprechend hinterließ die erste Mondfähre eine Botschaft, in der es hieß: „Wir kamen im Frieden für die ganze Menschheit."[9]

Sirenengesänge. Das amerikanische Apolloprojekt stand von Anfang an unter dem Aspekt, die russische Vormachtstellung im Weltraum zu brechen. Im übrigen wußte auch Kennedy, daß die stärkeren Raketen immer zugleich auch militärische Überlegenheit zur Folge haben.

Der romantische Geist ist ein Anästhetikum der Moral. Romantiker wie Friedrich Schlegel halfen dem bewußt nach. Für sie war die Moral eine Angelegenheit von Spießbürgern, die keine schöpferische Kraft in sich fühlen. Der wahre Mensch war nach Schlegel das Genie, das sich selbst die Regel gibt. Moralität war eine Angelegenheit von Untermenschen. Die Sehnsucht nach dem Unendlichen hob die Differenz zwischen Sein und Sollen auf. Der Romantiker stand, wie Nietzsche sagt, „jenseits von Gut und Böse".

Dieser Wahn reproduziert sich heute in der Technoromantik. Wernher von Braun hat seine Verstrickung in die Barbarei des Dritten Reiches niemals bedauert. Die unendlichen Weiten des Weltalls ließen Hitlers Tyrannei als eine zu vernachlässigende Größe erscheinen und die eigene

Verstrickung als der Preis, den das technische Genie zu bezahlen hat. Der schöpferische Mensch darf sogar mit dem Teufel paktieren. Auch Goethes „Faust" kam trotz des Teufelspaktes, den er eingegangen war, und unbeschadet der Morde, die er sich hatte zuschulden kommen lassen, sofort nach dem Tod in den Himmel. Kein Fegefeuer, keine Hölle. Das Genie fühlt sich durch sein eigenes Genie, nicht durch Gott, gerechtfertigt.

Ich glaube nicht, daß man den Unendlichkeitswahn der Technoromantiker hinreichend als eine Ideologie deuten kann, die zur Verschleierung der realen Machtverhältnisse dient, wie eine naive Soziologie bis vor kurzem gebetsmühlenhaft wiederholte. Solche Fälle mag es durchaus geben. Ich kann mir z. B. nicht vorstellen, daß Kennedy das wirklich glaubte, was er vor dem Kongreß vorbrachte, als er nicht nur vom Frieden für die Menschheit sprach, sondern sogar davon, daß die Weltraumfahrt letztendlich zweckfrei sei. Auf die Frage besorgter Kongreßabgeordneter, welchem Zweck denn das Mondlandeprojekt im Endeffekt dienen solle, verwies Kennedy auf den britischen Bergsteiger Mallory, der auf die Frage, warum er den Mount Everest besteigen wolle, lapidar geantwortet hatte: „Weil er da ist." Kennedy: „Nun — der Weltraum ist da. Wir wollen ihn bezwingen. Und auch der Mond und die Sterne sind da." Der Weltraum als causa sui, der die Frage nach den praktischen Zwecken ad absurdum führt. Es ist unwahrscheinlich, daß Kennedy dies geglaubt haben sollte.[10]

Man darf deshalb aber nicht unterstellen, daß die Technikproduzenten, denen in ihrem Tun eine Unendlichkeit aufscheint, dieses Faktum *ausschließlich* dazu instrumentalisieren, um ihren Machtwillen zu befriedigen, wie es in der Politik der Fall sein mag, wo schlechterdings alles zum Mittel für den Zweck des Machterhalts oder der Machtsteigerung degeneriert. Wer hier die alte Soziologenthese von den Verschleierungskünsten der Herrschenden vertritt, trägt die Beweislast, denn das Entstehen neuer Techniken scheint oft nicht ohne einen gewissen transzendentalen Wahnsinn möglich, ganz wie in der Kunst, wo ohne Verrücktheit nichts geht. Hätte Carl Benz nicht an die Idee einer Emanzipation der Menschheit durch das Automobil geglaubt, dann hätte er vermutlich nicht die Kraft besessen, an seiner Erfindung festzuhalten, die er gegen große Widerstände durchsetzen mußte. Damals glaubte niemand, daß es sinnvoll sei, Automobile zu bauen und daß diese Erfindung eine Zukunft haben werde im selben Sinn wie die Amerikaner zunächst einmal nicht viel von der bemannten Weltraumfahrt hielten. Dazu waren sie viel zu prosaisch eingestellt. Werner von Braun reiste landauf landab, hielt überall in den USA Vorträge, um die Amerikaner vom Sinn des Nutzlosen, von der Eroberung des Weltraums um seiner selbst willen, zu überzeugen, was ihm schließlich gelang.

Für Kant ist der Mensch ein Wesen, eingespannt zwischen dem Streben nach dem Absoluten, Endgültigen, der „Totalität aller Bedingungen", und seiner realen Endlichkeit und Verwiesenheit auf die Sinnlichkeit und Materie. Potentielle Unendlichkeit vermittelt sich im Menschen mit realer Endlichkeit.

Dieses Spannungsverhältnis kann man nach Kant auf doppelte Weise verfehlen: entweder man leugnet den Horizont der Unendlichkeit, in dem der Mensch jederzeit steht, oder man verdinglicht ihn. Daß wir ins Unendliche hinein ausgreifen, ist für Kant kein Beweis dafür, daß es dieses Unendliche wirklich gibt, in der Art wie Pferde, Steine oder Wolken existieren. Daher lehnte Kant einen Gottesbeweis aus der theoretischen Vernunft ab. Genauso verkehrt wäre es allerdings, die *potentielle* Unendlichkeit, die den Menschen innerlich bestimmt, zu ignorieren, um ihn zu einem endlichen Gegenstand unter anderen zu machen. Kant läßt also die Spannung zwischen potentieller Unendlichkeit und realer Endlichkeit offen, so wie er in der Ethik die Spannung zwischen dem kategorischen Imperativ und unserer Unfähigkeit, ihn zu realisieren, offen läßt.

Die meisten Menschen lieben solche Spannungen nicht, insbesondere, wenn sie unser innerstes Wesen ausmachen, so daß wir keine Chance haben, sie jemals loszuwerden. Heute ist die Mode verbreitet, den Menschen als einen bloßen Gegenstand unter Gegenständen zu interpretieren, z. B. als Epiphänomen der Gene. Zu Kants Zeiten versuchte man umgekehrt, den Widerspruch im Unendlichen auszugleichen. Der Metaphysiker tat so, als sei das Unendliche in seinem Besitz, er stellte, wie später Hegel, den Anspruch, das Absolute nicht nur zu denken, sondern gleich auch noch *zu sein*.

Gegenüber solchen Extremen hielt Kant an einer herabgestuften Metaphysik fest, die dem Menschen als einem endlichen Wesen gemäß war. Seine Hauptkritik richtete sich gegen eine Verdinglichung des Unendlichen, den Versuch, über metaphysische Gegenstände so zu reden, wie wir über Planetenbewegungen, Billiardkugeln oder Hebekräne sprechen.

Vielleicht kann man diesen Kantischen Gedanken auf den Bereich des Technisch-Praktischen übertragen (was Kant niemals eingefallen wäre). Das hieße, daß der schöpferische Techniker, genau wie der Naturwissenschaftler, *gedanklich* erst einmal ins Unendliche ausgreifen muß. Er muß zunächst einmal *alles* wollen, um *etwas* zu vollbringen; er greift nach den Sternen, anerkennt keine Grenze.

Doch wenn seine Idee real wird, verendlicht sie sich notgedrungen, wird ziemlich unansehnlich, ein Schatten dessen, was er ursprünglich angestrebt hatte. Carl Benz strebte nach einer Befreiung des Menschen aus den Fesseln des Raumes und der Zeit, und was dabei herauskam, war ein stinkendes, wackelndes, fauchendes und knatterndes Etwas, das beständig kaputtging und aussah wie ein mißlungenes Fahrrad.

Daher ist es psychologisch naheliegend, das Reale, das immer recht bescheiden ausfällt, mit der Gloriole des ursprünglich Gewollten zu umgeben, eine Art „Transsubstantiation" des Technischen vorzunehmen, das seinen Bestand ins Unendliche hinein verlängert. Das ist es, was hinter den Divinisierungen der Technik steckt, die ich erwähnt habe oder noch reichlich erwähnen werde. Im Herzen des Menschen steckt eine Unendlichkeit, die im Produkt notgedrungen verschwindet. Gerade im technischen Bereich ist diese Dialektik besonders kraß. Wenn ein Wissenschaftler die „Weltformel" sucht, ein Kalkül, das die endgültige Wahrheit über die Natur enthalten würde, bei diesem Bemühen aber nur die Vereinigung der schwachen und starken Wechselwirkung zustandebringt, so kann er sich damit trösten, daß seine Nachfolger die Entwicklung weitertreiben werden, an deren Ende dann *die Wahrheit* der Weltformel stehen wird.

Aber wenn ein Techniker den Menschen aus den Fesseln des Raumes und der Zeit befreien möchte und dabei eine Dampflok produziert, die zwar „Adler" heißt, aber kein Adler ist und auch keine Assoziationen an das Ideale erweckt, die den Adler zum Wappentier gemacht hat, dann geschieht uns hier ein Absturz ins Reale, der demütigender nicht sein könnte, denn der Techniker kann sich nicht damit herausreden, daß eine schnellere Dampflok adlerhafter aussehen würde. Das Technische hat im ersten Rausch etwas Transzendentes, doch dieser Rausch verflüchtigt sich sehr rasch im Gegensatz zu den Theoriegebäuden der Physiker, die jederzeit eine Projektionsfläche für transzendente Sehnsüchte bleiben. Das technische Gerät trägt seine Endlichkeit zu deutlich auf der Stirn, als daß wir auf Dauer an der Verwechslung von Idee und Realität festhalten könnten.

Wie scharf der Biß des Realen im technischen Bereich ist, wird beispielsweise deutlich im Deutschen Museum zu München: Die erste Kamera von L. J. M. Daguerre (1839) sieht aus wie ein hölzerner Briefkasten, Edisons Original-Phonograph (1878) wie ein Fleischwolf, der erste Telegrafenapparat von S. Morse (1837) wie eine Guillotine für den Privatgebrauch, während die ersten Singer-Nähmaschinen so aussahen, als wären sie zum Holzhacken gemacht, so wie die ersten Kofferradios in der Tat Größe und Gestalt eines Reisekoffers hatten.

Das erste „Elektronengehirn", der amerikanische ENIAC-Rechner von 1946 mit seinen 17 468 Elektronenröhren, 1500 Relais und 230 PS Leistungsaufnahme (zu deren Kühlung man einen Wasserfall brauchte), wog mit 30 Tonnen so viel wie ein Brontosaurier aus dem oberen Malm. Heute gibt es millimetergroße Chips mit 100 000 Transistorfunktionen, welche die Leistung des ENIAC-Rechners übertreffen und auf einer Scheckkarte Platz haben.

Jedenfalls kommt die Technik zunächst einmal nicht sehr leichtfüßig daher und später, wenn sie eleganter geworden ist, haben wir uns an sie gewöhnt. Zunächst einmal ist im technischen Bereich jede Realisation eine Demütigung, wenn sie mit einem ideellen Ausgriff ins Unendliche verbunden war. Diese Demütigung kompensieren wir durch nachträgliche Divinisierung. Dann wird der Weltraum zum Ort der Erlösung, der Dampf zu einer Gottheit oder die Elektrizität zum Lebensfluidum, so wie heute der Cyberspace zum „sensorium Dei" hochstilisiert wird.

Doch so wie Kant die Verwechslung von Kategorie und Idee als die Ursünde der Metaphysik herausstrich, so sollte man auch die Verwechslung von realem technischem Artefakt und dieser Idee einer Totalmanipulation von Welt kritisieren, die nichts ist als eine moderne Version des Turmbaus zu Babel. Wenn die Ideen auch noch so hehr sind, die den Techniker beseelen, so darf er sich doch nicht über das Faktum hinwegmogeln, daß die Realität „verflucht endlich" ist, und daß in der Maschinerie kein Gott steckt, wie er in seiner ursprünglichen Begeisterung angenommen hatte.

Genau dies ist bei Wernher von Braun geschehen. Er gesteht, daß er „völlig beherrscht von der Faszination des technischen Abenteuers" gewesen sei. Er habe ein „von der Technik berauschtes Leben" geführt, er sei geradezu „besessen" gewesen von der Idee, den Weltraum zu erobern.[11] Es war dieser Rausch, der ihn blind machte gegenüber den realen politischen Verstrickungen und Schuldzusammenhängen, in die er hineingeraten war.

Räumliches Transzendieren ist entweder Symbol realer Transzendenz oder Transzendieren am falschen Ort. Die Ambivalenz steckt im Phänomen. Daher hat es auch etwas Großes an sich. Als die Amerikaner 1969 auf dem Mond landeten, saßen weltweit 500 Millionen Menschen vor dem Fernseher. Obwohl dieses Unternehmen, wirtschaftlich und ökonomisch gesehen, reichlich irrational war und seine Sinnspitze klar in militärischen Überlegungen hatte, war es zugleich ein präsentatives Symbol der menschlichen Fähigkeit, auch noch die unglaublichsten Grenzen zu überschreiten. Die amerikanische Mondrakete, die „Saturn V", arbeitete mit einer Verläßlichkeit von 99,9999 Prozent, weil sie sonst bei ihren zehn Millionen Einzelteilen keine Chance gehabt hätte, auf dem Mond anzukommen. Am amerikanischen Apolloprojekt, das insgesamt 25 Milliarden Dollar kostete, waren 20 000 Firmen mit 400 000 Mitarbeitern beteiligt. Dies war mit Sicherheit das ehrgeizigste technische Großprojekt seit dem Bau der Pyramiden. Und alles funktionierte tadellos! Welch ein Wunder!

Man kann unverhohlen zugeben, daß solche technischen Akte des räumlichen Transzendierens etwas Heroisches an sich haben, wie die gesamte Fliegerei seit Otto Lilienthal und niemand braucht sich seiner Begeisterung für solche Techniken zu schämen. Bis hin zum „Overview Effect" evoziert der räumliche Ausgriff auch religiöse Kategorien und diese sind nicht unangemessen, so wenig wie das Hochgebirge, das Meer oder eine Sonnenfinsternis beschrieben werden können, indem man auf das Wort „erhaben" verzichtet.

Gefährlich und töricht ist allein die Divinisierung des Objekts, der techniktrunkene Götzendienst des Vorhandenen, die Verwechslung des Grenzüberschreitens mit einer romantischen Aufhebung jedweder Begrenzung.

2.3 Die technologische Elephantiasis und das Ende der Ressourcen

Ich glaube nicht, daß der Technikgebrauch notwendigerweise in den Größenwahn hineinführen muß, wie es Oswald Spengler mit seiner Theorie vom „Faustischen" in der modernen Technik unterstellte. Aber eine gewisse Verführung gibt es dennoch. In der vorindustriellen Technik war diese Verführung so noch nicht enthalten. Zum Beispiel hatten hölzerne Zahnräder eine so große Reibung, daß man kaum mehr als zwei hintereinanderschalten konnte, ohne einen Großteil der Energie zu verlieren. Durch die industrielle Fertigung von Präzisionsteilen hat sich dies grundlegend verändert. Nun scheint alles möglich geworden zu sein.

Dies liegt bereits an den zugrundeliegenden Theorien. Zum Beispiel sind die physikalischen Gesetze in der Regel indifferent gegen beliebige Vergrößerungen. „Kraft gleich Masse mal Beschleunigung" gilt auch für eine Masse, die so groß wäre wie das Weltall. Einsteins Masse-Energie-Äquivalenz wäre auch dann wahr, wenn die gesamte Materie des Universums in reine Energie zerstrahlte. Diese Formeln haben von sich aus keine eingebaute Begrenzung. Wenn solche Gesetzeszusammenhänge aus der Physik Macht über die Welt geben, dann ist bei der menschlichen Schwäche zu erwarten, daß sie zunehmend ausgenützt und über alle Grenzen erweitert werden.[12]

Andererseits steckt in jeder technischen Anwendung eine Grenze, die sich allein darin zeigt, daß sich technische Geräte, im Gegensatz zu solchen physikalischen Formeln, *nicht* beliebig vergrößern lassen. Eine doppelt so große Brücke hat ganz andere Stabilitätseigenschaften als eine von normaler Größe. Man kann technische Geräte weder beliebig klein noch beliebig groß bauen, ohne daß sich ihre Eigenschaften gravierend verändern.

Auch bei Tieren verhält es sich so. Ein doppelt so großer Frosch springt im Verhältnis weniger hoch und ein Elefant muß sich sehr langsam bewegen, weil Volumen und Größe nicht linear miteinander wachsen. Obwohl solche Zusammenhänge den Ingenieuren seit langem vertraut waren, versuchte man doch seit dem 19. Jahrhundert, sie durch zusätzliche Manipulationen außer Kraft zu setzen.

Mir scheint, daß auch hier im 19. Jahrhundert ein neuer Geist aufbricht, der sich bis heute durchhält, der Versuch nämlich, die Aufhebung aller Grenzen zum Selbstzweck zu erheben. Das „Schneller, höher, weiter" ist bis heute der kategorische Imperativ der technischen Revolution und das räumliche Transzendieren mittels Dampflok, Auto, Flugzeug oder Rakete erweist sich als der Sonderfall eines allgemeinen Bestrebens, Begrenzungen technisch zu überwinden, gleichgültig welcher Art sie sind und gleichgültig, wohin es führt.

Natürlich gab es auch schon vor der Industriellen Revolution technische Großprojekte, die jedes Maß zu sprengen schienen, wie die große Mauer in China, die Pyramiden der Ägypter oder die Kathedralen des Mittelalters. Aber diese Großprojekte wurden nicht realisiert, um irgendwelche Grenzen zu sprengen, sondern zur Demonstration weltlicher oder geistlicher Macht.

Ludwig XIV., die bedeutendste politische Kraft im Europa des 17. Jahrhunderts, baute nicht nur die prächtigsten Schlösser, die jeder Duodezfürst im hintersten Pommern nachzuahmen suchte, er war auch der Auftraggeber der unglaublichsten technischen Großprojekte, die alles

Das Mühsame der vorindustriellen Technik: Blick in eine Papiermühle mit Wasserradantrieb.
Die Papiermühle zu Haynsburg bei Zeitz (Teilansicht), Deutsches Museum München

übertrafen, was es zu jener Zeit gab. So ließ er 1685 die größte Wasserkraftanlage der Welt in Marly/Seine errichten, um den Park von Versailles zu bewässern. Diese Anlage hatte die für damalige Verhältnisse unglaubliche Leistung von 750 PS. Zum Vergleich: Ein Wasserrad hatte zu jener Zeit ungefähr 10 PS und trieb damit alles an, was man so brauchte, wie Walkmühlen, Eisenhämmer, Papiermühlen, Sägemühlen, Zwirn- oder Drahtmühlen. Die riesige Wasserkraftanlage Ludwigs XIV. wurde unter Verwendung von 17 500 Tonnen Eisen und 850 Tonnen Kupfer gefertigt, zu schweigen von den Mengen an Holz, die zu ihrer Verwirklichung nötig waren. Ludwig XIV. war auch der Auftraggeber des seinerzeit ehrgeizigsten Kanalprojekts in Europa, der Verbindung des Atlantiks mit dem Mittelmeer durch den „Canal du Languedoc". Dieser Kanal war mit einer Länge von 240 km das größte zivile Bauwerk seit der Römerzeit und wurde erst im 19. Jahrhundert durch noch größere Schifffahrtswege übertroffen — bis heute ist der Kanal Ludwig XIV. befahrbar.

Solche technischen Großleistungen erfüllten entweder ökonomische und politisch-militärische Bedürfnisse oder Repräsentationsbedürfnisse. Meines Wissens dienten sie niemals dem Zweck der technischen Überwindung der Grenzen zum Zwecke ihrer bloßen Überwindung. Diese Idee kam erst im 19. Jahrhundert auf und prägt den Technisierungsprozeß bis heute.

Es waren insbesondere die Weltausstellungen, die in der zweiten Hälfte des 19. Jahrhunderts der Zurschaustellung riesiger Maschinen dienten. Zum Beispiel führte man auf der Weltausstellung 1876 in Philadelphia die seinerzeit größte Dampfmaschine vor, die 2500 PS leistete und ein Schwungrad von 9 Metern Durchmesser hatte. 1906 baute der Amerikaner Thadeus Cahill die größte Orgel aller Zeiten, die 200 Tonnen wog und aussah wie eine mittelgroße Maschinenfabrik. Über ihre ästhetischen Qualitäten wurde weiter nichts bekannt.

Das 19. Jahrhundert ist das Jahrhundert der technischen Grenzüberschreitungen um ihrer selbst willen. Kein Wort taucht in den Beschreibungen der damaligen Technikbewunderer so häufig auf, wie das Wort

„unendlich". Alles war „unendlich", die Wohltaten der Technik, die Ressourcen der Erde, die Möglichkeiten der Naturbeherrschung. Die Sehnsucht nach dem Grenzenlosen fand ihr ideales Betätigungsfeld in der Konstruktion immer größerer Maschinen, die oft nicht mehr an konkrete Zwecke rückgebunden waren. So führte man z. B. auf der Weltausstellung von San Francisco im Jahre 1915 eine Schreibmaschine vor, die 4,5 Meter hoch und 6,3 Meter breit war, 14 Tonnen wog und Schriftzeichen von 75 Zentimeter Höhe produzierte. Weiß der Teufel, was sie damit schreiben wollten, jedenfalls sind die Schreibmaschinen inzwischen wieder etwas zierlicher.

Die Weltausstellungen waren der Ort des großtechnischen Imponiergehabes, die Millionen begeisterten: So verzeichnete die Pariser Weltausstellung von 1878 einen Besucherrekord von 16 Millionen (!) Besuchern. Der Eiffelturm mit seinen 300 Metern Höhe wurde zur Pariser Weltausstellung 1889 errichtet. Ursprünglich war ein 360 Meter hoher „Sonnenleuchtturm" geplant mit 100 riesigen Bogenlampen, welche die Pariser Nacht zum Tage machen sollten, als einer Apotheose des elektrischen Stroms, wie es der Zeitgeist damals forderte. 1899 errichtete man in Paris das größte Riesenrad seit der Industriellen Revolution mit einem Durchmesser von 100 Metern, das sich aber nicht amortisierte, weil der Kartenverkauf die immensen Kosten nicht mehr deckte. Zum Vergleich: Das Riesenrad im Wiener Prater, das aus derselben Zeit stammt, ist mit 60 Meter Höhe wesentlich kleiner! All diese Projekte hatten keinerlei ökonomischen Nutzwert, sie dienten auch nicht der Verherrlichung eines Fürsten oder Bischofs, sondern der Idee der technischen Machbarkeit als solcher.

Es ist kein Zufall, daß gerade damals, nämlich im Jahr 1896, die Olympische Spiele wieder eingeführt wurden. Es waren die Erneuerer dieser Spiele, die das blindwütige „Schneller, höher, weiter" als ihr Motto wählten. Mit den Grenzen der äußeren Natur sollten nun auch die Grenzen unserer eigenen physischen Natur beliebig weit hinausgeschoben werden. Seit dieser Zeit gibt es diesen sinnlosen Kampf um die Zehntel-

und Hundertstelsekunden, die jeweils nur einige Jahre gelten, aber um den Preis sportlicher Hochleistungskrüppel, die in all ihrem Elend die Gewißheit haben, einmal auf dem Podest gestanden zu sein.

Das wunderbarste, weil unfreiwillig komische, Symbol dieser krankhaften Rekordsucht ist der Bergsteiger Reinhold Messner. Er bestieg alle 14 Achttausender ohne Sauerstoffmaske und bekannte jüngst in einem Interview, daß die Gipfel dieser gigantischen Berge „der Ort der vollendeten Aussichtslosigkeit" seien. Und er meint dies nicht ironisch, sondern wortwörtlich. Die Gipfel der Achttausender sind meist wolken- oder nebelumhangen, so daß der Bergsteiger nicht, wie auf dem Matterhorn oder Großglockner, den Blick ins Tal genießen kann. Zudem muß der Rekordsüchtige Kräfte sparen. Er kann es sich nicht leisten, auf einem solchen Gipfel auch nur einen Moment innezuhalten. Es bleibt ihm nur das abstrakte Bewußtsein des „Ich war dort — ich bin der Größte." Sekundenglück.

Zwar hat Reinhold Messner die Hohlheit des Ideals „Rekorde" wohl gesehen, aber er ist, wie die Industriegesellschaft insgesamt, darauf fixiert, es nicht fallenzulassen[13]: „Ich denke nicht, sondern ich handle. Ich frage nicht: Welchen Sinn hat das Leben, gibt es einen Gott? Was ist Liebe? Der Sinn entsteht durch das Tun, ganz gleich durch welches. Ich könnte auch Bäume fällen … Ich erlebe das Nichts am ehesten auf einem Achttausender … Ich stehe oben und denke: Wofür das Ganze? Das ist ein tragischer Moment. Jeder Berg, den ich erklettert habe, ist ein zerstörter Traum … Ich bin mir der Lächerlichkeit meines Tuns immer bewußt. Im Grunde ist alles, was wir tun, lächerlich. Wir zerstören unsere Basis. Der Mensch zerstört diese Welt. Das sehe ich. Davon bin ich fest überzeugt. Das Ende der Menschheit ist nicht mehr fern. Wir werden in einem kollektiven Selbstmord zugrunde gehen." Auf die Frage: „Erschreckt Sie das nicht?", antwortete er: „Nein, ich bin damit einverstanden. Mein Ausweg ist die Aktion."

Präziser als durch die Antwort Reinhold Messners kann dieser Sachverhalt nicht ausgedrückt werden. Das blindwütige Sprengen aller Grenzen um ihrer selbst willen, führt schließlich an den „Ort der vollendeten Aussichtslosigkeit", was aber niemanden hindert, immer wieder dorthin zu gelangen. Die Welt als Guinnessbuch der Weltrekorde.

Auch die oben erwähnten Großprojekte aus dem 19. Jahrhundert sind, jedenfalls was die Motivation ihrer Produzenten und die Akzeptanz des Publikums anbelangt, solche Versuche einer Grenzüberschreitung um ihrer selbst willen. Solche Motivationen powern den Technisierungsprozeß bis heute. Zum Beispiel haben die Engländer vor kurzem das schnellste Automobil, das es jemals gab, den sogenannten „Thrust Super Sonic Car" getestet, der 16,4 Meter lang, 3,6 Meter breit, 10 Tonnen schwer, 106 000 PS stark, mit einem Benzinverbrauch von 4 Litern pro Sekunde eine Beschleunigung von 0 auf 1000 km/h in 16 Sekunden aufwies. Am 15.10.1997 durchbrach dieses „Geschoß" mit 1 221 km/h in Nevada (Black Rock Desert) erstmals die Schallmauer. Der Fahrer dieses Superwagens, Andy Green, war früher Kampfflieger. Dies war auch nötig, denn die größte technische Herausforderung bei diesem Gefährt war die, zu verhindern, daß es abhob. (Das scheint mir für den Technisierungsprozeß insgesamt zu gelten.) Andy Green unternahm seinen spektakulären Rekordversuch nicht zufällig im Jahr 1997, denn vor genau 50 Jahren durchbrach der Luftwaffenpilot Chuck Yeager erstmals die Schallmauer mit seinem Raketenflugzeug „Bell-X-1".

Wer finanzierte die Entwicklungskosten für den „Thrust Super Sonic Car"? Praktischen Nutzwert hat er nicht. Es wird keine Straßen für solche Automobile geben und wer sich mit Überschallgeschwindigkeit bewegen muß, fliegt besser als daß er sich in einen Wagen setzt, der künstlich auf dem Boden gehalten werden muß.

Es waren die großen Industriefirmen, die den „Thrust Super Sonic Car" finanzierten, allen voran die Firma Rolls-Royce, von der die Motoren stammten, die ursprünglich für einen „Phantom"-Jet gedacht waren. Das Interesse dieser Industriefirmen kann nur gewesen sein, die Idee des „Schneller, höher, weiter" in Erinnerung zurückzurufen, die durch die Ökologiekrise ins Zwielicht geraten ist und an die wir im Ernst nicht mehr glauben.

Man kann im „Thrust Super Sonic Car" eine Art „Pegasus redivivus" sehen. Bis ins 19. Jahrhundert war das Pferd das schnellste Fortbewegungsmittel. Auf die irdischen Dimensionen festgelegt, imaginierten die Dichter ein Pferd, das abheben *könnte*. Ein solcher Mythos, jetzt aber im Gewand der Technik, ist der „Thrust Super Sonic Car": jederzeit im Begriff, abzuheben, imitiert er den Pegasus unter den Bedingungen seiner technischen Reproduzierbarkeit.

Diese Idee einer technischen Überwindung aller Schranken ist jedoch inzwischen nicht nur ökologisch, sondern auch ökonomisch an ihre Grenze gelangt und es wäre vielleicht besser (auf jeden Fall aber billiger), wir würden wieder Mythen dichten, statt sie zu bauen.

Ein solcher Mythos aus Stahl ist auch der „Superconducting Super Collider", Amerikas größter Elementarteilchenbeschleuniger, der mit ursprünglich 4 Milliarden Dollar das teuerste jemals von Menschenhand erbaute, technische Gerät werden sollte. Je länger man daran herumbastelte, desto unvorhersehbarer explodierten die Kosten in die Höhe. Am Ende war es nicht mehr sicher, ob man mit 12 Milliarden Dollar auskommen würde. Der „Superconducting Super Collider" sollte ursprünglich ein Beschleuniger werden, so groß wie das Land Luxemburg, erbaut aus 41 500 Tonnen Eisen, unter Verwendung von 19 400 km supraleitendem Kabel, gekühlt von 2 Milliarden Liter flüssigem Helium. Dieses technische Monstrum wurde 1992 vom Repräsentantenhaus gestoppt, obwohl schon über 2 Milliarden Dollar verbaut waren. Niemand wußte, wohin das immer „Schneller, höher, weiter" angesichts leerer Kassen noch hinführen soll.

Die Physiker, deren Modelle keine eingebaute Begrenzung in sich haben, träumen diesen Traum der unendlichen Grenzüberschreitung noch immer. Der Kosmologe Steven Weinberg schrieb neulich ein Buch mit dem Titel „Der Traum von der Einheit des Universums". In diesem Buch stellt er in Aussicht, daß die Physik demnächst eine „endgültige Theorie" aufstellen werde, „die so streng ist, daß jeder Versuch einer auch nur geringfügigen Abänderung zu logischen Absurditäten führt." Um diese Theorie zu finden, müsse der „Superconducting Super Collider" weitergebaut werden, da die Theorien inzwischen so subtile Kräfte beschrieben, daß sie nur mit den größten Beschleunigungsmaschinen getestet werden könnten.

Gesetzt den Fall, wir wären im Besitz einer „endgültigen Theorie", woher könnten wir dann wissen, daß sie wirklich endgültig ist und nicht, wie alle bisherigen, bloß vorläufig? Wenn sie wirklich endgültig wäre, könnte eine solche Theorie durch keine mögliche Erfahrung widerlegt werden. Damit wäre sie keine empirische Theorie, sondern die schiere Metaphysik. Weinberg ist also unversehens in die Metaphysik hineingeraten, wo er am wenigsten hin will.

In seinem Buch „Der Traum von der Einheit des Universums" beklagt er, daß die Philosophen nichts zum wissenschaftlichen Fortschritt beitrügen. Aber vielleicht ist dies nicht ihre Aufgabe. Die Philosophen, die er so sehr verachtet, hätten ihn vielleicht darüber aufklären können, daß er mit seinem „Traum von der Einheit des Universums" — mit Kant zu reden — Idee und Kategorie verwechselt hatte.

Kant beschrieb die Idee als „focus imaginarius", als einen virtuellen Punkt im Unendlichen, von dem all unsere Einsichten auszugehen scheinen. Es ist bezeichnend, daß Weinberg, ohne alle Kenntnis der Kantischen Philosophie, genau dasselbe Bild gebraucht. Nach ihm sind die wissenschaftlichen Prinzipien wie Pfeile, die auf ein letztes Prinzip hindeuteten: „Wenn man sie zurückverfolgt, scheinen sie alle einem gemeinsamen Ausgangspunkt zu entspringen. Dieser Ausgangspunkt, zu dem alle Erklärungen zurückverfolgt werden können, ist das, was ich unter einer endgültigen Theorie verstehe."[14]

Im Unterschied zu Kant glaubte aber Weinberg, daß man die Idee, den „focus imaginarius", rein wissenschaftlich erreichen könne, während dies für Kant nur eine, wenn auch notwendige, Zielvorstellung war.

Diese Dialektik zwischen idealer Zielvorstellung und konkreter Zielrealisation läßt sich nun, wie gesagt, auf das technische Handeln übertragen. In meinen Augen sind die wesentlichen Motive, die den Bau eines

Beschleunigers wie den „Superconducting Super Collider" vorantreiben, der Glaube an die vollständige Machbarkeit, die im Bereich des Technisch-Praktischen der „endgültigen Theorie" in der Physik entspricht. Andere Wissenschaftler haben diesen Sachverhalt noch deutlicher ausgesprochen. So sagt z. B. Paul Davies in seinem Buch über die „Urkraft", die der Gegenstand einer „Vereinigten Feldtheorie" sein würde: „Wenn wir der Phantasie freien Lauf lassen, dann können wir uns eine Menschheit vorstellen, die eines Tages die Kontrolle über die Urkraft bekommt. Um dies zu erreichen, müßten wir die größte Kraft im Universum manipulieren, denn die Urkraft ist letztendlich dafür verantwortlich, alle Kräfte und alle physikalischen Strukturen hervorzubringen. Sie ist der Urquell aller Existenz ... Wir wären dann wahrlich die Herren des Universums." Allerdings bräuchte man zu diesem Zwecke wahrhaft gigantische Beschleunigungsmaschinen, im Verhältnis zu denen der „Superconducting Super Collider" eine kleine Blechschachtel wäre, denn der Beschleuniger, der die „Urkraft" testen sollte, müßte so lang sein wie die Milchstraße. Und Davies fügt optimistisch hinzu: „Dies ist keine Aufgabe von der Sorte, die man über Nacht erledigt." Einige Seiten später gibt er allerdings kleinlaut zu, daß wir wahrscheinlich „nie in der Lage sein werden, mit der Urkraft direkt zu experimentieren".[15]

Die Idee der totalen Machbarkeit hat eine faktische Grenze erreicht: das Geld geht uns aus und langsam auch die Akzeptanz der Bevölkerung. Ich vermute, daß wir hier an einem Wendepunkt stehen, der die Geschichte der Gigantomachie seit dem 19. Jahrhundert abschließen wird. Die mechanischen Geräte werden seit einiger Zeit nicht mehr größer: größere Löffelbagger zu bauen als die heute im Tagebau verwendeten, die 40 m hoch sind und 100 m³ Abraum auf einmal zur Seite schaffen, wodurch sie ganze Landschaften und Städte im Nichts verschwinden lassen, lohnt nicht oder wird nicht mehr akzeptiert. Noch größere Öltanker hätten im Fall einer Havarie noch größere ökologische Katastrophen zur Folge, wie durch den Fall des 250 000-Tonnen-Tankers „Amoco Cadiz" deutlich wurde, der 1978 vor der bretonischen Küste auf

Grund lief oder insbesondere durch die Katastrophe vor dem Ölhafen Valdez in Alaska im Jahr 1989, als die „Exxon Valdez" strandete.

Allerdings hat die Skepsis gegen die Großtechnologie auch bei uns nicht dazu geführt, die Idee der Überschreitung aller Grenzen außer Kraft zu setzen. Sie hat sich jetzt in die Computertechnologie geflüchtet, wie im nächsten Kapitel dieses Buches näher zu zeigen ist. Der Cyberspace scheint sich mit der rasant wachsenden Leistungsfähigkeit der Mikrochips in eine qualitative Unendlichkeit hinein auszudehnen. 1970 betrug die Anzahl der Bauelemente auf einem Mikrochip gegen 100 Bauelemente, 1975 bereits das Zehnfache, 1980 fünfzigtausend, 1985 eine Million und bis zum Jahr 2000 will man auf eine Milliarde kommen! Das Feld der Möglichkeiten scheint sich hier ins Ungemessene auszudehnen und evoziert wiederum jene Idee der Unendlichkeit, die früher die Religion besetzt hatte, vor hundert Jahren die Elektrizität und noch vor 30 Jahren die Weltraumfahrt.

Was geschieht hier? Die Gipfel der jeweils innovativsten Techniken färben sich, wenn die Sonne des Fortschritts aufgegangen ist, mit dem Rotgold der Transzendenz, das aber flüchtig ist und dem nüchternen Alltag einer etablierten Technik nicht standhält. Daher mein Vergleich mit Kants „Dialektik des Scheins", die eine solche Morgenröte nicht nur in der Theorie, sondern, wie ich meine, auch in der technischen Praxis erzeugt. Das Tageslicht der Massenproduktion, wodurch die Innovationsphasen abgelöst werden, ist dann wesentlich weniger romantisch und wer einen neuen Auspufftopf herstellt, kommuniziert gewöhnlich vorher nicht mit dem Universum und wenn er es täte, wären die Auspufftöpfe noch schlechter als die, die wir jetzt schon haben.

Idealisierungsleistungen kommen sowohl bei der Technikproduktion, als auch bei der Technikrezeption vor, manchmal auch in beiden Bereichen zugleich, was aber nicht der Fall sein muß. Ein idealer Ausgriff scheint mir in der Technikproduktion unabdingbar, wenn etwas Neues entstehen soll. Manchmal überzeugen die Technikproduzenten die Rezipienten mit ihrem idealistischen Eifer, wie in der Weltraumtechnik, manchmal besorgen sie es aber auch selbst. Ich glaube nicht, daß der idealistische Eifer der ersten Automobilbauer heute noch in den Konstruktionsbüros lebendig ist (es gibt keine wirklich umstürzenden Innovationen mehr in der Automobilbranche), aber bei den Rezipienten gibt es nach wie vor die idealistischen Blütenträume, oft sehr versponnene, wie ich im sechsten Kapitel näher zeigen möchte.

In bezug auf die Produktion kontrastieren die Hochzeiten der Technikinnovation schroff mit dem Technikalltag. Auf dieses Phänomen kann man zweifach reagieren: Entweder, man erklärt die Hoffnungen der Innovationsphase mit den meisten Technikphilosophen für einen flüchtigen, vielleicht sogar ideologischen und gefährlichen Schein, der im Anblick des technischen Alltags gegenstandslos wird. Aber dann wäre zu fragen, warum dieser Schein zwar sein Objekt wechselt, aber niemals verschwindet und warum er auch in der etablierten Technik noch in versteckter Weise am Werke ist, wie im z. B. gerade im Gebrauch des Automobils.

Oder, und dies ist die zweite Möglichkeit, man erklärt mit Wernher von Braun und Jesco von Puttkamer dreist, daß es das Wesen der Berge sei, rot zu glänzen, was evident falsch ist und den Schein der Transzendenz verdinglicht, der aus unserem Herzen kommt.

Man kann also den Technisierungsprozeß auf eine zweifache Weise verfehlen: Entweder man engt ihn auf rein „diesseitige" Zwecksetzungen ein, wie z. B. den „Sieg des Menschen über die Natur" oder auf die „Erleichterung der menschlichen Lebensbedingungen" usw. In diesem Fall zieht man die Hintergrundfolie des Unendlichen sowohl aus der Motivations- als auch aus der Verwendungsebene heraus. Dann werden die überschwenglichen Hoffnungen, die manche Technikproduzenten mit ihrem Tun verbinden, zu Illusionen einer fehlgeleiteten Vernunft. Die Symbolik des Grenzüberschreitens, die in vielen technischen Prozessen enthalten ist, wird zu einer Ideologie, welche die Technikproduzenten anheizen, um ihre wahren Motive zu verschleiern. Man sieht dann nicht mehr, warum es gerade die größten Spinner waren, welche die besten Geräte herstellten, und warum wir nicht umhin können, Technik zu bewundern und in ihr eine Kulturleistung ersten Ranges zu sehen, die von Hause aus die Sphäre der Transzendenz streift.

„Streift", sage ich, denn der andere Straßengraben ist der, den ideellen Vorgriff, der im Technischen enthalten ist, mit seinem Resultat zu verwechseln, das Unendliche zu verdinglichen, die „Gottmaschine" herzustellen, die Dampflok im Ernst für einen Adler zu halten. Diese Versuchung ist die gefährlichste, denn sie führt zur Aufhebung jeder Verantwortung. Wo das Unendliche koextensiv mit dem Endlichen wird, fallen „Sein" und „Sollen" identisch zusammen. Dann gibt es kein Außerhalb mehr, keine Kritik, keine Distanz, der Mond muß erobert werden, *weil er da ist*, die Weltraumstation wird kommen wie ein Sonnenaufgang. Der Technisierungsprozeß wird dann zum Selbstläufer, der schon allein deshalb gerechtfertigt ist, *weil* er sich faktisch abspielt. Es sind diese Auswüchse, welche die Frage nach „Technik und Transzendenz" ganz allgemein in Verruf gebracht haben.

Dies wird aber nicht verhindern, daß die Grundfrage bestehen bleibt. Der Mensch begegnet in der Technik seinem eigenen zwiespältigen Wesen. Eingespannt zwischen seiner realen Endlichkeit und einer erhofften, bloß potentiellen Unendlichkeit, irisiert ihm das technische Artefakt im Licht dieser Doppelnatur, die sein eigenes Wesen ausmacht. Diese Doppeldeutigkeit würde nur dann verschwinden, wenn sich der Mensch zu einem findigen Tier zurückgekreuzt oder zu einem Gott emporgemendelt hätte. Beides ist höchst unwahrscheinlich. So bleiben wir durch alle noch so komplexen technischen Vermittlungsprozesse unserer eigenen Widersprüchlichkeit ausgesetzt und selbst das perfekte Funktionieren der Technik wird unseren Hunger nach Unendlichkeit weder dämpfen noch erfüllen, mögen die Maschinen noch so groß und leistungsfähig oder noch so klein und „intelligent" werden.

Anmerkungen

1 Benz, S. 150

2 Nach Ruland, S. 330, 389, 418. Ich entnehme dies der Lebensbeschreibung von Brauns aus der Feder von Bernd Ruland. Diese Lebensbeschreibung wurde von von Braun autorisiert. Allerdings hat sich inzwischen herausgestellt, daß sie zahlreiche Unwahrheiten enthält, insbesondere was von Brauns Verhältnis zu den Nationalsozialisten betrifft. Gleichwohl ist das Buch Rulands lesenswert, weil es die Art wiedergibt, wie sich von Braun auf dem Höhepunkt seiner Karriere sah, d. h. im Jahr der amerikanischen Mondlandung.

3 Boethius, S. 80, 110

4 Puttkamer (1987), S.39 ff., 164

5 Merbold nach White, S. 8 ff.

6 Behringer und Ott-Koptschalijski haben in ihrem Buch „Der Traum vom Fliegen. Zwischen Mythos und Technik" das Verhältnis zwischen diesen beiden Bereichen durch die gesamte Geschichte rekonstruiert. Sie kommen zu dem Schluß, daß der Flug „das menschliche Bestreben nach Befreiung in sehr allgemeiner Form", nämlich das „Streben nach Glück" symbolisiere, weshalb es auch nie eine Technik ohne Mythos gegeben habe. (S.488).

7 Ruland, S. 37

8 White, S. 23

9 Ruland, S. 42

10 Kennedy nach Ruland, S. 42, 356 f.

11 von Braun nach Ruland, S. 8, 342, 353

12 Das Gesagte ist nicht ganz richtig. In der Makrophysik gibt es z. B. die Beschränkung durch die Lichtgeschwindigkeit, die eine Obergrenze für Signalübertragungen bildet. In der Mikrophysik gibt es Grenzen durch die Unschärferelation. Meist liegen aber diese Grenzen außerhalb unseres technischen Manipulationsbereichs.

13 Zum Folgenden siehe das Interview mit Reinhold Messner in der „ZEIT" vom 30. 11. 1990.

14 Weinberg, S. 13, 24 f., 66

15 Davies, S. 222 ff.

3. Cyberspace und Gottmaschine

„Nachts zu programmieren ... ist Traumzeit,
eine Spanne, die ausschließlich dem Geistigen gewidmet ist,
vollkommen versunken, ausdauernd und zeitlos, ortlos, körperlos.
Der elektronische Mensch besitzt keinen physischen Körper."

DIE VIRTUALISIERUNG DER WELT ▲ DIE PHYSIK DER UNSTERBLICHKEIT ▲ RAUM-
FAHRT UND DATENRAUM

3.1 Der Ausstieg aus Platos Höhle

Das Eindringen des Computers in unsere Lebenswelt war dramatisch. Innerhalb von 20 Jahren haben sich die Mikrochips in jeder Armbanduhr,
in jeder Kamera und sogar in den Eheberatungsinstituten durchgesetzt.
Ein Ende dieser Entwicklung ist nicht abzusehen, in der Art wie es z. B.
einen Sättigungspunkt bei der Entwicklung des Fahrrades gab, das nach
seiner Erfindung um 1860 innerhalb von 30 Jahren seine endgültige Form
fand, um sich seitdem im Wesentlichen gleich zu bleiben.

Ein solcher Punkt der Sättigung ist für den Computer bis heute noch
nicht in Sicht, weil die Miniaturisierung und der Preisverfall ständig zu-
nehmen und die Akzeptanz des Publikums offenbar grenzenlos ist.

Zwischen 1965 und 1985 sanken die Preise für Computer um den
Faktor 10 000, während sich in derselben Zeit ihre Leistungsfähigkeit um
denselben Faktor erhöhte. Die Entwicklung war in der Zwischenzeit eher
noch rasanter, gleichwohl wird eines Tages ein Sättigungspunkt eintre-
ten. Irgendwann einmal werden die Computer zu unserem Leben dazugehören wie die Kanalisation oder die Strom- und Wasserversorgung,
aber wir sind noch weit von diesem Zeitpunkt entfernt, wo die Sache einfach nur benutzt wird, funktioniert und unspektakulär geworden ist.

Die Firma AT&T entwickelt zur Zeit ein achtfaches Glasfaserkabel, das
pro Sekunde 1 200 Milliarden Bits überträgt: Das ist das Äquivalent von
90 000 dicken Büchern und das Mehrfache der gesamten Informations-
menge, die das Internet heute weltweit pro Sekunde umsetzt! Diese Kabel werden irgendwann einmal in unsere Wohnungen gelegt, was so ähnlich ist wie ein Schrebergarten mit Autobahnanschluß. Die Frage „Wozu"
stellt sich niemand so recht. Mit den Mitteln werden die Anwendungen

schon kommen. Im übrigen wird die Cyberspacetechnik vermutlich so gigantische Datenflüsse erzeugen, daß solche Kabel wirklich nötig sind. Auf der anderen Seite sind wir schon jetzt nicht mehr in der Lage, die bereits bestehenden Informationsflüsse geistig zu bewältigen und die Gefahr eines Überinformationskretinismus oder eines Videoanalphabetentums wächst beständig.

Allgemein gilt, daß eine neue Technologie bereits bestehende Tendenzen verstärkt. Die Nazidiktatur gewann an Schärfe durch das damals neu entstandene Medium des Rundfunks. In den Demokratien trägt der Rundfunk zur gesellschaftlichen Liberalisierung und Demokratisierung bei. Die Druckerkunst hat die Reformation nicht hervorgebracht, aber deren Wirkungen beträchtlich verstärkt oder vielleicht erst ermöglicht. Man kann daher auch nicht wissen, wohin das Computerzeitalter führen wird. Nur eines ist sicher: eine Humanisierung *aufgrund* dieser Technik wird es nicht geben. Techniker sind Trendverstärker, keine Trendsetter.

1995 druckte die „Frankfurter Allgemeine Zeitung" die „Magna Charta des Cyberspace" ab, verfaßt von bedeutenden amerikanischen Wissenschaftlern, insbesondere Ökonomen.[1] Dort heißt es gleich im ersten Satz: „Das zentrale Ereignis des 20. Jahrhunderts ist der Sturz der Materie." Danach hebt die Herrschaft des Computers, der nach dieser Lesart etwas „Geistiges" ist, die Herrschaft der Materie, als einem Prinzip des Mechanischen und Trägen, auf. Gemäß dieser „Magna Charta des Cyberspace" führt die Computerisierung ipso facto zu mehr Demokratie, Freiheit und Selbstbestimmung und Amerika erhält seine Rolle wieder als führende Industrienation und als ein moralisches Vorbild für den Rest der Welt — die Fortsetzung des „amerikanischen Traumes".

Diese Denkfigur ist nicht neu. Ich hatte schon in den ersten beiden Kapiteln Beispiele für den Glauben an eine direkte Proportionalität zwischen technischer und moralischer Entwicklung erwähnt. Dieser Glaube beruht auf einer Verwechslung von ideellem Ausgriff und konkreter Realisation. Es ist ein Glaube, der gewöhnlich blind für die Pathologien des Technisierungsprozesses macht. Im Fall des Cyberspace werden sie darin bestehen (soviel läßt sich jetzt schon sagen), daß die Reichen, die sich die neuen Techniken leisten können, noch reicher werden und die Armen, die sie sich nicht leisten können, noch ärmer. Dasselbe gilt im Verhältnis von begüterten zu weniger begüterten Nationen.

Bei einer Gesamtweltbevölkerung von sechs Milliarden profitiert schon jetzt nur eine Milliarde von den Segnungen der modernen Technik, die anderen fünf Milliarden sind weitgehend ausgeschlossen. Selbst das so „demokratisch" wirkende Telefon ist Ausdruck einer weltweiten Ungerechtigkeit: Die US-Amerikaner, die nur 5% der Gesamtbevölkerung ausmachen, verfügen über ein Viertel des Telefonnetzes. Der Cyberspace wird solche jetzt schon vorhandenen Trends verstärken und keineswegs aus eigener Kraft korrigieren. Erschreckend ist, daß niemand diese Prozesse steuert, ja daß sie sich der Steuerbarkeit schon allein deshalb entziehen, weil sie alle nationalen Schranken und Jurisdiktionen unterlaufen.

Die internationalen Devisengeschäfte, die gegenwärtig über Satelliten und EDV abgewickelt werden, betragen pro Jahr in der Größenordnung 100 Billionen Dollar, d. h. das Zwanzig- oder Dreißigfache des Bruttosozialprodukts der USA. Der Handel mit „realen" Produkten macht davon nur noch 10% aus. Es werden also ungeheure Gelder im elektronischen Orbit umhergeschoben. Wer über das nötige Startkapital verfügt, kann an einem Tag Millionen allein dadurch verdienen, daß er seinen Computer die Wechselkurse beobachten und entsprechend umbuchen läßt. Die Größenordnungen solcher Umbuchungen pro Tag liegen in Tokio, New York oder London zwischen 50 und 100 Milliarden Dollar. Der Spezialist für globalen Geldtransfer am „Massachusetts Institute of Technology" (MIT), Peter Schwartz, der sich seit Jahren mit dieser Entwicklung beschäftigt, sagt: „Und dabei ist mir erstmals wirklich klargeworden, daß dieses System völlig außer Kontrolle geraten ist, daß da tatsächlich niemand mehr durchblickt."[2]

Es gibt also keine guten Gründe, auf die selbstheilende Kraft des Computerwesens zu vertrauen. Das Erschreckende an der Entwicklung ist, daß sie nur von einer Weltregierung gesteuert werden könnte, die wir jedoch

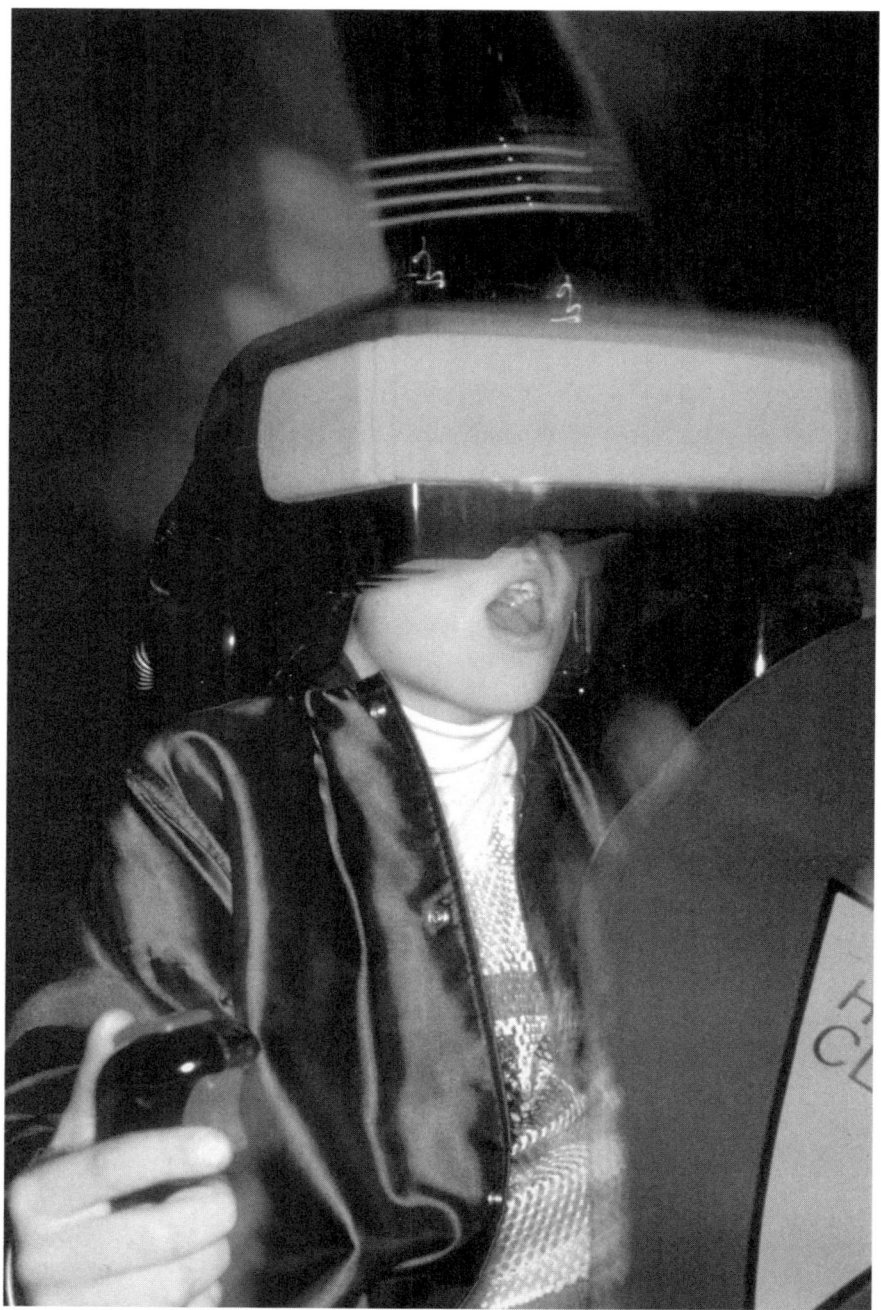

in absehbarer Zeit nicht haben werden. Heute herrschen im Cyberspace die multinationalen Konzerne, deren Profitstreben durch keine transnationalen Gesetze geregelt wird. Daß sie sich zum Wohle der Menschheit betätigen werden, ist nicht sehr wahrscheinlich.

Die Verfasser der „Magna Charta des Cyberspace" gingen von einer Spiritualisierung der Welt durch Computertechnik aus. Das erinnert an philosophische Spekulationen, die sich schon zehn Jahre früher bei Carl Friedrich von Weizsäcker finden, im Anschluß an Norbert Wieners Überlegungen zur Kybernetik.

Wiener hatte schon in den sechziger Jahren eine dritte Entität neben „Materie" und „Energie" gefordert, denn: „Information ist Information, weder Materie noch Energie. Kein Materialismus, der dieses nicht berücksichtigt, kann den heutigen Tag überleben."[3] Aus dieser Trias von Materie, Energie und Information hat von Weizsäcker eine Neuplatonische Metaphysik abgeleitet: Danach läßt sich mit Einstein Materie auf Energie zurückführen, beides aber auf Information. Daher sei letztlich alles Geist.[4]

Die virtuelle Welt
– von außen betrachtet.

„Information = Geist", das ist die Formel, welche die Transzendenzbeziehung des Computerzeitalters kennzeichnet. Sie entspricht der alten Formel „Dampf = Fortschritt" aus dem 18. Jahrhundert. Immer sind es die leichteren Elemente, die den Assoziationshof des Geistigen um sich verbreiten. Es gibt gute Gründe, skeptisch gegenüber solchen Spekulationen zu sein. Auch sie verdanken sich dem Versuch, das ideelle Moment, das den Technisierungsprozeß leitet, in seine Resultate hineinzuprojizieren. Es ist jene „Dialektik der technisch-praktischen Vernunft", deren weltanschauliche Kurzschlüsse ein zentrales Thema des vorliegenden Buches sind. Solche Kurzschlüsse finden sich jedoch heute eher im Bereich der Computer- als im Bereich der Weltraumtechnik.

Die Weltraumfahrt ist im Grunde erfolglos gewesen. Die Bewegung des physischen Transzendierens mittels Raketentechnik ist zwar nicht an ihr Ende gekommen (die Amerikaner wollen demnächst ein bemanntes Raumschiff auf den Mars senden), aber der Weltraum war letztlich eine große Enttäuschung: Die Raumkapseln sind eng, die Raumanzüge schwer und unbequem, die Disziplin rigide, das Abenteuer sehr reduziert. Was „man" sich so unter der Befreiung von der Schwerkraft vorgestellt hatte, läßt sich mit Paraglide und Drachenflug weit billiger realisieren (Sportarten, die seit den sechziger Jahren modisch wurden, gerade weil das mechanisierte Fliegen so langweilig ist).

Die Begeisterung der Öffentlichkeit für den Weltraumflug hat daher merklich nachgelassen, während der Cyberspace eine neue, qualitative Unendlichkeit eröffnet, die Technikproduzenten wie Technikrezipienten gleichermaßen fasziniert. Auch hier macht sich wieder jenes transzendierende Moment im Technisierungsprozeß bemerkbar, das ihn von Anfang an begleitete.

Bei der ersten internationalen Konferenz über „Virtual Reality" (VR), die im Sommer 1991 in Großbritannien stattfand, bemühte sich ihr Leiter, T. Feldman, die Tagesordnung möglichst nüchtern zu gestalten, was aber mißlang und ihn zu der resignierten Bemerkung veranlaßte, man könne bei einem solchen Thema der „Metaphysik nicht entkommen".[5]

Eines der größten Laboratorien, in denen heute die Informationstechnologie vorangetrieben wird, ist das „Media Lab" am MIT, dessen Gründer und Direktor, Nicholas Negroponte, kürzlich ein Buch mit dem bezeichnenden Titel schrieb „Total digital". Ich möchte im Folgenden anhand von Zeugnissen aus diesem Buch und anderen, die sich auf das „Media Lab" oder allgemein auf das „MIT" beziehen, zeigen, wie sehr sich das idealisierende Moment, das ich auch bisher schon im Technisierungsprozeß ausgemacht habe, bis in die neueste Computertechnologie hinein fortschreibt. Ich wähle zu diesem Zweck gerade das „Media Lab", weil es nicht im Verdacht stehen kann, nur die Privatmeinung von irgendwelchen Computerfreaks und Datendandys zu repräsentieren, wie so viele

Bücher, die in letzter Zeit über „Cyberspace" und „Virtual Reality" geschrieben wurden.[6]

Die Begriffe „Cyberspace" und „Virtual Reality" werden in der Diskussion nicht einheitlich gebraucht. In einem weiteren Sinne versteht man darunter alle computergenerierten, insbesondere interaktiven Welten, wie z. B. das Internet.

In einem engeren Sinne ist damit eine Technik gemeint, die noch in den Kinderschuhen steckt, obwohl sie schon in manchen Spielhallen und -höllen oder bei Flugsimulatoren Verwendung findet. Es ist eine Technik mit der Möglichkeit, eine „an sich" nicht existierende „Realität" mittels Stereobildschirm, Stereokopfhörer und manchmal auch mittels aufwendiger Hydraulik (zur Erzeugung mechanischer Widerstände), so zu inszenieren, daß derjenige, der in einer solchen Maschinerie steckt, den Eindruck hat, er erfahre „echte" Realität.

Die heute existierenden „Realitätsmaschinen" (wie sie auch genannt werden), sind noch weit von dieser Zielvorstellung entfernt, aber das ist nur eine Frage der Rechnerleistung.[7]

In 20 Jahren werden wir uns in solchen „virtuellen Welten" bewegen wie heute in einem Zugabteil. Wie dort, wird die uns begegnende Realität interaktiv sein, denn der Cyberspace ist im Gegensatz zum Fernsehen ein soziales, auf Kommunikation ausgerichtetes, Medium.

Nicholas Negroponte, der am MIT für die Entwicklung dieser neuen Cyberspacegeräte zuständig ist, faßt den Technisierungsprozeß, wie zuvor Wernher von Braun und viele andere, als eine „Naturgewalt", die über uns kommt, ohne daß wir etwas daran verändern könnten. Diese Naturgewalt hat für ihn geradezu mystische Qualitäten, denn wie er sagt: „Virtual Reality ermöglicht uns, die Milchstraße zu umarmen."

Was jetzt ins Haus stünde, sei „ein Zeitalter des Optimismus", ein Zeitalter der „Dezentralisierung, Globalisierung, Harmonisierung und Befähigung zum Handeln": „Die digitale Technologie kann wie eine Naturgewalt wirken, welche die Menschen zu größerer Weltharmonie bewegt." Demgemäß ist in Negropontes Buch nie von ethischen Problemen die Rede, auch dann nicht, wenn er von militärischen Nutzanwendungen spricht. Hier gilt klar der Primat der technisch-praktischen Vernunft: „Wir haben," sagt Negroponte, „die richtige Technologie", aber „die falschen Probleme".[8]

Der Wissenschafts- und Technikjournalist Stewart Brand hielt sich ein halbes Jahr am „Media Lab" des MIT auf, sprach mit Negroponte und den anderen wichtigen Direktoren und gibt in seinem Buch „Media Lab. Computer, Kommunikation und neue Medien. Die Erfindung der Zukunft am MIT" ein Bild der Atmosphäre, in der die neuen Kommunikations-technologien am MIT, diesem „obersten Tempel der Technikentwicklung", entstehen. Brands Buch steht unter dem Motto: „Wie werden wir unser Nervensystem unmittelbar an den globalen Computer anschließen?", was zunächst auf das Internet gemünzt ist. Es dürfte zugleich aber in einem metaphysischen Sinn gemeint sein, denn Teilhard de Chardins „Noo-sphäre", diese Mischung aus sozialer, maschineller und mystischer Glo-balvernetzung, steht in Computerkreisen hoch im Kurs.

Dementsprechend ist die Arbeit der Ingenieure am MIT imprägniert von jenem ideellen Moment, das den gesamten Technisierungsprozeß seit der Industriellen Revolution durchdringt. Daher ist es auch kein Wunder, daß eines der Leitmotive dieses Prozesses, die Überwindung von Raum und Zeit, auch hier wieder auftaucht: Negroponte lobt das „E-Mail" als ein geeignetes Mittel, „die Tyrannei" des Raumes und der Zeit aufzuhe-ben durch einen „Humanismus, den wir mit und durch die Maschine er-reichen wollen".

Weil der Humanismus auf maschineller Ebene herstellbar ist, „ver-zichten die Forscher am Media Lab ganz bewußt auf soziale, politische und ökonomische Spekulationen" und dies, obwohl der ganze Betrieb we-sentlich vom Verteidigungsministerium finanziert wird und im letzten hauptsächlich dazu dient, neue Waffensysteme, wie Kampfroboter oder Kampfsimulatoren, zu bauen.[9] In zehn bis zwanzig Jahren werden die Amerikaner in der Lage sein, Kampfroboter einzusetzen, die mit Hilfe von Sensoren ein realistisches Bild in einen weit entfernten Bunker übertragen, wo ein Soldat in einer Cyberspacemaschine steckend, den Eindruck hat, auf dem Schlachtfeld präsent zu sein, während er selbst nicht getötet werden kann. Schon jetzt gibt es Szenarien, wo mehrere 100 Panzerkämpfer interaktiv virtuelle Schlachten schlagen, was den Soldaten, wie berichtet wird, großen Spaß bereitet. Der Tag ist nicht mehr fern, wo man mit Hilfe von Computersimulationen das Töten einüben wird. Die Serben, die in ihrem letzten Krieg das Töten noch gewissermaßen von Hand und mittels Schweineschlachten probten, werden dabei größere Hemmungen gehabt haben. Virtuelle Leichen setzen die Tötungshemmung beträchtlich herab und virtuelles Blut schreckt nicht.

Man muß natürlich der Gerechtigkeit halber zugestehen, daß die Cyberspacetechnik auch sehr positive Betätigungsfelder eröffnet. Statt für den Krieg kann man die neuen Roboter auch zur Entschärfung von Mienen heranziehen, zum Löschen gefährlicher Brände oder bei Chemieunfällen. Schon heute zeigen manche Architekten ihren Kunden das zu bauende Haus erst einmal in einer virtuellen Welt. Wahrscheinlich werden in 20 Jahren sogar Querschnittgelähmte in solchen Welten arbeiten können. Vielleicht wird auch der internationale Flugverkehr abnehmen, wenn Konferenzen rund um den Globus in virtuellen Räumen stattfinden.

In Deutschland gibt es keine enge Verzahnung zwischen militärischen und solchen zivilen Nutzanwendungen, aber die Amerikaner, die viel gewichtiger auf dem Weltmarkt sind, haben da weit weniger Skrupel.

Während in den USA das Zivile ein „Spin-off-Effekt" des Militärischen ist, hat das „Media Lab eine VISION. VISION in Großbuchstaben", nämlich die, den Geist, den die „Magna Charta des Cyberspace" proklamiert hatte, zu verwirklichen.

Dieser Geist ist leibfrei wie der Begriff der „Information", dem er entspricht: „Nachts zu programmieren ... ist Traumzeit, eine Spanne, die ausschließlich dem Geistigen gewidmet ist, vollkommen versunken, ausdauernd und zeitlos, ortlos, körperlos. Der elektronische Mensch besitzt keinen physischen Körper."[10]

Vom leibfreien Geist aus gesehen scheint auch das Leben nichts zu sein als Informationsübertragung. Der Wissenschaftler David Zeltzer ist am MIT zuständig für „Animation Research", d. h. für die Computersimulation von Lebensprozessen. Auf die Frage von Stewart Brand „Warum schlagen Sie sich dann damit herum? ... Warum bleiben Sie nicht bei der Realität?", antwortet er: „Weil man die Realität nicht automatisieren kann ... Juniorgötter wollen wir sein. Die Realität existiert zum größten Teil schon. Die virtuelle Realität läßt sich noch erschaffen."

Und Jerome Wiesner, von demselben Institut, sagt: „Ich habe die vielleicht etwas romantische Vision, wir würden mit der Revolution der Informationstechnologien die Evolution noch einmal rekapitulieren ... Ich glaube, der Prozeß der Maschinenentwicklung wird zu Ergebnissen führen, die wir uns heute noch nicht vorstellen können. Ich werde wohl nicht unsterblich werden, aber vielleicht meine Kinder. Sie werden vielleicht aus einem anderen Stoff gemacht sein als ich." Und Nat Durlach, Kommunikationstheoretiker am MIT, fügt ohne jeden ironischen Unterton hinzu: „Das Experiment Mensch weist noch einige störende Fehler auf, einige von ihnen vielleicht sogar verhängnisvoll, die irgendwie — und zwar möglichst bald — beseitigt werden müssen." Es gehe darum, „uns selbst zu verändern, damit wir besser zu unseren Maschinen passen".[11]

Wie entscheidend dieses Denken schon jetzt in unsere Lebenswelt eingreift, zeigt sich an der zur Zeit unter den Jugendlichen verbreiteten Tamagotchi-Begeisterung. Die Tamagotchis sind chipkartengroße Minicomputer, auf denen ein Programm für „Virtual Life" läuft. Die Jugendlichen müssen ein virtuelles Tier füttern, ausführen, pflegen, im Grenzfall „beerdigen". Von diesen Tamagotchis wurden bisher 36 Millionen verkauft. Das Spiel macht im hohen Grade süchtig, wovon sogar die Gymnasiallehrer ein Lied singen können.

Statt ein Meerschweinchen oder eine Katze zu pflegen, machen die Jugendlichen ihre ersten Erfahrungen mit „elektronischem Leben", das sich beliebig an- und abschalten läßt. So werden sie rechtzeitig zu „Juniorgöttern" erzogen. Das Maschinelle hat dem Menschlichen „voraus", daß dort die Software von der Hardware ablösbar ist, so daß mit dieser Unabhängigkeit vom Stoff die Software sozusagen jetzt schon unsterblich ist. Peter Schröder, Mathematiker und Informatiker am MIT, spricht unverhohlen von einer „Wiederbelebung des Magischen durch die Technologie". Auf klassische Weise formuliert er das Apriori der modernen Industriegesellschaft: Mit der Fähigkeit *„etwas* zu erschaffen", gehe der Wunsch einher, *„alles* zu erschaffen". Auf diese Art würden die „physikalischen Zwangsbedingungen" aufgehoben[12], wozu auch die menschliche Sterblichkeit gehöre, die durch Ablösen des menschlichen Geistes von seinem Körpersubstrat überwunden werden solle.

All die Grundsatzüberlegungen, die von der Philosophie seit Jahrzehnten über das Leib-Seele-Problem, die Frage nach einer Reduzierbarkeit mentaler Prädikate, nach den Kriterien für personale Identität, die Unhintergehbarkeit der Ethik usw. angestellt wurden, haben in diesem „Tempel der Technikentwicklung" keine Spuren hinterlassen. Während die Universitätsphilosophen in ihren antiseptischen Hochleistungsseminaren selbstgesetzten esoterischen Ansprüchen genügen, geht die Praxis schlicht baden, denn diejenigen, welche die Macht und das Geld haben, kümmern sich nicht um die feinziselierten Reflexionen der Philosophen. Das liegt natürlich auch an ihnen, aber man sollte doch erwarten, daß philosophische Grundunterscheidungen wenigstens als Negativfolie präsent sind, wenn es darum geht, Menschen nachzubauen.[13]

Der Soziologe Jean Baudrillard hat die Faszination der virtuellen Welten auf die Möglichkeit zurückgeführt, überall potentiell präsent zu sein. Meiner Meinung nach gilt dies auch schon für die Dampfmaschine, das Automobil, Telefon oder für das Fernsehen. Wenn es richtig ist, daß der Technisierungsprozeß bisher vom Bestreben geleitet war, Grenzen zu überschreiten, um neue Räume zu eröffnen, die der Möglichkeit nach unendlich sind, dann verkörpert der Cyberspace nur eine besonders pointierte Form dieses Strebens. Der elektronische Möglichkeitsraum hat darüber hinaus eine eigene, ganz besondere Dichte. Er besteht nämlich nicht, wie der Weltraum, zum größten Teil aus Nichts und dort, wo er nicht aus Nichts besteht, aus den beiden langweiligsten Elementen Wasserstoff und

Helium. Der kybernetische Raum ist dagegen, weil er interpersonal ist, erfüllt von Nichtvorhersehbarem. In ihm herrscht die zu nichts verpflichtende Anonymität einer Bahnhofshalle: Jeder kann jederzeit kommen und gehen und die Identität wechseln, oder wie Baudrillard sehr geistreich bemerkt: „Wozu sollte man noch miteinander reden, wenn es so einfach ist, zu kommunizieren?"[13]

Diese Eigenschaften der Anonymität, Grenzenlosigkeit und Austauschbarkeit der Identitäten, macht die virtuelle Welt zum potentiellen Rauschgift, so daß die Cyberspacetechnik auch „die Technikdroge des 21. Jahrhunderts" genannt wurde.[14] Timothy Leary, der LSD-Papst der achtziger Jahre hat sich inzwischen zur Cyberspacetechnik bekehrt, weil sie geeignet sei, dieselben Rauschzustände hervorzurufen wie LSD, ohne daß der Cybernaut der gesellschaftlichen Ächtung verfalle.[15] Technische Innovationen werden in der Öffentlichkeit leicht akzeptiert, Rauschgift nicht.

Es ist aber klar, daß das eine so gefährlich ist wie das andere. Stewart Brand, dessen Ausführungen zum „Media Lab" des MIT von einem ähnlichen Rausch der Begeisterung getragen sind, sagt am Ende seines Buches in einem erstaunlichen Anfall von Selbstkritik: „Ein Auto ohne Fahrer rast in den Abgrund, explodiert; einer Wirtschaft ohne angemessene Theorie geht es möglicherweise nicht viel anders ..." Die Menschen in der verkabelten Welt sind wie ein „Teenager, der zum ersten Mal hinter dem Steuerrad sitzt".[16]

Hängt die zu erwartende Katastrophe mit dem Informationsplatonismus ursächlich zusammen? Korrespondiert die Flucht auf die Rationalitätsinsel des Cyberspace mit dem schlechten Gewissen über die Steuerungslosigkeit, welchen den Technisierungsprozeß dann anheimfällt? Sehr eigentümlich ist jedenfalls, daß in der Literatur zur Cyberspacetechnik ein alter Platonischer Topos immer wieder auftaucht, wenn auch in merkwürdig gebrochener Form: das Höhlengleichnis.

Bei Plato war die materielle Welt ein Kerker, aus dem der erleuchtete Philosoph die an ihre Vorurteile geketteten Sinnenmenschen befreite, wenn sie bereit waren, sich befreien zu lassen. Die Befreiung bestand in einer Schau der Ideen, in einer separaten Welt des Geistigen, jenem „topos noetos", der nicht von Materie und Relativität kontaminiert war.

Es ist nun dieses Höhlengleichnis, das in der Cyberspaceliteratur immer wieder auftaucht. Der Philosoph Michael Heim, einer der wenigen, der sich mit dieser Thematik beschäftigt hat, sagt: „Der Cyberspace transzendiert das Physikalische, indem er es durch einen elektronischen Himmel von ideal organisierten Gestalten und Formen ersetzt." Aber noch auf derselben Seite warnt er uns davor, nicht in der Höhle des Cyberspace zu verbleiben und immer wieder in die reale Welt zurückzukehren.[17] Nicht nur Heim, auch andere VR-Fachleute wie Rötzer oder Rheingold sehen die „elektronische Höhle" nicht nur als Gefängnis im Sinne Platos, sondern zugleich als einen Ort der Initiation, so daß der Abstieg in sie einer Einweihung gleichkommt, wie in den prähistorischen Höhlen von Lascaux und Altamira.[18]

Was nun? Ist die Sinnenwelt die reale Welt und der Computer eine Höhle oder sind umgekehrt die idealen, computergenerierten Modelle das Eigentliche, vor denen die Sinnenwelt wie ein Schatten verblaßt? Ist Robinson, der erste Bewohner einer „Rationalitätsinsel", auf seine Insel verbannt? Oder repräsentiert diese Insel nicht vielmehr einen utopischen Idealzustand, wie bei Thomas Morus, dem Begründer des utopischen Denkens? Bin ich ein Freigelassener oder Gefangener der Datenwelt?

Ob das eine oder das andere der Fall sein wird, hängt stark von den Inhalten ab, die der Cyberspace transportiert. Als solcher kann der Cyberspace kein Ort der Freiheit sein, aber im Gegensatz zum Weltraum ist der kybernetische Raum nicht leer oder nur teilweise von glühenden Kugeln und wüsten Planeten, d. h. von bloßen Dingen, erfüllt. Der kybernetische Raum ist als kommunikativer Möglichkeitsraum jederzeit auch der Raum der Überraschung, d. h. er könnte jederzeit auch der Raum einer neuen Kunstform werden. Vielleicht wird es bald einen „Mozart des Cyberspace" geben, wer weiß. In diesem Fall wäre der Cyberspace wirklich ein Raum der Freiheit, aber nur, weil er künstlerisch überformt wäre. Technik als solche macht nicht frei.[19]

3.2 Die Virtualisierung der Welt

Marvin Minsky, der „Papst" für Künstliche Intelligenz am MIT, bestreitet, daß es eine Differenz zwischen „Virtuellem" und „Reellem" gebe.[20] In diesem Sinne hält auch der Berliner Medienphilosoph Stefan Münker dafür, daß „Virtual Reality" zu einer „Nivellierung der philosophischen Differenz von real und logisch Möglichem" führe.[21] Da das „logisch Mögliche" in bezug auf „Virtual Reality" das technisch Machbare ist, würde eine solche Nivellierung darauf hinauslaufen, die Differenz zwischen Natürlichem oder Vorgegebenem und technisch Herstellbarem einzuziehen. Das technische Machen würde zum Urphänomen, der „homo sapiens" ginge im „homo faber" auf oder wie man ihn auch genannt hat, im „homo cyber sapiens".

Bei Kant gab es einen Primat der ethisch-praktischen Vernunft. Die Transposition in den Cyberspace führt zu einem Primat der technisch-praktischen Vernunft. War bei Kant der Anspruch des Sittengesetzes ein Garant dafür, daß wir es nicht nur mit Phänomenen, sondern *mit der Realität selbst* zu tun haben, so läuft diese Transposition darauf hinaus, den Begriff der „Realität" aufzugeben und durch den der „Konstruktion" zu ersetzen, was natürlich auch zur Aufhebung des Personbegriffs führt.

„Real life is just one more window", sagt die führende Soziologin und Psychologin am MIT Sherry Turkle, in einem Buch mit dem bezeichnenden Titel „Life on the screen". Indem ich mehrere Fenster auf meinem Computer öffne und, über Internet vernetzt, in jedem Fenster eine andere Persönlichkeit „bin", stuft sich das reale Leben zu einer genauso austauschbaren Episode herab. Das ist die Gegenposition zu Leibniz' fensterlosen Monaden: bei Turkle haben die Monaden überhaupt nur Fenster. Sie sind im Grunde nichts als ein System von Fenstern, hinter denen sich nichts mehr verbirgt: der gläserne Mensch, durch den unser Blick widerstandslos hindurchgeht, ein wesenloses Konstrukt aus Bits und Bytes.

Unabhängig von diesen technisch motivierten Verschiebungen im Realitäts- und Selbstverständnis führte der auf die chilenischen Neurobiologen Humberto R. Maturana und Francisco J. Varela zurückgehende „Diskurs des Radikalen Konstruktivismus"[22] zu ganz ähnlichen Konsequenzen. Der Konstruktivist geht davon aus, daß das menschliche Gehirn aus unspezifischen Reizen eine Welt aufbaut, die außerhalb so nicht existiert. Unsere Kognitionen repräsentieren also keine an sich seiende Realität, sondern sie haben nur den pragmatischen Sinn, das Überleben des Menschen zu sichern. Die Evolution brachte Bewußtsein hervor, wie sie Flügel und Flossen hervorbrachte, als Instrumente praktischer Weltbewältigung, nicht als Abbild einer an sich seienden Wirklichkeit.

Der Konstruktivist nimmt zwar an, daß es eine „Realität an sich" gibt, aber sie bleibt uns unzugänglich. Das menschliche Bewußtsein ist „operational geschlossen", empfängt nichts von außen. Diese Position ist leicht zu kritisieren.[23] Ich möchte deshalb hier nur den Blick auf die strukturelle Entsprechung zwischen Cyberspacetechnik und Konstruktivismus lenken, die dann entsteht, wenn sich diese Technik verabsolutiert, was umgekehrt den Verdacht nährt, daß auch der Konstruktivismus auf einer solchen Verabsolutierung des Technischen beruhen könnte, daß sich mithin in diesen beiden, an sich völlig verschiedenen Phänomenen, ein und derselbe Zeitgeist artikuliert.

Cyberspacetechnik und Konstruktivismus fallen identisch zusammen, wenn man voraussetzt, daß das menschliche Gehirn wie ein Computer arbeitet, auf dem ein Programm für „Virtual Reality" läuft, denn auch der computergenerierten Wirklichkeit korrespondiert keine äußere, von ihm unabhängige Realität. Weil das so ist, gibt es Cybernauten, die den Konstruktivismus vertreten und umgekehrt.[24]

Zentral für den Konstruktivismus ist die Maschinenmetapher. Maturana und Varela führen ihren fundamentalen Begriff der „Autopoiese" von vornherein so ein, daß sie auf den Begriff der „Maschine" zurückgreifen. Weil nach ihrer Lehre alles, von den elementarsten Lebensvorgängen bis zu den höchsten Bewußtseinsprozessen ein autopoietisches Geschehen ist, wird damit alles maschinisiert, vor allem, weil sich die Autopoiesislehre nur auf „strukturell determinierte Einheiten" bezieht, die nach Maßgabe von Computern oder Tonbandgeräten begriffen werden.[25] Wenn also der Begriff der „Autopoiese" an den Aristotelischen Begriff der „Selbstbewegung" erinnert und Assoziationen an Freiheitskategorien wachruft, dann ist dies irreführend. Genauso irreführend ist dieses wie die Differenz zwischen „autopoietischen" und „allopoietischen" Maschinen, also Maschinen, die sich selbst herstellen, wie beispielsweise Tiere und solchen, die vom Menschen gemacht werden, wie zum Beispiel Automobile. Auch diese Differenz zwischen „allopoietischen" und „autopoietischen Maschinen" erinnert zu Unrecht an die alte Aristotelische Unterscheidung von Artefakten, die den Ursprung der Bewegung außer sich haben (also im Konstrukteur), und Naturprodukten, die ihn in sich selber haben, also wirklich autonom sind.

Diese konstruktivistische Unterscheidung setzt deshalb keine eigenständige Ontologie des Lebendigen, weil nach konstruktivistischer Lehre Systemgrenzen beliebig sind. Rechne ich zum Automobil, als einer „allopoietischen Maschine" den Konstrukteur hinzu, dann ist das Gesamtsystem „autopoietisch". Auf diese Weise kann alles Existierende in eine autopoietisches System verwandelt werden und der Begriff der „Autopoiese" wird transzendental. Wenn also der Cybernaut von einer „Realitätsmaschine" spricht, dann könnte der Konstruktivist genausogut von der „Realität *als* Maschine" sprechen.

Wesentlich an dieser konstruktivistischen Verschiebung vom Ethisch-Praktischen hin zum Technisch-Praktischen ist nun, daß durch die Maschinisierung des Weltbildes der Begriff der „Verantwortung" glatt unterlaufen wird: Gegenüber Konstrukten gibt es keine Verantwortung.[26] Nun kann ich aber den Verdacht nicht loswerden, daß dieses Unterlaufen der Verantwortung einer der Hauptgründe für die Attraktivität des Konstruktivismus ist, so wie es Sherry Turkles „gläsernen Menschen" attraktiv macht. Der Mensch, der keine Substanz hat, durch dessen weit geöffnete Fenster der jeweilige Zeitgeist widerstandslos hindurchpfeift, kann noch nicht einmal böse sein, denn um böse zu sein, müßte er überhaupt etwas sein.

Die neutrale Welt der bloßen Konstrukte entspricht dem Technokratengeist, der in allem nur zu entwickelnde, optimierende oder zu reparierende Maschinen sieht und nicht ohne Grund entspricht der Begriff der „operationalen Geschlossenheit" präzise dem der „Rationalitätsinsel". Was der Konstruktivismus leistet ist dies, daß er das szientistische Sich-Verschanzen auf der jeweiligen „Rationalitätsinsel" zum unaufhebbaren Schicksal der menschlichen Gattung hochstilisiert. Er reduziert das menschliche Leben auf eine ewige Robinsonade.

Ohne Zweifel sind all unsere Kognitionen sprachlich, geschichtlich und sozial vermittelt. Daraus folgt aber weder, daß sie nicht die Sache selber treffen, noch, daß sie nicht verantwortet werden müssen. Menschliches Erkennen ist ohne Ontologie und Ethik undenkbar.

Das konstruktivistische Sich-Verschanzen auf der Rationalitätsinsel technikimmanenter Funktionen besteht nun eben darin, alle ontologischen und ethischen Bezüge aufzuheben, die Natur zum bestimmungslosen Substrat unseres technischen Machtwillens herabzuwürdigen und die Verantwortlichkeit dieses Machtwillens schlicht zu leugnen. Der Konstruktivismus ist die Legitimationsinstanz der Technokraten und er hat, insofern er sich auf die Hirnphysiologie beruft, die logische Form der Cyberideologie, die mit Minsky und Münker die Differenz zwischen „virtuell" und „reell" zum Verschwinden bringt.[27]

3.3 Die „Physik der Unsterblichkeit" – Raumfahrt und Datenraum

Der bekannte amerikanische Kosmologe Frank J. Tipler schrieb 1994 das aufsehenerregende Buch „Die Physik der Unsterblichkeit", in dem er zu beweisen suchte, daß nicht nur die Auferstehung der Toten, sondern alle wesentlichen Aussagen der jüdisch-christlichen Offenbarung „direkte Ableitungen aus den Gesetzen der Physik" seien. Theologie sei entweder

„blanker Unsinn" oder ein „Teilbereich der Physik". Die Physik sei inzwischen so weit fortgeschritten, daß man mit ihrer Hilfe auch existentielle, ethische oder religiöse Probleme behandeln könne, die bisher passiv hingenommen werden mußten.

Das Buch fand keinen großen Anklang unter Tiplers Fachkollegen. Die meisten Physiker sahen wohl, daß ihre Wissenschaft nicht dazu geeignet ist, solche weltanschaulichen Probleme zu lösen.

Manche Physiker warfen Tipler vor, er sei ein Scharlatan oder es gehe ihm schlichtweg um das Geld.

Mir scheint aber, daß die Diskussion an der Sache vorbeigeht, wenn sie sich auf diesem Niveau bewegt. Tipler mußte von vornherein klar sein, daß er einen Ruf zu verlieren hatte, als er das Buch schrieb.

Gleich auf den ersten Seiten seines Buches betont er, daß er nicht den Verstand verloren habe, auch wenn es so aussehe. Viele mögen der Ansicht sein, daß er sich hierin irrt und daß damit das Erscheinen dieses merkwürdigen Buches erklärbar geworden sei, aber auch eine solche „Erklärung" greift zu kurz. Das Phänomen hat einen viel tieferen Grund und dieser Grund ist auch die Ursache, daß sich Tipler recht unbescheiden mit Martin Luther vergleicht und seinen Kritikern trotzig entgegenhält: „Hier stehe ich, ein Physiker, und kann nicht anders."[28]

Tiplers Gedankengang in der „Physik der Unsterblichkeit" ist in Kürze dieser: Ausgangspunkt ist die physikalische Kosmologie. Rechnete man in dieser Disziplin bisher in die Vergangenheit, etwa bis zum Urknall, zurück, so gibt es seit einiger Zeit die Disziplin der „Physikalischen Eschatologie", die in die Zukunft vorausrechnet, was genausogut möglich ist. Zunächst hatte diese neue Disziplin keine theologische Bedeutung. „Ta eschata" waren hier einfach nur „die letzten Dinge" in einem rein zeitlich-profanen Sinn. Dagegen greift Tipler den theologischen Gehalt des Wortes neu auf und zwar im Rahmen einer physikalischen Kosmologie. Bei ihm sind die „Eschata" wirklich die „letzten Dinge", nämlich das, was dem Dasein Sinn verleiht.

Frank Tipler betreibt Quantenkosmologie. Danach ist das Universum ein chaotisches System. In solchen Systemen gibt es sensible Punkte, wo ein kleiner Eingriff große Wirkungen hervorruft (der sogenannte „Schmetterlingseffekt"). Tipler rechnet durch, wie man an einem solchen sensiblen Punkt in der Gesamtentwicklung des Universums so eingreifen kann, daß sich am Ende der Zeiten (mit Teilhard de Chardin auch „Omegapunkt" genannt) eine Singularität ausbildet, die der Singularität zu Beginn des Universums (dem „Urknall") entspricht, mit dem Unterschied, daß diese Endsingularität ein Informationsmaximum darstellt. Dieses Informationsmaximum hat nach Tipler unendliche Speicherkapazität. Weiter geht er davon aus, daß die Miniaturisierung der Computer in nächster Zeit genauso vorangetrieben werden kann wie in den letzten 20 Jahren, so daß der Computer in den kommenden 20 Jahren den Menschen erreicht und überboten haben wird.

Tipler geht also von der These der „starken Künstlichen Intelligenz" aus, wonach es keinen Wesensunterschied zwischen Mensch und Computer gibt. „Leben" sei seiner Substanz nach nichts als „Informationsverarbeitung", so daß man sogar mit dem Biologen Richard Dawkins sagen kann, daß Computer oder Autos „leben". Weil es zwischen Mensch und Computer nur Gradunterschiede gibt, die sich quantitativ abschätzen lassen, wird es in wenigen Jahrzehnten möglich sein, das menschliche Bewußtsein von unserem störanfälligen, sterblichen „Biobody" abzulösen und mittels interstellarer Raketen ins Weltall zu schicken. Schon in dieser Phase der Entwicklung ist der Mensch nach Tipler potentiell unsterblich, denn er läßt sich beliebig reduplizieren, so ähnlich wie man schon heute den Inhalt einer Diskette bequem auf eine andere kopiert.

Die so erzeugten Post-Anthropoiden erobern nach Tipler das ganze Weltall, um an einer entscheidenden Stelle die Entwicklung so zu steuern, daß jene Endsingularität entsteht, deren Informationsdichte unendlich ist.

Die Eroberung des Weltalls durch eine vom Menschen abgelöste Chipintelligenz wird als ein naturaler Prozeß beschrieben. Ganz so wie der

Mensch nach Wernher von Braun eine Raumstation bauen *muß*, ist auch nach Tipler die Eroberung des Weltalls eine zwingende Notwendigkeit. Nur unter dieser Voraussetzung läßt sie sich übrigens physikalisch antizipieren.

Das Auswandern der menschlichen Intelligenz in die Weiten des Weltraums ist weiter deshalb nötig, weil die Sonne, wie jeder Stern, eine bloß endliche Lebensdauer hat. Sie wird spätestens in sieben Milliarden Jahren explodieren. Dann ist das Leben auf der Erde sowieso zu Ende. Wenn die Menschheit überleben will, wird sie auswandern müssen. Für Tipler ist dieses Auswandern zugleich eine Möglichkeit, nicht nur zu überleben, sondern ewig zu leben.

In seiner Rekonstruktion des traditionellen Unsterblichkeitsglaubens macht Tipler weiter Gebrauch von der These der „starken Künstlichen Intelligenz", wonach eine perfekte Simulation (d. h. eine Emulation) die Realität des Simulierten *ist*. Wenn zwei Computer auf gleiche Input-Signale denselben Output liefern, simuliert der zweite den ersten perfekt. Er ersetzt den anderen und ist somit seine Realität.

Die Endzeitsingularität, d.h. der „Omegapunkt", verfügt nun über eine unendliche Informationsdichte, ist folglich imstande, alles perfekt zu simulieren. Diese Singularität ist daher in der Lage, alles, was jemals existiert hat, auch alle Menschen, unendlich genau zu simulieren, d. h. zu emulieren und damit ihre Realität zu erzeugen. In theologischer Sprache nannte man diese Erzeugung „Auferstehung der Toten", die Endzeitsingularität „Gott". Auf diese Weise werden die wesentlichen Inhalte der christlichen Theologie in Informationstheorie verwandelt.

Gegenüber diesem Gedankengang drängen sich natürlich zahlreiche Einwände auf.[29] Ich möchte jedoch den Blick nur auf einen ganz bestimmten Aspekt richten, der im Rahmen dieses Buches wie eine Bestätigung meiner Grundthese wirkt, wonach im Technisierungsprozeß ein transzendierendes, ideelles Moment enthalten ist, das in den Innovationsphasen zutage tritt und das leicht mit den Resultaten des Prozesses verwechselt werden kann.

Zunächst einmal haben viele Kritiker Tiplers übersehen, daß er ein Technikbuch und kein physikalisches Buch geschrieben hat. Tiplers Buch handelt nicht von Elementarteilchen oder verborgenen Kraftfeldern, sondern hauptsächlich von Artefakten, wie dem Computer. Tipler schließt sich der Meinung der meisten Biologen an, daß der Evolutionsprozeß, wenn er nochmals abliefe, ganz andere oder vielleicht gar keine Lebensformen hervorgebracht hätte. Da er weiter zwischen Lebewesen und Computer keinen prinzipiellen Unterschied sieht, müßte also auch für sie gelten, daß sie kontingent sind, d. h. daß ihre Existenz durch die Naturgesetze nicht erzwungen wird. Dies hieße aber, daß ihre Existenz physikalisch nicht abgeleitet werden kann. Dann ist aber klar, daß die „Physik der Unsterblichkeit" kein physikalisches Buch ist, sondern eine Technikerphantasie.

Es drückt dann nichts anderes aus als die Idee der totalen Manipulierbarkeit unter den Bedingungen einer avancierten Computertechnik. Wie so oft, wird auch hier diese Idee als realisierbar dargestellt, was sie gerade nicht ist.

Ist diese Deutung zutreffend, dann erklärt sich auch das Mysterium, daß ein weltweit anerkannter Physiker, den jeder bisher für „seriös" gehalten hatte, plötzlich ein so „verrücktes" Buch schreibt. Was hier zutage tritt, ist das Apriori der technologischen Entwicklung seit 150 Jahren in seiner verdinglichten Form und in einer Radikalität, wie es sie noch nie gegeben hat. Meines Wissens hat niemand zuvor im Ernst die Idee gefaßt, das Weltall als Ganzes zu manipulieren und Gott als eine Maschine herzustellen, um den Menschen unsterblich zu machen. Solche Träumereien waren bisher der Science Fiction vorbehalten, aber vielleicht zeigt sich hier wieder einmal mehr, wie stark sich Phantasie und Realität im Technisierungsprozeß überlagern.

Nach Tipler besteht die hauptsächliche „Message" seines Buches darin, gezeigt zu haben, daß unendlicher Fortschritt möglich sei. Dieser Fortschritt bestehe in einer beständigen Zunahme des Wissens und einem darauf gegründeten Lebensstandard. Das ist Condorcets These aus dem 18. Jahrhundert, wonach ein Zuwachs an Wissen und Können gleichbedeutend sei mit einem Zuwachs an Glückseligkeit.

Indem Tipler die Zukunft der Menschheit in die unendlichen Weiten des Alls verlegt, ist er alle Probleme los, welche die Idee des Fortschritts ins Gerede gebracht haben, wie Umweltzerstörung, Überbevölkerung oder Hochrüstung, die er konsequenterweise ignoriert.

Daher ist auch sein prophetisches Auftreten verständlich. Eine Idee ist in Gefahr: die Idee der Selbsterlösung durch Technik. Diese Idee, die seit dem 19. Jahrhundert deshalb eine Gegeninstanz zur Religion war, weil man sie für realisierbar hielt, ist überall auf dem Rückzug. Es wurde nur allzu deutlich, welche Verwüstungen sie anrichtet.

Tiplers Buch liest sich wie ein pseudoreligiöses Dokument zur Rechtfertigung der Großtechnologie. Tipler unterstützte z. B. Ronald Reagans SDI-Programm, das den Bau riesiger Laserkanonen nötig mache, die man dann als Raketenantriebe für die Besiedlung des Weltalls gebrauchen könne. Auch die Entzifferung des menschlichen Genoms sei voranzutreiben, weil es nur unter dieser Voraussetzung gelingen könne, die menschliche Intelligenz auf Mikrochips zu speichern und in den Weltraum zu schießen. Schließlich setzt sich Tipler, wie Steven Weinberg, für den Bau des „Superconducting Super Collider" ein und vergleicht ihn mit den mittelalterlichen Kathedralen. Beide dienten dem Ziel, Gott näherzukommen.[30]

Welchem Gott? Der Gott Tiplers ist die ins Unendliche hinein verlängerte Machbarkeitsidee. Daher ist sein „Omegapunkt" dadurch charakterisiert, daß am Ende der Zeiten die „Kontrolle umfassend" sein wird. Das ist es, was er unter „Allmacht" Gottes versteht: die perfekte Kontrolle.[31]

Bei Tipler gelangt die Machbarkeitsidee der Industriellen Revolution auf ihren Höhepunkt und damit an ihr Ende. Stand sie von Beginn an im Zeichen der Emanzipation, so sanktioniert sie am Ende die perfekte Kontrolle. Tiplers „Omegapunkt" ist der ins Kosmische hinein verlängerte NS-Staat.

Hier zeigt sich auf eine besonders krasse Weise, was an der Idee einer Emanzipation *durch* Technik von vornherein schief war. Man kann nicht alles manipulieren, ohne den Menschen zum willenlosen Objekt dieser Manipulationen zu machen. Die total beherrschte Welt wäre zugleich der total beherrschte Mensch. Die Idee der totalen Machbarkeit mag ein notwendiges Stimulans sein, das den Techniker beflügelt, auf die Ebene der Empirie herabgezogen, artete sie in die reinste Barbarei aus.

Frank Tiplers „Physik der Unsterblichkeit" drückt nicht nur die „Idee der totalen Machbarkeit" in ihrer krassesten, verdinglichten Form aus, sie bringt auch die beiden mächtigsten Projektionsflächen des technisch motivierten Transzendenzbedürfnisses zur Deckung: den Daten- *und* den Weltraum.

Zugleich vereinigen sich in diesem Ansatz Cyberspace und Konstruktivismus: Indem das ganze Weltall zum Konstrukt wird, gibt es keine Differenz mehr zwischen „virtuell" und „reell". Auf der ultimativen Festplatte weiß niemand, ob er wirklich gelebt hat oder ob er nur eine Emulation des Endzeitcomputers ist und wie im Konstruktivismus unterläuft auch Tiplers Ansatz jede Ethik. Wo das geschehen wird, was ohnehin geschieht, wird auch das Sollen überflüssig.

Kurz bevor Klerus und Adel in der Französischen Revolution die Macht verloren, bauten sie noch einmal die größten Kirchen und die prunkvollsten Paläste. Schön waren sie allerdings nicht mehr, sondern wie getrieben von der Ahnung des eigenen Machtverlustes.

Ein solches häßliches, viel zu groß geratenes Schloß ist Frank Tiplers „Physik der Unsterblichkeit". In ihr trumpft der Geist der totalen Machbarkeit ein letztes Mal auf, bevor die ökologische Krise seiner 150jährigen Geschichte ein jähes Ende bereiten wird.

Anmerkungen

1 FAZ vom 26.8.1995

2 Brand, S. 281 ff.

3 Wiener, S. 192

4 Vgl. z. B. den Artikel „Materie, Energie, Information", in: Weizsäcker (1984), S. 342–366. Ich gestehe, daß ich gegenüber solchen Spekulationen äußerst skeptisch bin. Sie setzen z. B voraus, daß die Physik aus prädikativen Urteilen besteht der Art „A *ist* B". Eine physikalische Gleichung drückt kein solches Urteil aus. Sie sagt nicht aus *was* etwas ist, sondern nur, in welcher Relation es zu etwas anderem steht.

5 Wooley, S. 14

6 Ich denke z. B. an Manfred Waffenenders Buch „Cyberspace" oder Howard Rheingolds Buch „Virtuelle Welten".

7 Die meisten Bücher zu Virtual Reality sind technikeuphorisch. Zu einer realistischen Einschätzung der Möglichkeiten und Gefahren von Virtual Reality sind die Bücher von Borman und Glitz nützlich.

8 Negroponte, S. 55, 147, 275 ff.

9 Brand, S. 9, 47, 205, 246

10 Brand, S. 23, 84, 304

11 Nach Rheingold, S. 347 f.

12 Schröder, in: Rötzer/Weibel, S.204 ff., 303; Brand, S. 149, 165, 244, 275

13 Baudrillard: „Videowelt und fraktales Subjekt", in: Barck, S. 260, 263

14 So lautet der Titel eines Buches von Georg Rempeters.

15 Leary, in: Waffender, S. 275

16 Brand, S.303

17 Heim, in: Featherstone/Burrows, S. 74 f.

18 Heim vergleicht Virtual Reality mit den prähistorischen Höhlen. (Heim, in: Featherstone, S. 69). Ganz entsprechend auch Rötzer (Rötzer/Weibel, S. 13) und Rheingold (S. 127, 196)

19 Peter Weibel von der Frankfurter Kunsthochschule „Städel" bildet zwar an seinem „Institut für Neue Medien" Schüler in der Cyberspacetechnik aus, aber das ganze scheint eher auf Werbung als auf Kunst hinauszulaufen. Im übrigen glaubt auch Weibel an die Unsterblichkeit im Cyberspace. Solange ein Künstler die Unsterblichkeit von der Technik statt von seiner Kunst erwartet, wird er sie in beiden Bereichen verfehlen. (Vgl. dazu das Interview in der „Tageszeitung" vom 24.6.92 „Je effektiver, desto wahrer. Peter Weibel über Kunst, Computer und Unsterblichkeit".)

20 Minsky, in: Rötzer/Weibel, S. 131

21 Münker, in: Münker/Roesler, S. 114

22 S. J. Schmidt hat unter diesem Titel ein programmatisches Buch herausgegeben, in dem dieser Diskurs dargestellt und als ein neues Paradigma des Weltverständnisses gerechtfertigt wird.

23 Zur Kritik am „Radikalen Konstruktivismus" und der bislang wenig dargestellten Parallele zur Cyberspacetechnik, vgl. meine Untersuchungen von (1996), (1997b) und (1998). Um nur auf eine fundamentale Inkonsistenz aufmerksam zu machen: Der Neurobiologe, der die operationale Geschlossenheit des Gehirns behauptet, stellt diese Behauptung aufgrund einer Wissenschaft auf, die explizit vom Gegenteil ausgeht. Würde nämlich der Neurobiologe das Gehirn, das er untersucht, ebenfalls als ein Konstrukt ansehen, geriete er sofort in einen regressus in infinitum.

24 Der konstruktivistisch eingestellte Hirnphysiologe Gerhard Roth spricht z. B. von der realen Welt als einer „virtuellen Welt" (Roth, S. 290), während sich der Cyberspace-Fachmann Sven Bormann zur Epistemologie des „Radikalen Konstruktivismus" bekennt (Bormann, S. 11, 206). Auch Peter Weibel ist Cybernaut und Konstruktist zugleich (Weibel, in: Rötzer, S. 21).

25 Maturana/Varela, S. 49, 107

26 Maturana und Varela haben versucht, aus dem Konstruktivismus eine „Liebesethik" abzuleiten (S. 266), aber sie setzt sich sehr elementaren Einwänden, wie z. B. dem Vorwurf des „naturalistischen Fehlschlusses", aus. Konrad Ott hat in seinem Artikel „Zum Verhältnis von Radikalem Konstruktivismus und Ethik" die konstruktivistische Ethikbegründung vernichtend kritisiert. (Ott, in: Rusch/Schmidt, S. 280-320).

27 Mir scheint diese ganze Diskussion um den ontologischen Status der „Virtuellen Realität" obsolet. Eine gemalte Kirsche ist als Kunstwerk real, als Kirsche nicht. Wir sind es in Bereichen wie der Kunst längst gewöhnt, verschiedene Arten von „Rea-

lität" zu unterscheiden. Warum sollte „Virtual Reality" hier etwas philosophisch Neues gebracht haben?

28 Tipler, S. 13, 16, 26
29 Vgl. meine Kritik, in: Mutschler (1995)
30 Tipler, S. 34, 56 ff., 77, 86, 140, 164 f., 198, 397, 403

Kunstmaschinen – Maschinenkunst

Die unmittelbare Divinisierung des Technischen
mißlingt in demselben Maße,
wie die unmittelbare Ästhetisierung des Technischen mißlingt.
Während die unmittelbare Ästhetisierung
des Technischen in den Kitsch hineinführt,
führt die unmittelbare Divinisierung der Technik
ins Gotteslästerliche.

KUNST UND TECHNIK ▲ DIE GESCHICHTE EINER ENTFREMDUNG ▲ DIE EMANZI-
PATION DER INDUSTRIEPRODUKTE ▲ „FORM FOLLOWS FUNCTION" AUSSER KRAFT
▲ DIE HEROISCHEN MASCHINEN ▲ ÜBER DIE INDUSTRIEMALEREI DES 19. JAHR-
HUNDERTS ▲ PERFORMANCEKUNST UND MASCHINENSTÜRMEREI ▲ DIE HERR-
SCHAFT DER TECHNIK UND DAS RELIGIÖSE IN DER KUNST

4.1 Holz und Metall –
Der Kampf zweier Materialien

Man hat die Industrielle Revolution mit der Revolution des Neolithikums
verglichen, wo die Menschen erstmals lernten, mit Steinwerkzeugen um-
zugehen, Tiere zu zähmen oder Getreide zu ernten. Auch die Zeitgenossen hatten im 19. Jahrhundert das Bewußtsein, an einer Epochenschwelle zu stehen. Tatsächlich hat die verwissenschaftlichte Technik
unsere Weltwahrnehmung radikal verändert. Ich möchte in diesem Kapitel die Radikalität dieser Veränderung in bezug auf die bildende Kunst
darstellen.[1] Sie reagiert besonders sensibel auf die Veränderungen im Bereich der Materie und der Formen und macht auf diese Weise eine Problematik sichtbar, die wir sonst womöglich unterschätzen würden.

Mir scheint nämlich, daß die Industrielle Revolution weit radikaler und
gefährlicher war, als es unser kurzes Gedächtnis und eine darauf sich
gründende allzurasche Gewöhnung suggerieren. Der Mensch gewöhnt
sich an alles, auch an Atombomben und vergiftete Flüsse. Nicht so die
Künstler. Sie sind auf eine höchst lehrreiche Weise nachtragend.

Die epochale Veränderung, die sich im Verhältnis von Stoff und Form
durch die Einführung der Werkzeugmaschinen in der Mitte des 19. Jahrhunderts ergeben hat, sind Gegenstand dieses ersten Abschnitts, während
ich in den folgenden Abschnitten die sehr gravierenden Konsequenzen für
die bildende Kunst darstellen werde.

Die Verhältnisse vor der Industriellen Revolution sind uns nicht mehr so leicht zugänglich, weil diese Revolution die Welt fast vollständig überformt hat. Vor der Industriellen Revolution lebte die Mehrzahl der Bevölkerung auf dem Lande; im Mittelalter waren es bis zu 95%. In den agrarischen Gesellschaften spielte das Technische eine untergeordnete Rolle. Es gab das Spinnrad, den Pflug, den Trittwebstuhl, den Ochsenkarren oder die Mühle am Bach und was der vorindustriellen Artefakte mehr waren. Aber diese Geräte veränderten sich kaum und ihre Zahl war begrenzt. Ebenso waren die technischen Berufe überschaubar: Zimmermann, Schmied, Böttcher, Maurer, Schiffbauer, Steinmetz, Schreiner, Korbmacher, Schuster oder Schlachter, alles blieb im Bereich des Handwerklichen und Überschaubaren.

Obwohl auch ein gezähmtes Tier insofern keine „reine" Natur mehr ist, war doch die Natur in agrarischen Gesellschaften dem Menschen ungleich näher als heute, wo die meisten Menschen in der Stadt leben. Diese Verstädterung setzt präzise mit der Industriellen Revolution ein. Als sie vollendet war, lebte bereits 60% der Bevölkerung in den Städten, in einer prinzipiell künstlichen, vom Menschen hergestellten Umgebung.

Es gibt Autoren, wie den Technikphilosophen Friedrich Rapp, die den revolutionären Charakter der Industrialisierung bestreiten. Danach gibt es fließende Übergänge zwischen agrarischen und industriellen Techniken. Die gibt es gewiß, aber der Bruch ist nichtsdestoweniger radikal. Zwischen Dampf und Wasser gibt es auch ein Kontinuum energetischer Zustände und trotzdem liegt zwischen beiden ein radikaler Wechsel des Aggregatzustandes, so daß der Dampf ganz andere Eigenschaften aufweist als das Wasser. Es war der Dampf, der die neuen Kraftmaschinen seit dem 18. Jahrhundert antrieb und es war die Verwissenschaftlichung der Produktionsweise, die ihr den explosiven Charakter gab.

Die vorindustrielle Technik war durch das Wasserrad gekennzeichnet, eine beschauliche Technik, die sich mit Eichendorff im Lied besingen ließ:

In einem kühlen Grunde
Da geht ein Mühlenrad
Mein Liebste ist verschwunden,
Die dort gewohnet hat ...

Der Dampf brachte Dynamik und Gefährdung in diese schöne Welt. Eichendorff, der bis 1857 lebte, hat die Anfänge der Maschinentechnik als Verlust seiner poetischen Welt erlebt. Er äußert sich darüber so in seiner Autobiographie: „Diese Dampffahrten rütteln die Welt, die eigentlich nur noch aus Bahnhöfen besteht, unermüdlich durcheinander wie ein Kaleidoskop, wo die vorüberjagenden Landschaften, ehe man noch irgendeine Physiognomie gefaßt, immer neue Gesichter schneiden, der fliegende Salon immer neue Sozietäten bildet, bevor man noch die alten recht überwunden."[2]

Seit dieser Zeit gibt es die Technik als „Totengräber der Poesie" und das 19. Jahrhundert als Wasserscheide zu einer neuen Zeit. Über die Dampfmaschinen gibt es keine Volkslieder, dafür explodierten sie häufig und rissen ganze Belegschaften in den Tod, als wollten sie das Gewaltsame, Neue, aber auch Gefährliche der Maschinentechnik zum Ausdruck bringen.

Ist man nur hinreichend ungenau, dann lassen sich direkte Linien „von der Rinderzucht zur Gentechnologie" oder „vom Faustkeil zur Interkontinentalrakete" ziehen, denn schließlich ist alles mit allem verwandt und überhaupt hängt alles mit allem zusammen. In Wahrheit ist das 19. Jahrhundert durch einen massiven Bruch gekennzeichnet, den wir intuitiv erfassen, wenn eine Pferdekutsche mit einem Automobil, ein Wasserrad mit einem Elektromotor oder eine Armbrust mit einem Maschinengewehr vergleichen.

Die industrielle, verwissenschaftlichte Technik ist charakterisiert durch Standardisierung, Verläßlichkeit, Massenproduktion und Homogenität der verwendeten Stoffe. Auf einem theoretischen Level besteht der Bruch in einer fortschreitenden Anwendung der Mathematik in den Ingenieurwissenschaften und auf einem praktischen im Übergang von sehr unpräzisen und individuell geformten Materialien, wie dem Holz, zu präzise Bearbeitbarem, wie den Metallen, insbesondere aber dem Stahl.

Man sollte sich vor Augen führen, daß bis in die Mitte des 19. Jahrhunderts Holz der wichtigste Stoff war, aus dem die technischen Geräte geformt wurden, übrigens auch das wichtigste Heizmaterial – Kohle wurde damals kaum gefördert und selbst die Eisenproduktion bediente sich bei der Verhüttung der Holzkohle, weshalb es zur Entwaldung ganzer Landstriche kam.

Die Substitution des Holzes bei der Produktion technischer Hilfsmittel setzt erst relativ spät ein. Schiffe mit Ganzmetallkörper wurden erst spät im 19. Jahrhundert gebaut, während in den USA bis zu Anfang unseres Jahrhunderts hölzerne Eisenbahnwagen in Gebrauch waren. Flugzeuge waren noch bis in die dreißiger Jahre unseres Jahrhunderts zum größeren Teil aus Holz und Holz spielte auch im Automobilbau über lange Zeit eine bedeutende Rolle. Man spricht zwar auch heute noch vom „Armaturen*brett*", aber nur noch bei einigen Nobelkarossen ist es wirklich aus Holz. Was früher das Gewöhnliche war, Massivholz, ist heute ein Luxusprodukt.

Was die Mathematisierung der Ingenieurwissenschaften anbetrifft, so fiel auch sie nicht einfach vom Himmel. Die Dampfmaschinen wurden gebaut, bevor Joule, Kelvin, Carnot, Clausius oder Mayer die entsprechenden Gesetze formuliert hatten, allerdings gab es hier schon eine Art von „Vortheoretisierung" durch Forscher wie Toricelli, Pascal, von Guericke und Huygens. Das heißt, daß die „Mathematisierung" ein Prozeß ist, bei dem Erfahrung und Theorie beständig ineinandergreifen. Insgesamt kann man vielleicht sagen, daß die blinde Praxis, das empirische Herumprobieren und Herumtappen zunächst einmal der Theorie vorausgeht, wie gerade in der Thermodynamik oder später in der Elektrodynamik, wo man längst Elektromotoren und Generatoren bauen konnte, bevor man genau wußte, wie sie funktionieren, so ähnlich wie in unserem Jahrhundert der

Transistor bekannt und in Gebrauch war, bevor die Physiker die entsprechende Theorie formuliert hatten.

Wie immer diese Entwicklung im einzelnen vor sich gegangen sein möge, jedenfalls ist die Mitte des 19. Jahrhunderts durch einen deutlichen Schub der Verwissenschaftlichung gekennzeichnet. In der Folge bekamen die technischen Produkte ein ganz anderes Aussehen als zuvor. In meinen Augen entsprechen sich hier Theorie und Praxis vollkommen: Im selben Sinne, wie im Verlaufe des 17. und 18. Jahrhunderts aus dem bloßen experimentierenden Herumtappen eine exakte, mathematische Wissenschaft wurde, verwendete man seit dem 19. Jahrhundert in der Praxis zusehends Materialien, die diese Exaktheit aufzunehmen imstande waren und das sind eben die Metalle, allen voran der Stahl. Was es heißt, eine exakte Theorie zu haben, aber eine unexakte Praxis, wird deutlich an der von Blaise Pascal im Jahr 1642 entworfenen Rechenmaschine, die niemals richtig funktionierte. Pascal beklagte sich, daß die Ingenieure nicht imstande waren, seine Pläne hinreichend genau zu verwirklichen. Als man 150 Jahre später seine Rechenmaschine in Übereinstimmung mit den Originalplänen rekonstruierte, arbeitete sie zufriedenstellend. Leibniz machte ähnliche Erfahrungen. Er baute als erster im Jahr 1673 eine Rechenmaschine für alle vier Grundrechenarten und stellte sie der „Royal Society" in London vor, aber das Gerät versagte im entscheidenden Augenblick. Die Fertigungstoleranzen waren viel zu hoch.

Mir scheint, daß die Einführung der Werkzeugmaschinen in der Mitte des 19. Jahrhunderts eine viel zu wenig beachtete Zäsur in der Technikgeschichte markiert. Zwar machen die Technikhistoriker inzwischen vermehrt auf diesen Tatbestand aufmerksam, aber sie vernachlässigen einen anderen wichtigen Aspekt an dieser radikalen Umwälzung: Der Einsatz von Werkzeugmaschinen machte die beschränkten Fähigkeiten der Handwerker überflüssig, beraubte aber zugleich die technischen Geräte ihrer Individualität und zerstörte dadurch die innige Verbindung, die seit Jahrtausenden zwischen Kunst und Handwerk bestanden hatte. Die Ambivalenz dieses Prozesses, einerseits Präzision und Massenproduktion, andererseits Anonymisierung und Trennung von Kunst und Handwerk, ist meines Erachtens bis heute noch nicht richtig verstanden.

Der Begriff der „Werkzeugmaschine" (englisch „machine tool") ist eigentlich verkehrt gebildet. Er führt auf die Assoziation einer Maschine, die Hämmer und Sägen herstellt, wie eine Textilmaschine Textilien oder eine Bohrmaschine Löcher. In Wahrheit handelt es sich bei der sogenannten „Werkzeugmaschine" um ein „Maschinenwerkzeug", im Gegensatz zu einem von Hand betriebenen. Es geht also z. B. um die Differenz zwischen einer elektrischen und einer handbetriebenen Bohrmaschine.

„Werkzeugmaschinen" wurden zwischen 1800 und 1830 für die spezielle Bearbeitung von Metallen also für das Drehen, Hobeln, Stoßen, Bohren, Fräsen und Sägen entwickelt. Die exakte Passung der Teile blieb dann immer noch dem Geschick des einzelnen Handwerkers überlassen. Im Laufe des 19. Jahrhunderts wurden jedoch alle handwerklichen Verrichtungen nach und nach durch maschinelle ersetzt. Was im England der „Industriellen Revolution" nur für einen Bereich, die Textilherstellung, gelungen war, nämlich alle Arbeitsgänge zu mechanisieren, konnte nun auf alle Produktionsbereiche ausgedehnt werden, weshalb in meinen Augen erst mit dieser Generalisierung des maschinellen Werkzeugs die Industrielle Revolution ihre überragende Durchschlagskraft erhielt.

Seit dieser Zeit sind die technischen Produkte unabhängig vom handwerklichen Geschick ihres Herstellers. Vor der Einführung der Werkzeugmaschinen wurde jedes Zahnrad einzeln gefertigt, was natürlich große Unexaktheiten zur Folge hatte. Eine weitere Folge war die, daß man selbst bei standardisierten Produkten die Teile nicht mehr austauschen konnte. Also selbst in dem Falle, daß in einer Manufaktur 10 000 Gewehre pro Jahr nach ein und demselben Plan hergestellt wurden, so daß sie sich äußerlich durch nichts mehr unterschieden, selbst in einem solchen Falle konnte ein defekter Abzugshahn im Feld nicht gegen einen funktionierenden ausgetauscht werden, weil die Einzelteile bei der Endmontage des Gewehrs individuell aufeinander abgestimmt werden mußten. Als im 14. Jahrhundert die Feuerwaffen in Gebrauch kamen, war es noch üblich, daß der Landser seine Bleikugeln während der Gefechtspausen selber goß, weil noch nicht einmal die Gewehrläufe normiert waren, was erst 200 Jahre später geschah. Schrauben waren bis in die Mitte des 18. Jahrhunderts Einzelstücke, die nicht ausgetauscht werden konnten.

Die Forderung nach beliebiger Austauschbarkeit der Teile ist nur mit Werkzeugmaschinen zu erfüllen, die mit einer Genauigkeit von einem Hundertstelmillimeter arbeiten, was kein Handwerker jemals erreicht. Damit konnte man die Präzision, welche die Mathematik von Hause aus kennzeichnet, entsprechend in den Bereich des Materiellen übertragen. Seitdem wurden die Präzisionsforderungen kontinuierlich weiter verschärft. Heute arbeitet man mit computergesteuerten CNC-Werkzeugmaschinen, die mit unglaublichen Geschwindigkeiten und Kräften Metallblöcke bearbeiten, als wären sie aus Butter.

Für unsere Wahrnehmung nähert sich damit der konkrete Stoff der mathematischen Idee, der er früher entgegengesetzt wurde. Plato hat seine Ideenlehre nicht zuletzt am Beispiel der Mathematik gewonnen: Der gedachte Kreis ist absolut rund, der realisierte Kreis immer etwas verbogen. Ursache ist die Materie, als ein Prinzip der Zerstreuung.

Die technologische Entwicklung seit dem 19. Jahrhundert hat die Idee materialisiert, jedenfalls für unsere Wahrnehmung. Für meine sinnliche Wahrnehmung ist zwischen dem gedachten Kreis und dem präzise geschliffenen Metallrad kein Unterschied mehr, wie noch zu Zeiten als die Räder aus Holz gefertigt waren und man mit bloßem Auge die Unregelmäßigkeiten sehen konnte. Mir scheint, daß wir Veranlassung haben, diese Veränderung der Wahrnehmung, ausgelöst durch die Industrielle Revolution, sehr ernst zu nehmen. In meinen Augen hat sie die Befindlichkeit des modernen Menschen radikal verändert, indem nun plötzlich das Materielle zugleich als das Ideelle, Intelligible erscheint, wo es über Jahrtausende als dessen Widerpart gegolten hatte.

In bezug auf technische Leistungen bedeutete die Einführung der Werkzeugmaschinen natürlich einen großen Fortschritt, wenn man Verläßlichkeit und Massenproduktion als Beurteilungskriterien zugrundegelegt.

Die andere, viel zu wenig beachtete Kehrseite derselben Medaille ist jedoch die, daß mit dem Gewinn an Präzision, Austauschbarkeit und Massenfertigung das Individuelle der technischen Gegenstände verlorenging. Vor Erfindung der Werkzeugmaschinen war jedes Artefakt von jedem anderen, wenn auch oft nur geringfügig, verschieden, weil das Geschick des einzelnen Handwerkers eine entscheidende Rolle spielte, während der Preis für die Standardisierung der anonyme Charakter ist, den die technischen Geräte seither ausstrahlen.

Wer einen VW-Käfer gesehen hat, hat alle gesehen. Daran ändern auch die selbstmontierten Spoiler, zusätzliche Nebelscheinwerfer und Rückleuchten, Speichenräder, Sticker oder Sitzbezüge mit Mickeymausfiguren nichts. Die Summe des Allgemeinen wird niemals individuell. „Individuum est ineffabile", hat es früher einmal geheißen. „Individuum est inconstructibile" müßte man heute hinzufügen, was heute im Zeitalter von „Artifical life" große Brisanz hat.

Im Gegensatz zu den standardisierten Industrieprodukten des 19. waren z.B. noch die im 16. und 17. Jahrhundert hergestellten Uhren Unikate, die sich nicht nur in der Ausführung, sondern oft auch im Aufbau unterschieden. Eine Uhr war *meine* Uhr. Noch im 18. Jahrhundert wurden prachtvoll verzierte Drehbänke hergestellt als handelte es sich um Kunstwerke und nicht um Gebrauchsgegenstände. Im 19. Jahrhundert trugen die ersten Dampflokomotiven Namen, wie früher die Geschütze, Brücken oder Glocken und heute noch die Hunde, Pferde und Kanarienvögel. Ein moderner ICE gleicht hingegen ununterscheidbar dem anderen, so daß er nicht mehr benannt werden kann. Er ist nur mehr eine Ziffer.

4.2 Kunst und Technik –
Die Geschichte einer Entfremdung

Im griechischen Mythos war Daidalos ganz selbstverständlich zugleich der Vater der Künste *und* der Technik. Bis ins frühe 19. Jahrhundert wurden die beiden Bereiche von Kunst und Technik fast immer gleichgesetzt. Die Künstler waren daher oft große Ingenieure und zwar nicht nur im Bereich der Sakralarchitektur.

Giotto malte z. B. nicht nur seinen berühmten Zyklus über das Leben des heiligen Franziskus, er entwarf auch einen Teil der Festungswälle von Florenz. Ebenso war Francesco di Giorgio Martini zugleich Maler, Bildhauer, Architekt und Kriegstechniker. Das größte Universalgenie, Leonardo da Vinci, war zugleich Künstler, Techniker und Philosoph. Als Techniker erhöhte er die Zielgenauigkeit der Kanonen, entwickelte eine Gewindeschneidemaschine, Feilenhaumaschine, einen Bohrer für Wasserleitungsrohre, Schermaschinen, Beschneidemaschinen, eine automatische Spindel und vieles andere mehr. Noch Albrecht Dürer schrieb ein Buch über die Belagerungskunst, dessen Prinzipien bis ins 19. Jahrhundert hinein gültig waren. Man stelle sich vor, Picasso hätte Panzerfäuste konstruiert, Magritte Flugabwehrraketen und Delaunay Maschinengewehre. Unvorstellbar!

Vor der Industriellen Revolution waren also dem Begriff und der Sache nach Technik und Kunst eine Einheit. Noch Kant verwendet die beiden Begriffe synonym. Bei den Griechen war ein „Poet" dem Wortsinn nach ein „Macher". Seit der Industriellen Revolution hat allerdings dieses Wort einen anderen, nämlich technischen, Klang, so daß wir einen Poeten, der Gedichte „macht", eigentlich lieber am Schraubstock sehen würden.

Wenn das technische Artefakt anonym und standardisiert ist, taugt es als solches nicht mehr zur ästhetischen Darstellung. Die Kunst hat deshalb, wie man ohne Übertreibung sagen darf, seit dem 19. Jahrhundert ein gestörtes Verhältnis zur Technik. Früher waren sich die Künstler nicht zu schade, Gebrauchsgegenstände herzustellen, weil diese Herstellung kontinuierlich in den schöpferischen Akt überging. Der Bildhauer Benvenuto Cellini schuf z. B. ein prachtvolles Salzgefäß für Franz I., Tintenfässer, Türklopfer, Öfen, zu schweigen von Rüstungen, Schwertern und Schilden waren – jedenfalls für die höheren Stände – geschmackvoll verziert und wahrhaftige Kunstwerke. In der „Propyläen Kunstgeschichte" finden sich Mikroskope, Barometer, Äquatorialinstrumente aus dem 18. Jahrhundert, die hier nicht als technische, sondern als *Kunstwerke* einrangiert werden, was sie auch wirklich sind: die vollendete Einheit von Kunst und Technik. Weil es sich so verhielt, waren diese Geräte bei den Fürsten Europas beliebt. Himmelsgloben, Azimutalquadranten oder Vertikalsextanten waren seit dem 16. Jahrhundert begehrte Sammlerobjekte der Fürsten, von großem künstlerischem Interesse, jenseits aller praktischen Verwertbarkeit.

Dieselbe Propyläen-Kunstgeschichte, die sehr ausführlich ist, kennt aus dem 19. und 20. Jahrhundert fast keine Beispiele für technische Geräte als *unmittelbare* Objekte der Kunst. Dies ist eine der merkwürdigsten Beobachtungen, die man in der Kunstgeschichte machen kann: Je mehr die technischen Geräte in unsere Lebenswelt eindringen, desto seltener werden sie zum Objekt der Kunst. Man blättere eine beliebige Kunstgeschichte durch, um die Rolle des Technischen zu überprüfen und man wird finden, daß bis ins 19. Jahrhundert technische Geräte wie selbstverständlich zum Inventar der Bildkomposition gehörten. Die Wassermühle fügte sich ebenso problemlos ein wie ein Webstuhl, eine Kogge oder eine Eisenschröterei. Im 19. Jahrhundert, als das Technische anfing, die Lebenswelt zu dominieren, blendeten es viele Künstler einfach aus. Paul Cézanne (1839-1906) war ein Zeitgenosse der Industrialisierung. In seinen Werken hat dies keine merkliche Spur hinterlassen. Auch im 20. Jahrhundert ist diese Tabuisierung des Technischen sehr augenfällig. Zum Beispiel gibt es im Werk Max Beckmanns fast keine technischen Geräte. Ausgerechnet in unserem Jahrhundert, wo das Technische

Technik als Kunst: „ Torquetum" von Johannes Pratorius aus dem 16. Jahrhundert (1588). Es diente zur Sonnenbeobachtung und damit zur Zeitbestimmung, ferner zur Messung der Höhe eines Gegenstandes und der Länge und Breite der Sternposition.

immer aufdringlicher und dominanter wird, hören Maler wie Picasso nicht auf, Kentauren, Pansgötter oder Stiere zu malen und Chagall malt statt Hubschrauber und Düsenflugzeuge Engel. Sind sie kulturkonservativ?

Meine Behauptung ist nun nicht die, daß die Kunst Probleme hätte mit technischen *Verfahren*, sondern sie hat ihre fast unüberwindlichen Schwierigkeiten mit den industriell gefertigten, standardisierten *Produkten*. Was das Problem der technischen *Verfahren* anbelangt, so verändert natürlich die technische Reproduzierbarkeit der Kunstwerke unsere Wahrnehmung. Diese Veränderungen sind jedoch nicht so radikal, daß es uns z. B. unmöglich wäre, eine Beethovensinfonie auf dem CD-Player *als Sinfonie* zu erkennen und zu schätzen. Dasselbe gilt von der Reproduktion von Gemälden, Skulpturen oder Gebäuden. Auch ein offsetgedruckter van Gogh ist jederzeit *als* van Gogh erkennbar. Die technische Vermittlung des Ästhetischen ist also verhältnismäßig unproblematisch. Wäre es anders, dann könnte es keine Kunstphotographie, ästhetisch hochwertigen Filme und Videos, aber auch keine Computergraphik oder Science-Fiction-Filme und keine jährliche „Ars electronica" in Linz geben.

Das Elend fängt an, sobald das Technische zum *Objekt* der Kunst wird. Die Maler des 16. Jahrhunderts gingen mit der gleichen Selbstverständlichkeit in die Natur, wie sie an den Hafen gingen. Dort lagen die Drei- oder Viermaster, die damals die Weltmeere durchfuhren. Indem sie diese Schiffe malten, schufen sie große Kunstwerke, nicht anders als wenn sie eine Kirche, eine Landschaft oder ein Interieur gemalt hätten. In diesem Sinne zeichnete z. B. Hans Holbein d. J. um 1530 eine prächtige Karavelle, ein Schiff von der Art, wie sie Heinrich der Seefahrer eingeführt, und Magellan bei seiner ersten Weltumsegelung benutzt hatte. Albrecht Altdorfer zeichnete zur selben Zeit eine Karavelle auf hoher See mit mächtig geblähten Segeln. Diese Zeichnungen sind wirklich gelungen, aber man ist versucht zu behaupten, daß diese Schiffe auch ohne die ästhetische Vermittlung der Malerei Kunstwerke gewesen sind. Das ist auch der Grund dafür, daß die wenigen restaurierten oder nachgebauten Exemplare, die heute noch existieren, von Menschen umlagert werden. Zu jener Kogge aus dem Spätmittelalter, die 1962 im Weser-Schlick in Bremen ausgegraben und restauriert wurde oder das Prachtschiff „Vasa", das 1628 bei der Jungfernfahrt im Stockholmer Hafen sank, 300 Jahre

Von Natur aus ein Kunstwerk: Karavelle aus dem 16. Jahrhundert, gezeichnet von
dem Maler und Graphiker Albrecht Altdorfer. (1480 – 1538)

später gehoben und restauriert wurde und heute in einem eigens dafür gebauten Museum steht, strömen die Massen nur so hin. Doch wer würde in ein Museum gehen, um ein Containerschiff zu besichtigen? Welcher Maler wäre abgeschmackt genug, es zum *ausschließlichen* Objekt eines Kunstwerkes zu machen?

Ein Maler, der heute nur so einfach an den Hafen ginge, um das Leben und Treiben zu sehen und künstlerisch zu gestalten, würde sich vielleicht sehr verwundern. Seit den fünfziger Jahren ist man dazu übergegangen, die gesamten Ladungen auf Containerschiffen zu transportieren. Diese Schiffe sind, was das Ästhetische betrifft, so langweilig wie der Akt des Beladens und Löschens: Riesige standardisierte Behälter werden computergesteuert in dazu hergerichtete Lagerhallen gefahren, die genauso trostlos aussehen wie die Schiffe, die sie transportieren. Bis in die sechziger Jahre hatten die Häfen noch ein ganz anderes Flair: Da wurden Fässer, Kisten, Säcke oder Ballen verladen und man ahnte oder roch die Güter, die sie enthielten, Pfeffer, Kaffee, Maiskolben oder Viehfutter.

Die Romantik der Seefahrt ist dahin. Der Beruf des Seemanns ist seither in einer schweren Krise, weil der Matrose überhaupt keine Möglichkeiten mehr hat, fremde Länder kennenzulernen. Die Anliegezeiten sind viel zu kurz. Die Standardisierung und Rationalisierung des Löschens und Beladens hat auch das traditionelle Seemannswesen wegrationalisiert, was nicht hinderte, sondern zur Folge hatte, daß dieses nicht mehr existierende Seemannswesen von Barden wie Freddy Quinn oder Hans Albers gerade zu jener Zeit besonders innig besungen wurde, da es im Begriff war, zu verschwinden.

Heute transportiert ein einziges Containerschiff dieselbe Gütermenge, die noch in der früher Neuzeit in einem Hafen wie London oder Hamburg *während eines ganzen Jahres* umgesetzt wurde. Man mag dies als einen Fortschritt deuten, den die Konsumgesellschaft fordert. Aber dieser Fortschritt hat seinen Preis.

In der Propyläen-Kunstgeschichte sind einige Versuche abgebildet, die standardisierte und automatisierte moderne Technik *direkt* ins Bild zu übertragen, was im Kitsch oder in der Langeweile endet. Zum Beispiel malte Charles Sheeler, der auch Fotograf war, 1929 das Deck eines Transportschiffes, auf dem nichts zu sehen ist außer Schornsteinen und Entlüftungsschächten. Carl Grossberg malte 1933 eine Reihe von Öltanks mit Zugverladestelle und Bahngeleisen. Es ist sehr schwierig, mit Pinsel und Farbe *nichts* zu sagen, aber hier ist es m. E. überzeugend gelungen. Das Technische bietet offenbar von sich aus keinen ästhetischen Reiz, selbst wenn es pompös in Öl gemalt wird. Die schiere Technik ist von sich aus unkünstlerisch, fade und flach, die bloße Funktion, woran auch die Pop-Art nichts geändert hat, die überdies mehr Gag als Art ist.

Sheeler und Grossberg gehörten zur Schule der „Neuen Sachlichkeit", die in den zwanziger Jahren den Expressionismus mit seiner Verzerrung des Realen und seiner oft aggressiven Technikfeindlichkeit abgelöst

Von Natur aus kein Kunstwerk: Modernes Containerschiff

hatte.[3] Man wollte sich unbefangen dem Neuen öffnen, die subjektive Gewaltsamkeit des Expressionismus hinter sich lassen, zu einer klassischen und „objektiven" Einschätzung des „Realen" kommen, „Präzisionist" sein, wie es damals hieß.

Einen gravierenderen Irrtum hat es in der Geschichte der Kunst vermutlich nie gegeben: als ob ein Künstler seine Gegenstände neutral, distanziert, objektivistisch, wie ein Naturwissenschaftler abbilden könnte! Die vorgeblich wertneutrale Abbildung technischer Artefakte transportierte — nolens volens — einen Symbolgehalt, der in sein Gegenteil umschlug. Anstatt daß sie Werke von zeitloser, objektiver Schönheit geschaffen hätten, malten diese Maler Beängstigendes, Bedrohliches, ja Apokalyptisches. Subjektiv vom hohen Wert der Technik überzeugt, wirkte die passive Abbildung der bloßen Funktion beängstigend. All diese menschenleeren Bahnsteige, Brücken, Ölraffinerien, Kamine und Generatoren, welche die Maler der „Neuen Sachlichkeit" malten, als ob es sich um ein Stilleben mit Blumen, Früchten und toten Vögeln handelte, hatten etwas Gefährliches und Bedrückendes; sie waren nicht mehr an das Maß des Menschen zurückgebunden. Nicht nur, daß der Mensch auf diesen Bildern nicht mehr vorkam, auch seine Spuren waren getilgt, so wie auch die Spuren der Vergänglichkeit, Rost, Staub, Risse oder Schmutz.

Wenn sich der Techniker mit einem gewissen Recht darauf beschränkt, die immanenten Funktionen seiner Geräte zu optimieren, so ist die Darstellung dieses Optimierungsprozesses durch den Künstler nicht so harmlos, weil das Kunstwerk, das nur noch diesen Optimierungsprozeß und nicht mehr seine Wirkung auf den Menschen oder die Natur darstellt, zu einer Apotheose der Macht wird, die wir spontan als bedrohlich empfinden. Wenn das moderne technische Artefakt durch seine reine Funktionalität, d.h. durch die Abwesenheit von Mehrdeutigkeit und damit von symbolischer Ausdruckskraft, charakterisiert ist, dann gilt dies allerdings nur mit der Einschränkung, daß es nämlich symbolisch gerade für diese reine Funktionalität, Eindeutigkeit und Machtausübung steht, die sich in ihm ausdrückt. Das vormoderne Artefakt hatte jederzeit etwas Zerbrechliches oder auch Geducktes. Die moderne Maschinentechnik ist von Hause aus Sieger. Sie symbolisiert die Macht ohne Wenn und Aber.

Naiv und direkt ins Medium der Kunst übertragen, geriet den Malern der „Neuen Sachlichkeit" das technische Produkt zum Symbol der Machtausübung ohne Wenn und Aber. Ihre Bilder, gedacht als aufklärerisch, harmonisch, von klassischer Schönheit, wirkten bedrückend und bedrohlich.

Interessant ist allerdings die Entwicklung von Grossberg. Ursprünglich ein naiver Technikbegeisterter, der seine Aufträge von Industriefirmen erhielt, die ihn als ihren Propagandisten mißbrauchten, so wie die Pop-Art-Künstler unserer Zeit oft Werbegraphiker waren und ihre Kunst ganz freiwillig der Werbemaschinerie zur Verfügung stellten, begriff Grossberg später die Ambivalenz des Technischen, der er immer schon, ohne es zu bemerken, Ausdruck verliehen hatte. In der späteren Phase seiner „Traumbilder" malte er dysfunktionale Apparaturen, um welche die verschiedenartigsten Tiere krochen, wie Affen, Falken oder Fledermäuse. Grossberg durchschaut nun die Eigendynamik seiner Kunst und erhebt sie bewußt zum Programm.

Die Assoziationskette „Technik", „Macht", „Manipulation", „Ausgeliefertsein" buchstabiert jetzt die vorgeblich wertneutrale Welt der „Neuen Sachlichkeit" als technische Barbarei zu ihrem bitteren Ende. Es ist natürlich leicht, diese Assoziationskette publikumswirksam auszuschlachten. Wenn industrialisierte Technik, wie ich behaupte, die Idee der totalen Machbarkeit in sich enthält, enthält sie auch die Idee der totalen Machtlosigkeit, denn es gibt nicht, wie manche Linke glaubten, Gewalt gegen Sachen ohne Gewalt gegen Menschen. Was ist schließlich der Mensch ohne die Sachen? Die Idee der totalen Machbarkeit ist aus diesem Grunde ambivalent – sie ist immer auch gegen den Menschen gerichtet. Es ist daher leicht, diese Idee zu denunzieren und apokalyptische Ängste zu schüren. In solchen Apokalypsen liegt nichts vor als die Rückseite der

Die überwundene Maschinenkunst: Carl Grossbergs „Maschinensaal" von 1925.

Technikbegeisterung, welche die Maler der „Neuen Sachlichkeit" beseelte.

Diesen Zusammenhang genial ins Bild gesetzt zu haben, ist das Verdienst des Malers Konrad Klapheck.[4] Klapheck ist ein Unikum in der Geschichte der Malerei. Es gab zwar auch im vorigen Jahrhundert Maler, die ausschließlich Industrieprodukte oder Industrieanlagen malten, aber ihre naive Technikbegeisterung hinderte sie daran, etwas zu schaffen, was den Tag überdauert hätte. Klapheck ist meines Wissens der einzige Maler in der Kunstgeschichte, der sich *ausschließlich* auf die Darstellung technischer Geräte spezialisierte und dabei eine grandiose ästhetische Wirkung zustandebrachte, allerdings eine solche, die Angst einflößt, Angst vor so harmlosen Geräten wie Näh- und Schreibmaschinen, Bügeleisen, Wasserhähnen, Fahr- und Motorrädern, Armbanduhren, Schweizermessern, Ventilatoren und Zündkerzen.

Wenn technische Geräte durch die Eindeutigkeit ihrer abrufbaren Funktionen symbolisch spröde sind, so gilt dies also nur mit der einen Ausnahme, daß sie für unwiderrufliche Macht und damit für Ohnmacht auf Seiten des Betrachters oder Benutzers stehen.

Mit der Ausnahme dieser Möglichkeit, den Symbolgehalt des Technischen ins Apokalyptische hinein auszuziehen, sind moderne technische Artefakte symbolisch fast neutral, weshalb sie künstlerisch kaum zu integrieren sind. Hier tut sich ein Gegensatz auf, der in meinen Augen der Ausdruck einer epochal neuen Erfahrung ist: Während technische Geräte, wie die genannten Barometer oder Mikroskope aus dem 18. Jahrhundert, *von sich aus* Kunstwerke waren, gelingt es bei Industrieprodukten zumeist auch dann nicht, sie ästhetisch zu transformieren, wenn sie ins Medium der Malerei übersetzt werden. Sie bleiben, was sie sind.

Anders verhält es sich, wenn der Künstler das Technische nur als *Moment* begreift, das er in einen eigenständigen ästhetischen Akt integriert. Dafür gibt es leider auch nicht sehr viele Beispiele, aber die Bilder von Fernand Léger und Robert Delaunay stehen gewiß dafür, fer-

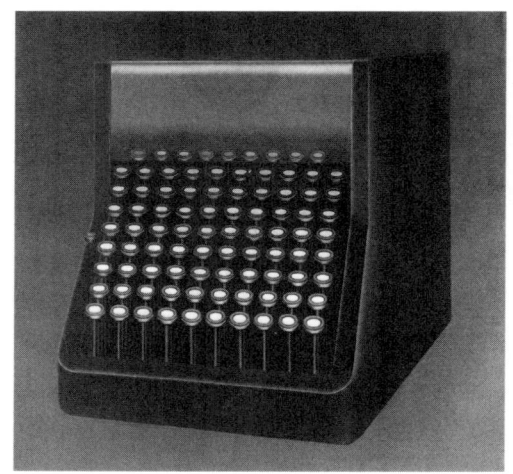

Die Dämonie des Alltäglichen: Konrad Klaphecks Schreibmaschinen

ner einzelne große Werke, wie das berühmte Bild „Regen, Dampf, Geschwindigkeit – Great Western Railway" von William Turner, „Der Bahnhof von St. Lazare in Paris" von Claude Monet oder die „Brooklyn Bridge" von Joseph Stella. In all diesen Werken wird das Technische nicht naiv *als ein solches*, sondern in einem nichttechnischen Kontext, dargestellt. Turner malt nicht nur die Dampflok (die man übrigens kaum erkennt), sondern er drückt primär das Gefühl der Geschwindigkeit aus, das ein Zugreisender bei leichtem Nebel, Regen und untergehender Sonne hat.

Soll das Technische ästhetisch nicht belanglos werden, muß es, wie bei Turner, Monet oder Stella in nichttechnische Kontexte integriert oder zertrümmert werden wie im Dadaismus, so bei Picabia oder Duchamp. Duchamp war der erste, der komplette technische Vorrichtungen aus ihrem gewöhnlichen Gebrauchszusammenhang herausriß, um sie ästhetisch zu transponieren (die sogenannten „ready-mades"). Notwendige Bedingung für die künstlerische Transposition war die Zerstörung der ursprünglichen Zwecksetzung. Das Artefakt mußte als etwas Fremdes, Ungewohntes erscheinen. Der so entstandene Nonsens war dann ästhetisch wieder belangvoll.

Jean Tinguely hat daraus ein Lebenswerk gemacht: riesige Unsinns-

maschinen mit komplizierten Bewegungsmechanismen, die keinem er-
kennbaren Zweck dienen oder sogar solche, die sich selbst zerstören. An
dieser Stelle wird die Spannung deutlich, die zwischen industrialisierter
Technik und Kunst besteht: Die Kunst muß die Technik vernichten, um
ihr etwas abzugewinnen, sonst vernichtet die Technik die Kunst wie bei
Sheeler und Grossberg. Jedenfalls läßt sich das problemlose Verhältnis
nicht mehr herstellen, das sich z. B. noch bei van Gogh findet, der einen
Webstuhl *als solchen* (d.h. ohne nichttechnischen Kontext) darstellt und
dabei ein bedeutendes Kunstwerk schafft. Diese Zeiten sind vorbei. Wer
heute Technik darstellen will, muß mehr als Technik darstellen.

4.3 Die Emanzipation der Industrieprodukte – „form follows function" außer Kraft

Daß die Funktionen moderner Technik von sich aus nicht schön sind,
wurde durch eine Maxime verschleiert, die durch das „Bauhaus" propagiert, sich als besonders progressiv gab, in Wahrheit aber auf einer Fest-
schreibung vorindustrieller Verhältnisse beruhte, das Prinzip „form follows
function". Der Ursprung dieses Prinzips liegt in einer Erfahrung, die man
in den Zeiten vor der Industriellen Revolution durchaus machen konnte,
daß nämlich die konsequente Funktionalisierung zugleich einen ästhetischen Mehrwert abwirft.

Als die Baumeister der Gotik erstmals daran gingen, Wände und
Türme zu durchbrechen, hatten sie vielleicht auch das idealistische Ziel,
einen Traum von Licht und Stein zu schaffen, der die Diaphanie des Göttlichen in seinem schärfsten Widersacher, der Materie, zur Geltung bringen sollte, wie z. B. in der „Sainte Chapelle" in Paris. Es ging ihnen aber
ursprünglich um den ganz profanen Zweck, billiger zu bauen, nämlich bei
gleichbleibender Stabilität weniger Baumaterial zu verwenden. Es gelang
ihnen dadurch, daß man nur noch die belasteten Teile massiv ausführte

oder verstärkte, die anderen aber einfach wegließ. Aus diesem Grunde wurden die tragenden Kreuzrippen, Wand- und Pfeilervorlagen, aber auch Strebebogen und -pfeiler an den Außenwänden erfunden. Auf diese Weise ist auch der filigrane Turm des Freiburger Münsters entstanden, der jeden Betrachter zum Schwärmen bringt und zur mystischen Spekulation anregt. Auch in diesem Fall hatte der Zweck der Materialeinsparung eine konstruktive Lösung zur Folge, die zugleich ästhetisch befriedigend war.

Wie in der Natur, so implizierten sich auch hier Zweckmäßigkeit und Schönheit. Ein Tiger, der eine Gazelle im hohen Grase jagt, schleicht sich *sehr elegant* an. Die Eleganz ist jedoch nicht sein Zweck, sondern die Gazelle. Ein Vogel, der sein Revier verteidigt oder ein Weibchen anlockt, singt, daß uns das Herz aufgeht. Er selbst hat allerdings nichts im Sinn als Sex und Macht. Das Funktionale ist zugleich Motor des Schönen und das Nützliche ist – wie merkwürdig – zugleich Steigbügelhalter des Zwecklosen. Diese Dialektik steckt hinter der Maxime „form follows function". Mir scheint allerdings, daß sie durch die Industrialisierung zusehends außer Kraft gesetzt wird. Das Zweckmäßige ist nun von sich aus nicht mehr das Schöne, noch nicht einmal dessen Wegbereiter, sondern eher das Häßliche, Gewöhnliche, zumindest das Sperrige und schwer Integrierbare.

Man braucht sich nur die entsprechenden Beispiele vor Augen zu halten: eine Wasser- oder Windmühle, die wichtigsten Energiequellen vor der Industriellen Revolution, waren rein funktional. Ihre Erbauer hatten alles andere im Sinn, als Kunstwerke zu schaffen. Doch die wenigen Wasser- oder Windmühlen, die heute noch erhalten sind (vor der Industriellen Revolution waren es über eine halbe Million in Europa), wirken anregend auf unser ästhetisches Empfinden. Ihre reine Funktion transportierte von sich aus ästhetischen Gehalt.

Mir scheint, daß dies bei Industrieprodukten nicht mehr so ist. Eine Dampfmaschine, Dampflok, ein Transformator, eine Betonbrücke wirken nicht von sich aus ästhetisch befriedigend. Sie sind wohl interessant, aber nicht im eigentlichen Sinne schön. Die Funktion entläßt jetzt keine ästhetischen Imperative mehr aus sich, wie noch in der Vormoderne, wo z. B.

Geschütze und Schilde reichlich verziert waren. Sie „verlangten" gewissermaßen nach diesem Zierrat. Alte Ritterrüstungen, Schwerter und Schilde sehen oft sehr prachtvoll aus. In der Propyläen-Kunstgeschichte werden sie daher *als Kunstwerke* abgebildet.

Dagegen kommt so gut wie niemand auf die Idee, Handgranaten, Panzer oder Schlachtschiffe zu verzieren, obwohl man das genausogut könnte. Das moderne Industrieprodukt „verlangt" nicht nach seiner ästhetischen Überhöhung, es „verbietet" sie geradezu, wenn man so sagen darf. Deutlich wird dies in den Versuchen in der ersten Hälfte des 19. Jahrhunderts, Maschinenhäuser als romanische Kirchen, Regulierhandräder als etruskische Vasen usw. zu gestalten. Erhalten blieb die erste Hochdruckdampfmaschine in Form eines Maschinentempels mit griechisch-römischen Säulen, die Ernst Alban 1830 schuf. Dieses Ungetüm steht heute im Deutschen Museum in München und erschreckt oder belustigt den Betrachter. Zu jener Zeit gab es Lehrbücher mit Konstruktionsanweisungen zum Bau ionischer, dorischer und gotischer Maschinen.

All dies blieb Episode und konnte sich nicht durchsetzen. Die technische Funktion hat von sich aus keine „Form" im Sinn der schönen Kunst. Sie verlangt sie nicht, ja ermöglicht sie noch nicht einmal, jedenfalls dann nicht, wenn die Funktion direkt ästhetisiert werden soll. Form und Funktion sind seit dem 19. Jahrhundert indifferent gegeneinander und diese Indifferenz steigert sich mit dem technischen Fortschritt.

Deutet man die Kunst als ein Stimmungsbarometer ihrer jeweiligen Epoche, was signalisiert dann die Absetzbewegung oder Abstinenz vieler Künstler gegenüber dem technischen Betrieb? Warum blenden sie das Technische gerade zu jener Zeit aus, da es anfängt, zu dominieren oder warum können sie es sich nur aneignen, indem sie es zertrümmern?

Meiner Ansicht nach zeigt sich hierin ein Doppeltes: Zum einen, daß moderne Technik von sich aus nicht sehr tauglich ist als Objekt der Kunst und zum anderen, daß sie in unserem Alltagsleben noch nicht den ihr gebührenden Platz gefunden hat. Wüßten wir, woran wir mit der Technik sind, dann wüßten es auch die Künstler. Dann wäre Technik integraler

Bestandteil ihrer Werke, würde weder verdrängt noch zerstört oder marginalisiert. Aber das Schwanken zwischen Adoration und Ekel, das unseren Umgang mit der Technik insgesamt kennzeichnet, spiegelt sich auch in der Kunst wider, wie gerade in diesem Kapitel weiter gezeigt werden soll.

Es gibt eine *objektive* Schwierigkeit, standardisierte Industrieprodukte künstlerisch aufzuschlüsseln; das liegt an ihrer penetranten Geheimnislosigkeit. Kein Geheimnis zu haben, ist ein furchtbares, wenn auch verbreitetes, Laster.

Technische Geräte andererseits müssen ex definitione durchschaubar sein. Ein Computer, der geheimnisvollerweise Befehle verweigert, falsch oder anders ausführt, ist ein Ärgernis, kein Grund zum Staunen. Technische Artefakte erfüllen ganz bestimmte Funktionen, je präziser, desto besser. Die oben genannte Eigenschaft der Werkzeugmaschinen, genau geschnittene, jederzeit austauschbare Teile zu schaffen, ist nur die Außenseite einer fundamentalen Eigenschaft industrialisierter Technik: die Präzision ihrer jederzeit abrufbaren Funktionen. Ein modernes Industrieprodukt hat nicht nur mathematisch genau geformte Teile, die Funktionen, die diese Teile erfüllen, sind durch den *immanenten* Zweck des Geräts vollständig bestimmt. Ich weiß bei meinem Videorecorder genau, welche Wirkungen er auf welchen Knopfdruck hin auslösen wird. Ich kann ein Set standardisierter Leistungen nach Belieben abrufen, deren Wiederholbarkeit durch die Konstruktion garantiert ist.

Moderne technische Geräte erschöpfen sich darin, bloße Mittel zum Zweck zu sein, wenn man auf ihre immanenten Funktionen blickt. Ich hatte im ersten Kapitel darauf hingewiesen, daß man diesen Zusammenhang nicht verabsolutieren darf. In *reale* gesellschaftliche Prozesse eingebunden, überlagern sich nämlich diesen unmittelbaren Zwecken solche, die von außen kommen, so daß sich ein unübersichtliches Gemengelage ergibt.

Diese Dialektik zwischen immanenter Klarheit der technischen Funktionen und externer Vieldeutigkeit des realen Gebrauchs, schafft nun objektive Schwierigkeiten sowohl bei der ästhetischen als auch bei der lebensweltlichen Integration der technischen Apparate. Es besteht nämlich immer die Versuchung, die immanente Durchschaubarkeit des Technischen zum Ding an sich hochzustilisieren, auf dem Computer herumzuhacken, um zu hacken, Auto zu fahren, nur um zu fahren, Geschwindigkeitsrekorde zu brechen, um sie gebrochen zu haben. Der Widerstand der Welt ist im technischen Artefakt partiell aufgehoben und die Versuchung ist groß, sich nur noch in dieser künstlichen Sphäre der wohlkalkulierbaren Effekte zu bewegen. Das Technikimmanente erzeugt durch seine überschaubare Funktionalität einen gewaltigen psychischen Sog.

Die Welt ist zwar heute so undurchschaubar oder noch undurchschaubarer als je zuvor, aber im Technischen haben wir eine Sonderwelt geschaffen, ein Rationalitätsinsel, auf der die Dinge präzise funktionieren. Daher unsere Tendenz, das was nur Mittel zum Zweck ist, zum Selbstzweck hochzustilisieren.

Wenn dies geschieht, leben wir in einer Welt der Rekorde und des beständigen Triumphes über unsere eigene oder über die äußere Natur. Der Preis dafür ist, daß wir zugleich angeekelt sind von der Sinnlosigkeit unseres Tuns, von dem wir wissen, daß es im Endeffekt in die Katastrophe führen muß. Es blendet nämlich gerade das aus, was uns eigentlich teuer sein sollte, das Menschliche. Die schön gestylte Welt der jederzeit abrufbaren technischen Funktionen ist zugleich die sinnentleerte Welt und dies spiegelt sich auf der glatten Außenseite der Geräte. Industrieprodukte haben etwas Unnahbares.

Aus diesen Gründen ist das technische Artefakt als solches ästhetisch kaum einzuordnen. Es drückt die reine Funktion aus, den unmittelbaren Zugriff und läßt daher der Phantasie fast keinen Spielraum. Der Konstrukteur muß Phantasie gehabt haben. Im Produkt ist sie erstorben. Das ist der Preis für die Zuverlässigkeit technischer Geräte. Ein unreflektierter Fortschrittsglaube hat uns bisher daran gehindert, die Kosten-Nutzen-Rechnung für diesen Fortschritt zur Kenntnis zu nehmen. So wie wir erst heute damit beginnen, uns der ökologischen Folgelasten der Technisierung bewußt zu werden, so steht uns, wie mir scheint, der Schock über die psychologischen Folgelasten noch bevor, den die schrankenlose Technisierung aller Bereiche als eine Art von „Innenweltverschmutzung" verursacht hat. Es gibt auch psychischen Sondermüll, dessen Entsorgung wir nicht geregelt haben, geschweige denn, daß uns daran läge, ihn zu vermeiden.

4.4 Die heroischen Maschinen –
Über die Industriemalerei des 19. Jahrhunderts

Die Behauptung, die bildende Kunst habe sich im selben Maße gegen die Technik gewehrt, in dem sie anfing, in der Realität zu dominieren, war an sich etwas ungenau. In Wahrheit gab es im 19. Jahrhundert, zeitgleich mit dem Entstehen der industriellen Technik, eine wahre Technikbegeisterung unter den Malern. Selten wurden so viele technische Artefakte zum *ausschließlichen* Objekt der künstlerischen Gestaltung gemacht wie damals. Darüber hinaus blieben die Beispiele, die ich aus unserem Jahrhundert angeführt hatte, um die Abstinenz oder Feindschaft der bildenden Kunst gegenüber der Technik zu belegen, oft im Bereich des Herkömmlichen. Heute scheinen Aktions- und Performancekünstler, wie sie z. B. auf der „documenta" in Kassel auftreten, keinerlei Berührungsängste mit der Technik zu haben. Ganz im Gegenteil, man tut sich schwer, auf dieser Kunstausstellung irgend etwas zu finden, was mit vorindustriellen Mitteln hätte realisiert werden können.

Ich möchte nun am Beispiel der Industriemalerei des 19. Jahrhunderts und im nächsten Abschnitt am Beispiel der Performancekunst des 20. Jahrhunderts zeigen, daß dieser Anschein einer Versöhnung von Kunst und Technik trügt. Die Künstler des 19. Jahrhunderts hatten zu wenig Abstand zur Technik, um wirkliche Kunstwerke zu schaffen und die Aktionskünstler unseres Jahrhunderts sind zum überwiegenden Teil regelrechte Maschinenstürmer, auch wenn sie subjektiv vom Gegenteil überzeugt sein sollten.

Natürlich ist das Folgende, wie auch das Vorhergehende, nichts als eine Trendextrapolation. Zu jedem Beispiel, das ich anführe, wird man jederzeit ein Gegenbeispiel finden können. Ich verhehle auch nicht, daß Globalthesen, wie ich sie hier vertrete, keine Chance haben, empirisch verifiziert zu werden. Ihr hoher Allgemeinheitsgrad verhindert dies. Es geht mir daher nur um Tendenzen und Trends, nicht um strenge Gesetze oder Allaussagen, die sich noch nicht einmal ein Kunsthistoriker zutrauen wird.

Im 19. Jahrhundert versuchten die Künstler zunächst einmal, die Formensprache der Klassik und Romantik auf die neuentwickelten technischen Gegenstände anzuwenden. So wie das technische Artefakt durch Jahrhunderte hindurch ein integraler Bestandteil des künstlerischen Schaffens war, erschienen auf den Bildern des 19. Jahrhunderts nach und nach Dampfmaschinen, Viadukte, Hochöfen und Eisenbahnen. Bald ging man daran, die neu erfundenen Geräte *als solche* zum Gegenstand der Darstellung zu machen. Man malte Kokshochöfen im romantischen Stil, das clairobscur riesiger Fabrikhallen oder Lokomotivschmieden, in denen der rotglühende Stahl von halbnackten Männern bearbeitet wurde.

Eugen Napoleon Neureuther malte im Jahr 1858 die Maschinenfabrik „Klett & Co." in Nürnberg, die spätere „MAN" im gleißenden Sonnenlicht. Über der Fabrik schweben in einem geflügelten Wagen die Genien der Industrie, des Verkehrs und des Handels. Am Horizont geht das gleißende Licht ins reine Weiß, als einem Platzhalter des Göttlichen, über, nicht anders, als ginge es um die Auferstehung Jesu, die Himmelfahrt Mariens oder die Ausgießung des Heiligen Geistes über die zwölf Jünger.

Solche Versuche, die neue industrielle Technik emphatisch ins Bild zu übersetzen, geschahen ganz naiv im Sinn der künstlerischen Tradition. Schließlich hatte man schon immer Eisenhüttenwerke, Salzgewinnungsanlagen, Wasserkrafträder oder Hochöfen gemalt. Warum sollten sie im 19. Jahrhundert plötzlich nicht mehr darstellungswürdig sein?

Doch was bei dem Versuch, industrialisierte Technik *direkt* ins Bild zu

Seite 136/137: Die Apotheose der industrialisierten Technik: E. N. Neureuthers „Maschinenfabrik Klett & Co." (die spätere MAN) im Jahr 1858

übertragen herauskam, war wenig überzeugend. Irgend etwas „stimmte nicht mehr". Die Konsequenz war, daß diese Industriemalerei in Vergessenheit geriet und aus den Museen verschwand, so daß sie nur noch in den Technikhistorien abgebildet wird. Meiner Ansicht nach ist dies ein gravierender Fehler. Ein heroischer Koksofen ist zwar reichlich komisch und die Darstellung eines Industriebetriebs mit den ästhetischen Mitteln der „Aufnahme Mariens in den Himmel" überschreitet eindeutig die Grenze zum Kitsch. Solche historischen Erfahrungen sollte man aber nicht der Vergessenheit überantworten. Wären diese Zeugnisse einer *unmittelbaren* Ästhetisierung der industriellen Technik heute noch gegenwärtig geblieben, dann hätte es vielleicht keine „Neue Sachlichkeit" gegeben und den Pop-Art-Künstlern unseres Jahrhunderts wäre es vielleicht nicht in den Sinn gekommen, in dieselbe ästhetische Falle zu tappen und uns mit ihren riesigen in Öl gemalten Coladosen und Fritiergeräten zu langweilen.

Meiner Ansicht nach ist das 19. Jahrhundert eine Art „Achsenzeit". Hier wurden die Karten neu gemischt und das Spiel, das wir in der Technik bis heute spielen, wurde damals mit seinen Grundregeln festgelegt.

4.5 Performancekunst und Maschinenstürmerei

Heute sind es die Aktionskünstler, die den Anspruch stellen, Kunst und Technik zu versöhnen. Oft haben sie auch noch den Anspruch, die Kluft zwischen Technik und Natur zu beseitigen. Die Beispiele, die ich aus der Malerei des 20. Jahrhunderts gebracht hatte, stammten fast durchweg aus dem Bereich der „klassischen Moderne", wozu Picasso ebenso zählt wie Léger oder Delaunay. Wenn diese Künstler das Technische entweder an den Rand drängen, verfremden oder zerstören, so scheint sich doch in den letzten Jahrzehnten eine Wendung angebahnt zu haben. Dieser Wendepunkt ist jenseits der unfruchtbaren Extreme von Technikvergötzung wie im 19. Jahrhundert und Technikignoranz wie im 20. Jahrhundert anzusiedeln.

Auf der „documenta" in Kassel ist es schwierig, ein Kunstwerk zu finden, das nichts mit industrialisierter Technik zu tun hat. Auch stellen hier viele Künstler bewußt den Anspruch, nicht nur Technik und Kunst, sondern auch Kunst und Natur versöhnt zu haben.

Hochberühmt wurde Joseph Beuys' „Honigpumpe". Dieses auf der „documenta 4" ausgestellte Kunstwerk pumpte Honig in Schläuchen aus dem Keller des Kasseler „Fridericianum" bis in die höchsten Stockwerke dieses Gebäudes, von wo aus der Honig wieder zurückfloß. Einerseits ist nichts natürlicher als Honig und weniges technischer als eine Pumpe, andererseits ist die Verbindung beider extrem untechnisch. Wer pumpt schon Honig und zu welchem Zweck? Zudem installierte Beuys seine Pumpe als einen geschlossenen Kreislauf, so daß sie auch dann unbrauchbar wäre, wenn wir ansonsten Gründe hätten, Honig zu pumpen. Zur Definition einer Pumpe gehört, daß sie einen In- und Output hat. Beuys hat sich also doppelt gegen den Bereich des Zweckrationalen abgesichert. Beuys pumpt, was nicht zu pumpen ist und diese Pumpe pumpt sich selber. Wie die Dadaisten mußte auch Beuys die Eigendynamik des Technischen erst einmal *zerstören*, um Raum für seine künstlerische Aussage zu schaffen.

Die Dadaisten andererseits waren ausgesprochene Harlekins. Sie vollzogen, wie sie sagten, den Übergang vom „Maschinenmythos" zur „Maschinenironie", indem sie sich über alles, einschließlich ihrer selbst, lustig machten. Joseph Beuys hingegen zelebrierte seine Aktionen mit jenem grauenvollen Bierernst, der den „tiefgründigen" deutschen Künstler seit Richard Wagner auszeichnet. Kunst soll unter keinen Umständen Spaß machen.

Andere Performancekünstler sind offen gewalttätig gegenüber der Technik. So z. B. der vielleicht bedeutendste Video-Installationskünstler der Gegenwart, der Koreaner Name June Paik. Seine Installation von 1976 mit dem bezeichnenden Titel „Burnt TV" arbeitet mit einer alten Fernsehbildröhre und einem stark verbrannten und geschmolzenen Plastikgehäuse. Eine Installation von 1963 ohne Titel zeigt einen Fernseher, der mit der Bildröhre nach unten auf dem Boden liegt. Die vielleicht bekannteste Installation Paiks, „TV Buddha No. X" von 1974, zeigt eine koreanische Buddhastatue aus dem 7. Jahrhundert auf neutral weißem Untergrund sitzend. Eine frontal aufgestellte Videokamera überträgt den sitzenden Buddha auf einen Bildschirm, der in einem Dreckhaufen steckt und der meditierenden Statue gegenüber aufgehäuft wurde.[5]

Hier ist alles außer Kraft gesetzt, was den technisch-praktischen Kontext der verwendeten Geräte ausmacht. Das Fernsehbild ist unbeweglich, die Lautsprecher geben keinen Ton von sich. Der meditierende Buddha sieht sich selbst im Bildschirm, ein reflexives Verhältnis, das durch die gewöhnliche Amüsiermaschinerie des Fernsehprogramms gerade unterbunden wird. Die drastische „Erdhaftigkeit" des Fernsehmonitors, der in einem Dreckhaufen steckt, ruft damit in Erinnerung, was die künstlich-technische Welt ausblendet: Alle technische Überformung der Natur kann die Verbindung zur Erde niemals aufheben. Deutlicher kann man nicht zum Ausdruck bringen, wie negativ diese Kunst zur modernen Technik steht, was immer ihre Adepten behaupten mögen, wenn sie ernstlich glauben, Kunst und Technik versöhnt zu haben.

Viele Installationen auf der „documenta" haben geradezu maschinenstürmerischen Charakter. Vielleicht können sich künstlerische Aussagen in der gegenwärtigen hochtechnisierten und streng durchrationalisierten Welt nur noch so zur Geltung bringen, aber dann kann eine solche Kunst nicht den Anspruch stellen, Technik, Natur und Kunst versöhnt zu haben. Wenn Christo auf der „documenta 4" 5000 m^3 Luft in Plastik verpackt, dann handelt es sich nicht um einen wie auch immer gearteten Brückenschlag. Keinem Maler des 17. Jahrhunderts wäre es eingefallen, eine Windmühle ohne Flügel zu malen, ein Schiff ohne Mast oder eine Brücke ohne Bögen, um den immanent zweckrationalen Sinn des Technischen außer Kraft zu setzen. Alle Maler vor der Industriellen Revolution haben im Gegenteil die technikimmanente Bedeutung ihrer Objekte präzise zur Geltung gebracht. Dies gilt nicht nur

für die bildende Kunst. Homer und Vergil gelten noch heute als er-
strangige Quellen der Technikgeschichte. Von welcher zeitgenössischen
Dichtung könnte man dies sagen? Wenn wir zur Rekonstruktion des
technischen Wissens unserer Zeit auf die „documenta" angewiesen
wären, würden wir erschließen, daß die Menschen des 20. Jahrhunderts unsinnig komplizierte Apparate zu undurchschaubaren Zwecken
herstellten, im Vergleich zu denen eine alchimistische Hexenküche als
der Inbegriff der technischen Rationalität wirkt.

Es ist schon eine arg verdrehte Welt, aber die als besonders technik-
freundlich eingeschätzte Welt der „documenta" und das als „finster" und
rückschrittlich geltende Mittelalter verhalten sich, was die Technik anbelangt, gerade gegenläufig. Mittelalterliche Darstellungen so abseitiger
Themen wie der Arche Noah oder des Turmbaus zu Babel dienen heute
als exakte Quellen der Technikgeschichte, weil die Maler auf dem neuesten Stand waren und ihre Vorbilder getreu reproduzierten. Die als „fort-
schrittlich" eingeschätzte „documenta" hingegen bietet nichts als technische Karikaturen.

Vielleicht wollen uns die „documenta"-Künstler sagen, daß wir in einer
Epoche leben, in der die technische Apparatur deliriert und sinnlos geworden ist. In diesem Fall beziehen sie die Gegenposition zu den Indu-
striemalern des 19. Jahrhunderts. So wie diese das Technische divini-
sierten und abstandslos verklärten, so zerstören die Performance-Künst-
ler die technische Binnenrationalität. Beide Verhaltensweisen drücken das
aus, was man auch sonst beobachten kann: Während konservativ Ge-
sonnene bis heute oft nur die Technikbegeisterung des 19. Jahrhunderts
blindlings fortschreiben, neigen „kritische", „progressive" oder auch „linke"
Zeitgenossen eher zur Maschinenstürmerei. Wir haben bis heute kein
ausgeglichenes Verhältnis zur Technik. Sie irritiert, begeistert oder ärgert
uns und ist nur selten selbstverständlich.

Natürlich ist nicht alles Gold, was auf der „documenta" recht stumpf
glänzt. In all diesem hektisch sich überschlagenden Betrieb gibt es auch,
fast möchte man sagen, noch „edle Einfalt und stille Größe". Es findet

sich dort die im Wortsinn stille kinetische Kunst eines George Rickey, die sich inzwischen auf der ganzen Welt verbreitet hat.

Ich selbst war ganz hingerissen, als ich zum ersten Mal auf dem Campus der Frankfurter Universität ein Windobjekt von Rickey sah. In Edelstahl geschliffene Quader, die mobileartig an einer Metallstange so angebracht sind, daß auch geringste Luftströmungen das Werk in ständiger Bewegung halten. Dabei entstehen jeweils neue, überraschende Figurationen, die man nicht müde wird, zu betrachten. Die Natur spielt mit der Kunst, die Kunst spielt mit der Technik und beide spielen mit mir, dem Betrachter.

Wenn jemals, dann scheint hier die Einheit von Kunst, Natur und Technik ins Werk gesetzt. Die Sensibilität gegenüber geringsten Luftströmungen – es ist, als hörte dieses Kunstwerk auf die feinsten Stimmungen der Natur –, der hochtechnisch wirkende, glänzend polierte Stahl, der beruhigende, ästhetische Eindruck, den das Ganze um sich verbreitet: Es ist wie ein Mobile, bei dem sich die divergierenden Größen „Natur“, „Kunst“ und „Technik“ entspannt und frei umeinander bewegen. Man denkt an einen japanischen Garten, den ein zenbuddhistischer Mönch liebevoll angelegt hat, um zu meditieren.

Aber selbst hier, bei diesem unprätentiösen, im wort- und übertragenen Sinne „lautlosen“ Werk, das sich so wohltuend vom sonstigen marktschreierischen Gehabe der „documenta“ abhebt, artikuliert sich im Grunde ein *negatives* Verhältnis zur Technik. Anders läßt sich dieses Werk schwerlich deuten. Es ist mir bewußt, daß ich mit dieser Deutung gegen fast alles stehe, was Rickey über seine eigene Kunst gesagt hat und was von den Kunstinterpreten wiederholt wird (als ob ein Künstler der geeignete Interpret seiner eigenen Werke wäre).

Rickey selbst erhebt mit seiner „kinetischen Kunst“, eine bestimmte Richtung, in der er seit 40 Jahren führend ist, explizit den Anspruch, die divergierenden Welten von Natur, Kunst und Technik versöhnt zu haben: „Die Natur selbst mit ihren Formen und ihrer Ordnung kann jetzt in die Kunst eingebracht werden.“ Zunächst scheint dies außerordentlich plau-

Die Natur spielt mit der Technik: George Rickeys Windobjekt „Vier Vierecke im Geviert" auf der Terrasse vor der Nationalgalerie in Berlin.

sibel. Rickey arbeitet mit hochtechnisierten Geräten und mit technischen Formen und nähert sich doch der Natur an, indem er seine Skulpturen den Elementen, dem Wind und dem Wasser aussetzt (oft sind sie direkt über einer Wasseroberfläche angebracht). Man muß auch zugeben, daß sich Rickeys Skulpturen überraschend harmonisch in die Natur einfügen. Oft stehen sie im Wald, in einem Park, im Garten oder auf einem Teich. Das Frappierende ist immer, wie gut sich so viel Metall und Technik mit der umgebenden Natur verträgt.

Ich will nicht bestreiten, daß diese Art von Kunst eine hohe Affinität zur Natur hat. Mir scheint nur, daß diese Affinität auf Kosten der Technik geht. Rickeys Skulpturen sind zutiefst untechnisch. Daß sich Rickey technischer Verfahren bedient ist kein Einwand dagegen, denn das hat die Kunst schon immer getan. Rickey sagt ganz richtig: „Technik ist nicht Kunst, aber jede Kunst hat ihre Technik." So ist es: Das Technische ist nur ein untergeordnetes Moment an diesen Kunstwerken, deren eigene Aussage das Technische transzendiert und, wie ich meine, in diesem Fall sogar negiert. Man hat dies bestritten mit dem Argument, schließlich seien in Rickeys Windobjekte keine Motoren eingebaut wie bei Tinguely, der mit Hilfe sinnloser Bewegungen die Technik ironisiert. Rickeys Kunstwerke würden sich auch nach den Gesetzen der Natur bewegen, so wie das technische Artefakt auf Naturgesetzen beruht. Rickey selbst lehnte seinerseits Duchamp und die Dadaisten ab. Ihr Umgang mit der Technik sei ihm zu „ironisch".[6]

Technikirenik statt Technikironie. Aber der Schein trügt. Rickeys Skulpturen negieren alles, was die moderne Technik ausmacht. Rickeys Werke verneinen die Technik indem sie keinen Zweck haben, und indem sie den Zufall zum Formprinzip erheben, wo doch die Form eines technischen Gerätes gerade dazu dient, nichtzufällige Wirkungen hervorzubringen, die in der Regel die Natur dominieren. Bei Rickey ist es umgekehrt so, daß die Natur — und zwar nicht als gesetzliche, sondern

Der Meister der Fragwürdigkeit des Selbstverständlichen: „Die durchbohrte Zeit" von René Magritte

als zufällige – das nur scheinbar technisch bestimmte Gerät dominiert. Sehr deutlich wird die Aufhebung des Herrschaftsverhältnisses über die Natur an den größten Metallskulpturen Rickeys, die oft über zehn Meter hoch sind. Die Massen, die dann zum Einsatz kommen, sind so schwer, daß der Wind Mühe hat, sie in Bewegung zu setzen. Wenn das eine Technik ist, dann eine, die Wert auf Beschaulichkeit legt. Alle Verhältnisse des technischen Bereichs sind hier ins gerade Gegenteil verkehrt. In diesem Sinne ist Technik gewöhnlich laut und stinkend. Rickeys Skulpturen sind hingegen leise und diskret. Rickey gibt sich jederzeit sehr viel Mühe, völlig geräuschlose Objekte herzustellen, indem er die Scharniere und Kugellager entsprechend auswählt oder seine holen Metallblöcke im Innern mit Styropor auskleidet, damit sie keinen Laut abgeben.

Am interessantesten finde ich seine Behandlung der Oberflächen. Rickey verwendet Edelstahl, den er von Hand mit dem Winkelschleifer bearbeitet. Die Polierspuren hinterlassen winzige, unregelmäßige Rillen, die zufallsverteilt sind. Dadurch spielt das Licht auf diesen glatten Oberflächen, die nur auf den ersten Blick geometrisch und technisch wirken. Auch hier gibt es wieder den Protest gegen das Technische: Rickey stellt am Material wieder her, was ihm die Technik genommen hatte, die Unregelmäßigkeiten, das Zufällige. Man könnte sagen, Rickey protestiert mit den Mitteln der Technik gegen die Technik, indem er sie an die nichtmanipulierbare Natur zurückbindet. Diese Kunst ist schön, aber gerade deshalb, weil sie extrem untechnisch ist.

Nicht nur die ihrer selbst nicht bewußten Maschinenstürmer von der „documenta", auch solche weniger spektakulär arbeitenden Künstler müssen also den Eigenwillen der Technik erst einmal gründlich brechen, wenn sie zu einer selbständigen Aussage kommen wollen.

Mir scheint, daß nur sehr wenige Künstler heute in der Lage sind, das Technische weder zu zertrümmern, noch zu verbiegen noch zu divinisieren, sondern wie selbstverständlich in ihre Bildwelt einfließen zu lassen. Eine Generation früher tauchten in René Magrittes surrealistischen Werken manchmal eine altmeisterlich, ja photographisch genau, abgebildete Dampflok, eine Kanone oder ein Grammophon auf. Solche Apparate sind von sich aus geheimnislos, glatt, eindeutig, ohne künstlerischen Reiz, weil sie eher Antworten sind als Fragen, während das Kunstwerk gerne Fragen stellt oder zumindest offen hält.

Magritte verfügt nun über ein seltenes Genie, diesem Geheimnislosen und Unmittelbaren der Technik die Doppelbödigkeit zurückzugeben, nicht indem er es zertrümmert, sondern indem er es in völlig überraschende, bislang ungesehene Kontexte hineinstellt. Magritte ist der Meister der Fragwürdigkeit des Selbstverständlichen. Er gibt den Gegenständen ihr Geheimnis zurück, ohne sie anzutasten. Solche ästhetisch gelungenen Transpositionen moderner Technik sind in der heutigen Kunst die Ausnahme und nicht, wie früher, die Regel.

Für jeden, der die Kunst als ein Stimmungsbarometer der Epoche liest, muß all dies ein Alarmsignal sein. Es kann nämlich nur bedeuten, daß wir allesamt nicht wissen, woran wir mit der Technik sind. Sie hat uns überrollt und kein Mensch weiß, wie es weitergehen sollte und welche Bedeutung das Technische für ein gelungenes Leben haben mag.

Man sollte daher jedem mißtrauen, der vorgibt, mit der modernen Technik fertiggeworden zu sein. Er ist entweder naiv oder ein Scharlatan. Entweder hat er die Probleme noch nicht gesehen und ist unfähig zum Erschrecken oder er tröstet sich mit billigen Lösungen, Autopoiesislehre, Chaos- und Selbstorganisationstheorie, mit dem Glauben an das „Gute im Menschen", dem Nirwana, Sozialismus oder anderen Anästhetika der Moral. Mit der Technik ist es wie mit der Umweltzerstörung, Überbevölkerung oder Hochrüstung. Im Grunde weiß niemand, wie wir mit unseren selbstgeschaffenen Problemen fertig werden sollen und die mit den schnellen Lösungen sind offenbar die mit den falschen. Wer hier keine Angst hat, soll auch nicht so tun, als habe er das Recht, zu hoffen. Es gibt auch einen unsittlichen Optimismus. Der Zerrspiegel, den die Kunst der Technik vorhält, sollte uns vor diesem naiven Optimismus bewahren.

4.6 Die Herrschaft der Technik und das Religiöse in der Kunst

Man hat die Religion dafür getadelt, daß sie kein gutes Einvernehmen mit der Technik finden konnte und machte dafür ihren konservativen Charakter verantwortlich. Den gibt es gewiß, aber er hat mit dieser Angelegenheit nicht viel zu tun. Die Religion hat nämlich im selben Maß ein gestörtes Verhältnis zur Technik, wie wir es alle haben. Wer sich über diese Störung freut, weil sie auf Kosten der Religion geht, kann sich auch gleich über die Abschaffung des Menschen freuen. Die Technik geht auch auf Kosten des Menschen, wenn sie nicht sinnvoll eingebunden wird, was heute sehr häufig der Fall ist.

Ich möchte nun abschließend das Verhältnis zwischen bildender Kunst und Religion skizzieren, wobei sich ein ganz ähnliches Resultat ergeben wird, wie bei meinem Überblick über die künstlerische Darstellung technischer Artefakte. Es handelt sich um ein und dasselbe Problem. Zwar ist das Humane von sich aus nicht sofort auch das Religiöse, aber wo das Humanum verschwindet, hat auch die Religion keinen Platz mehr.

Im Mittelalter galt Gottvater zugleich als Techniker. Es gibt viele Abbildungen, wo er mit Waage und Zirkel hantiert, um sich als Architekt oder Baumeister zu betätigen. Bei den Griechen waren es die Götter, die den Menschen das technische Handwerk lehrten, Athene, Hephaistos, allen voran Prometheus. Man hat also sehr lange keinen Gegensatz zwischen Religion und Technik gesehen.

In der Geschichte der Technik spielen darüber hinaus die religiösen Orden des Mittelalters, vor allem die Benediktiner und Zisterzienser, eine entscheidende Rolle bei der Überlieferung und Weiterentwicklung von Techniken, die seit der Antike bekannt waren und in der Renaissance einen neuen Schub erhielten. Dementsprechend hatten die mittelalterlichen Maler keine Scheu, Religion und Technik als eine Einheit darzustellen. Wenn Gott Techniker war, war Technik zugleich Gottesdienst.

Diese Einheit zerbrach in der Industriellen Revolution zeitgleich mit dem

Zerbrechen der Einheit zwischen Kunst und Technik – es ist ein und derselbe Vorgang, und die Reaktionen der Künstler auf diese Störung sind ganz entsprechend, bis hin zu dem Versuch, diese Störung zu ignorieren und einfach so weiterzumachen wie bisher. Zu den Kitschproduktionen der Industriemaler des 19. Jahrhunderts und den Pop-Art-Entgleisungen unserer Zeit gibt es daher direkte Entsprechungen auf dem Feld der religiösen Kunst.

Zum Beispiel schuf Johannes Schreiter vor 15 Jahren farbige Glasfenster für die Heiliggeistkirche in Heidelberg, auf denen nichts zu sehen sind als gedruckte Schaltungen, computerlesbare Etiketten und Enzephalogramme. Der Künstler hatte nichts anderes ins Werk gesetzt, als diese technischen Artefakte vergrößert zu reproduzieren, keine symbolische Transformation, kein herausgearbeiteter gesellschaftlicher Kontext, keine anthropomorphe Metaphorik, kein befreiendes Zerschlagen der immanenten Funktionen. Die schiere Technik als solche. Diese Glasfenster haben die ästhetische Ausstrahlungskraft eines Schaufelbaggers, die religiöse Aura einer Braunschen Röhre, den Assoziationshof eines Telefonbuchs. Sie verweisen auf nichts, was sie nicht bereits wären. Sie regen weder auf noch an. Sie lassen weder still noch wütend oder nachdenklich werden. Solche „Kunstwerke" sind wie dickleibige Softwarehandbücher, bei deren Lektüre man immerfort nur wiederholen kann: „Es ist so, ja, so ist es."

Schreiter hätte sich die technikeuphorischen Glasfenster des 19. Jahrhunderts vor Augen führen sollen, um die ästhetische Sackgasse zu erkennen, in die er geraten war. So gibt es z. B. von A. Kreling ein Tryptichon von Glasfenstern aus den sechziger Jahren des 19. Jahrhunderts mit dem Titel „Die Gewinnung und die Segnungen des Gaslichts".

Von England ausgehend war in den ersten Dezennien des 19. Jahrhunderts die Gasbeleuchtung in vielen europäischen Großstädten eingeführt worden, wenn auch nur in den nobleren Vierteln. Dieses Gaslicht wurde allgemein als ein „Segen" empfunden und dementsprechend glorifiziert und divinisiert.

150 Engel, die die Technik auf den Weg bringen: Hans Hesses Altargemälde zum Silberbergbau im Erzgebirge, 1521 aufgestellt von der Bergknappschaft in der Stadtkirche St.
Annen in Annaberg.

Das 19. Jahrhundert war in dieser Hinsicht ganz naiv und setzte einfach die Tradition der verflossenen Jahrhunderte fort. Im Freiburger Münster gibt es z. B. Glasfenster, die Bergleute bei der Erzgewinnung zeigen. Technisches wurde häufig auf den Kirchenfenstern abgebildet. So gibt es z. B. aus dem 12. Jahrhundert die sogenannte „Gerlachus Scheibe". Es handelt sich hierbei um ein Glasfenster, das die Erscheinung Gottes vor Moses im brennenden Dornbusch darstellt. Der Glasmaler hat sich dort mit seinen Werkzeugen zugleich abgebildet, ohne daß es ungehörig wirkt. Selbst so profane Tätigkeiten wie die Münzprägung wurden zum Objekt der Glasmalerei gemacht, ohne daß dies den sakralen Charakter gestört hätte, wie später bei der Heiligung des Gaslichts oder bei der noch mühsameren Heiligung des Enzephalogramms und des computerlesbaren Etiketts.

„Die Segnungen des Gaslichts" ist ein kitschiges Werk, so kitschig wie die gesamte Industriemalerei des 19. Jahrhunderts. Was in der vorindustriellen Ära ganz selbstverständlich funktionierte, *gelang jetzt einfach nicht mehr*. Dementsprechend war auch die Einbindung des Technischen ins Religiöse Jahrhunderte hindurch völlig problemlos. Es ist wert, sich diese Tatsache in Erinnerung zurückzurufen. Man kann ohne Übertreibung sagen, daß bis ins Spätmittelalter hinein das religiöse Bewußtsein an der Spitze des technischen Fortschritts stand. Die Malerei bezeugt es. Die erste Abbildung, die wir z. B. von der damals neu entwickelten Technik des Drahtziehens haben, ein Kupferstich von 1460, zeigt den heiligen Eligius als Goldschmied, wie er Golddrähte zieht. Von Grünewald gibt es eine Abbildung des heiligen Mauritius im Plattenharnisch mit der avanciertesten Rüstung der damaligen Zeit.

Aus dem Jahr 1493 existiert ein Holzschnitt mit der Arche Noah, wobei die Arche nicht, wie es nahe gelegen hätte, archaisch gestaltet ist, sondern mit den Mitteln der damals neuesten Schiffsbaukunst. Sitzt Maria in einem Schiff, dann bedient sie garantiert das neueste Heckruder oder der Erzengel Michael wiegt die Seelen auf der neuesten Balkenwaage. Es gab auch Engel, die Uhren reparierten oder der heilige Geist wirkte ein Wunder, wenn sich eine Wassermühle festgefressen hatte. Die religiöse Malerei des Mittelalters hat, was die Technik anbelangt, keinerlei archaisierende Tendenzen, wie wir es seit der Nazarenermalerei gewohnt sind, wo das religiöse Bewußtsein mit Absicht die Moderne ausblendet, um an der vermeintlich heilen Welt der vorindustriellen Ära zu partizipieren.

Man braucht nur diese Beispiele aus der Vorneuzeit in die Gegenwart zu transponieren, um den Bruch zu erkennen. Wie würde sich die Jungfrau Maria auf einem Tragflächenboot ausmachen, der Erzengel Michael mit einem Laptop (die Sünden auf einer Datenbank registrierend), Jesus im Porscheroadster, Josef am Fließband, der Erzengel Michael in einem Kohle- oder Kernkraftwerk?

Und doch hat es solche Darstellungen einmal gegeben. Aus dem 16. Jahrhundert gibt es ein wunderschönes Altarbild von Hans Hesse für die St. Annenkirche in Annaberg-Buchholz, das den Silberbergbau im Erzgebirge weitläufig und poetisch schildert. Die Darstellung ist übrigens auch historisch sehr getreu, denn das Bild dient als technikhistorische Quelle. Auf diesem Altargemälde für die Bergknappschaft fliegen die Engel um die Schächte, als würden sie ganz selbstverständlich dazugehören (die Bergleute waren traditionell sehr fromm). Ästhetisch stimmt alles. Die Engel passen perfekt zur avanciertesten Technik; nirgends gibt es einen Bruch.

In den Gesangbüchern des Mittelalters findet man in den reich verzierten Initialen oft technische Verfahren dargestellt wie das Herstellen von Büchern, selbst eine so profane Tätigkeit wie das Prägen von Münzen. All das „stimmt", während „Jesus im Porscheroadster" nicht *stimmen kann*. Ebenso wissen wir apriori, daß „Die Segnungen des Leuchtgases" ästhetisch mißlingen *muß*. Der Bruch zwischen Kunst und Technik führte zu einem Bruch zwischen Technik und Religion genau zur selben Zeit und aus denselben Gründen.

Die unmittelbare Divinisierung des Technischen mißlingt daher im selben Maße, wie die unmittelbare Ästhetisierung des Technischen mißlingt.

Während die unmittelbare Ästhetisierung des Technischen in den Kitsch hineinführt, führt die unmittelbare Divinisierung der Technik ins Gotteslästerliche.

Brot und Wein waren die Spitzenprodukte der Kultur seit der Neolithischen Revolution. Die Griechen beurteilten jedes Volk, das sie kennenlernten, erst einmal danach, ob es imstande war, Getreide und Wein anzubauen. Ein Volk ohne Brot und Wein war primitiv. Die Griechen leisteten Entwicklungshilfe, indem sie ein solches Volk lehrten, wie man Reben und Getreide produziert. Das Christentum hat diese Spitzenprodukte der Neolithischen Revolution in sakramentale Zeichen verwandelt. Das Beste, was der Mensch hervorbrachte, war gerade gut genug dafür.

Man stelle sich einmal vor, ein Priester oder Pfarrer würde statt Brot und Wein ein Handy und einen Dynamo weihen! Nicht daß ich es für ausgeschlossen hielte, daß ein besonders „progressiver" Priester demnächst auf eine solche Idee kommen wird; schließlich haben sie weit mehr als vor dem Teufel Angst davor, nicht mehr zeitgemäß zu sein. Aber warum wäre diese Idee „Handy und Dynamo, statt Brot und Wein" lästerlich, wo doch die technisierte Kommunikation und die massenhafte Energieerzeugung Spitzenprodukte der technischen Revolution sind, so wie Brot und Wein Spitzenprodukte der Neolithischen Revolution waren? Warum „geht" das eine und das andere „geht nicht"? Und warum ist es kein Argument, daß die Mahlgemeinschaft mit Brot und Wein der herrschaftsfreien Kommunikation mit dem Handy und der gemeinschaftlichen Versorgung mit elektrischer Energie entspricht?

Die Differenz scheint mir wie die zwischen einem Segelschiff aus dem 16. Jahrhundert und einem Containerschiff aus dem 20. Jahrhundert zu sein. Das eine läßt sich ästhetisch direkt transponieren, das andere nicht mehr. Das Segelschiff drückte die Macht des Menschen aus, aber auch sein Angewiesensein auf das Wetter. Im selben Sinn waren Brot und Wein der Stolz des Menschen, aber auch eine Gabe der Natur. Ein Containerschiff ist keine Gabe der Natur mehr. Es ist die pure Funktion und nichts als die Funktion, so wie das Handy nichts als die Elektronik gewordene Informationsübertragung und der Dynamo nichts ist als die Funktion des Energiewandelns. Diese Geräte machen etwas, sie empfangen nichts. Wenn im 16. Jahrhundert eine Weltumsegelung gelang, dann waren der Kapitän und seine Mannschaft dankbar. Dem Containerschiff sind wir nicht mehr dankbar, auch ein Energiewandler löst keine solchen Gefühle aus. Brot und Wein waren Gaben der Natur, die auch ausbleiben konnten. Das Handy funktioniert, wenn nicht, wird es repariert oder weggeworfen. Dank empfinden wir gegenüber solchen Geräten nicht. Sie haben zu funktionieren, das ist alles. Dies ist der Grund, weshalb es keine direkte Heiligung moderner technischer Artefakte *geben kann*. Eine Religion, die sich weigert, technische Geräte sakramental zu überhöhen, ist nicht rückständig, sondern klug. Denn einen entscheidenden Satz aus der Messe kann man nicht auf die technischen Geräte übertragen. In der Messe werden Brot und Wein „die Frucht der Erde und der menschlichen Arbeit" genannt. Moderne technische Artefakte sind — jedenfalls für unsere Wahrnehmung — nur noch Ausdruck menschlicher Arbeit. Der Bezug zur „Erde" ist verschwunden.

Anmerkungen

1 Es gibt leider nicht sehr viel Literatur zum Verhältnis zwischen bildender Kunst und Technik. Ein wichtiges Werk ist allerdings der von Dietmar Guderian im VDI-Verlag herausgegebene Sammelband zu diesem Thema. Insbesondere Guderians Beiträgen verdanke ich viele Einsichten.

2 Zitiert nach Segeberg, S. 110

3 Zum Verhältnis zwischen Kunst und Technik in bezug auf die Malerei der „Neuen Sachlichkeit" ist die Monographie von Helmut Friedel und Ingeborg Güssow einschlägig. Vgl. zum Werk von Carl Grossberg den umfangreichen Katalog, der zum 100. Geburtstag des Künstlers vom Von der Heydt-Museum Wuppertal von Sabine Fehlemann herausgegeben wurde.

4 Vgl. zu Klapheck das Buch von Werner Hofmann. Natürlich ist es nicht erlaubt, einen Künstler nur in einer Hinsicht zu interpretieren, also z. B. Klapheck als den Maler der Angst vor der Technik zu sehen. Nichtsdestoweniger ist dieser Aspekt in seinem Werk dominierend, wie schon viele Titel seiner Werke nahelegen, wenn etwa eine Werkzeugmaschine „Der Krieg" genannt wird, ein Türschloß „Die Technik der Eroberung", eine Schreibmaschine „Der Wille zur Macht" usw. Klapheck hat übrigens mehrfach Werkzeugmaschinen gemalt und sie immer als bedrohliches Ungeheuer dargestellt. Eine späte Retourkutsche der Kunst an die Trennung zwischen Kunst und Handwerk, die gerade durch diese Maschine ausgelöst wurde?

5 Zu Paik siehe die Monographie von Edith Decker.

6 Zu George Rickey siehe den Katalog des Amerika-Hauses in Berlin, aus dem diese Zitate stammen (S. 14, 30, 37) oder das Buch von Anselm Riedl. Riedl bemüht auch wieder das alte „form follows function" (Riedl, S. 3), aber das ist müßig bei einem Kunstwerk, das von vornherein alle Funktionen negiert. Rickey baut schließlich keine Windräder mit Stromaggregat!

5. Zur Philosophie der Technik

Der Philosoph hat seinen Ort präzise dort,
wo ihn die Logiker für einen unreflektierten Bauchredner
und die Bauchredner für einen abgedrehten Logiker halten.

DAS SYMBOLISCHE IN DER TECHNIK ▲ DIE MEGAKATASTROPHE UND DIE TECH-NISCH-PRAKTISCHE VERNUNFT ▲ TECHNIK UND SCIENCE–FICTION

5.1 Die Entzauberung der Welt – Eine Sinnestäuschung

Alles löst sich in ein System von Funktionen, Steuerungsgrößen oder zu steuernden Parametern auf, betrachte ich die Welt rein technomorph. Nichts ist mehr es selbst, sondern alles nur noch relativ zu etwas anderem, dem es als Mittel zu ganz bestimmten Zwecken dient. Da die Mittel oft die Gestalt mathematisch berechenbarer Funktionen annehmen, wird alles auf eine höchst beeindruckende Weise durchschaubar. Es sieht so aus, als sei das Geheimnis der Welt hinter dem Machbaren verschwunden. „Wenn ich fliege", sagt Bert Brecht, „bin ich ein wirklicher Atheist."

Ich möchte in diesem Kapitel zeigen, daß die verbreitete Rede von einer „Entzauberung der Welt" durch die Wissenschaft und die Technik auf einem gravierenden Irrtum beruht. Es ist uns gelungen, durch wissenschaftliche und technische Verfahren das Geheimnisvolle an den Rand unseres Bewußtseins zu verschieben, so wie wir es geschafft haben, die Imponderabilien des Wetters durch Zentralheizung oder Klimaanlagen nicht mehr wahrnehmbar zu machen. Es gibt aber nicht deshalb kein Wetter mehr, weil es in unseren Büros nicht mehr schneit oder hagelt.

Wissenschaft und Technik bilden sozusagen „Rationalitätsinseln" im Geflecht einer prinzipiell unabschließbaren Realität. Es ist sehr verführerisch, sich nur noch auf solchen Inseln der Durchschaubarkeit aufzuhalten und Modell und Realität zu vertauschen. Das Szientifische wird dann zum Credo einer abstrakten Weltanschauung und das Gewicht der Geschichte überlassen wir denen, die noch nicht denselben Grad an „Aufgeklärtheit" haben.

Zum Beispiel schämt sich der Forscher Hans Moravec, Experte zum Thema „Künstliche Intelligenz", wie er neulich in einem Fernsehinterview bekannte, zu essen. „Essen" sei ein steinzeitliches, vorgeschichtliches Tun. Angemessener sei es für den Menschen, an der Steckdose Strom zu tanken, wie jeder anständige Roboter und über Hirnsonden sinnliche Lustgefühle zu induzieren, wenn unser atavistisches Gefühlsleben danach verlangt. Überhaupt sei der menschliche Körper hoffnungslos rückständig gegenüber den Rechnern, bei denen man die defekten Teile jederzeit austauschen könne. In einer solchen Welt der beliebigen Machbarkeit gibt es kein Geheimnis mehr. Alles ist erlaubt, weil alles möglich ist.

Diejenigen, die an eine Entzauberung der Welt durch Wissenschaft und Technik glauben, scheinen ungefähr folgendes Modell im Hinterkopf zu haben: Man stelle sich einen Eingeborenen auf Papua-Neuguinea vor, der noch nie mit der westlichen Zivilisation in Berührung gekommen ist (das soll es noch geben). Dieser Eingeborene sieht zum ersten Mal einen Japaner mit einem Transistorradio. Er wird folglich die Stimmen aus dem Radio in seinem animistischen Weltbild deuten und den Rundfunksprecher für einen Gott halten. Dieses um so mehr, als der Rundfunksprecher Nachrichten von Orten übermittelt, an denen der Japaner *nicht* ist oder Ereignisse ankündigt, die erst stattfinden werden, wie z. B. das Wetter von morgen.

Weiht der Japaner den Eingeborenen in die Kausalzusammenhänge ein, so verschwindet die animistische Interpretation: Die Stimme des Sprechers, die aus dem Weltgrund zu tönen schien, erweist sich als getragen von elektromagnetischen Wellen. Die Informationen, die sie übermittelt, entpuppen sich als sachlich, geheimnislos, völlig diesseitig. Der ganze Zauber ist verschwunden. Zurück bleiben elektromagnetische Schwingungen, wie wir sie auf dem Oszillographen sichtbar machen. So ähnlich stellen sich manche den Entzauberungsprozeß vor: Die Welt wird durch Wissenschaft und Technik zerlegt, wie wir ein Radio oder einen Rasierapparat zerlegen und in dem Maße, wie wir deren innere Wirkmechanismen begreifen, bleibt kein Raum mehr für transzendente Ursachen.

Diese Konzeption ist von hoher Suggestivkraft, beruht aber auf einem psychologischen Mechanismus von der Art, wie uns der Mond beim Aufgehen als riesig, oben am Himmel aber als wesentlich kleiner erscheint. Die Ursache für diesen Eindruck ist, daß wir den aufgehenden Mond mit den Objekten — Bäumen, Häusern oder auch Fernsehantennen — vergleichen, hinter denen er aufgeht. Isoliert am Himmel stehend, haben wir keinen Vergleichspunkt mehr und „sehen" den Mond daher viel kleiner.

So ähnlich ist es mit der wissenschaftlich-technischen Aufklärung: Das Geheimnis der Welt, das niemals verschwindet, wird von dieser Art von „Aufklärung" an den Rand des Bewußtseins verschoben, wo es mangels Bezugspunkt unbedeutend wirkt. Während der Mond am Horizont geheimnisvoll und riesig erscheint, verliert er viel von seinem romantischen Flair, wenn er hoch am Himmel steht.

Man braucht aber nur den zugrundeliegenden Mechanismus zu reflektieren, dann wird deutlich, daß das Geheimnis der Welt auch dem wissenschaftlich Aufgeklärten groß wie ein Wagenrad ins Zimmer leuchtet, wenn er für einen Augenblick bereit ist, das künstliche Licht seiner Vorurteile abzuschalten.

Um auf das Beispiel aus Papua-Neuguinea zurückzukommen: Das Ersetzen des animistischen Standpunkts durch einen wissenschaftlichen ist natürlich mit einem Erkenntnisgewinn verbunden, aber nicht mit einem solchen, der das Staunenswerte und Geheimnisvolle, den Zauber der Dinge, zum Verschwinden bringen könnte. Was wissen wir, wenn uns gesagt wird, daß die Rundfunkwellen elektromagnetische Wellen sind, die als Informationsträger fungieren? Weshalb sollte die Existenz von elektromagnetischen Wellen *kein* Wunder sein? Weil sie, wie Maxwell theoretisch und Hertz praktisch gezeigt haben, eine zwingende Folge aus den zugrundeliegenden Naturgesetzen plus einigen Randbedingungen sind? Aber dann habe ich die Frage nach dem Wunderbaren in die Frage nach der Herrschaft dieser Gesetzeszusammenhänge verschoben. Warum genügt die Welt diesen Gesetzeszusammenhängen, so daß das Wunder der Rundfunkwellen möglich wird? Auf diese Frage gibt es keine wissenschaftliche Antwort und kann es keine geben, weil sich die Wissenschaft immer nur in Wenn-dann-Relationen bewegt. Wenn die Gesetze der Elektrodynamik so sind, wie sie sind, dann folgt die Existenz von Rundfunkwellen zwingend, aber warum sind sie so?

Die moderne Wissenschaft bewegt sich immer nur in Wenn-A-dann-B-Beziehungen. Die Frage „Warum A?" kann in einer solchen Denkform nicht gestellt werden. Wissenschaft ist also „nach oben" hin offen. Ihre höchsten axiomatischen Voraussetzungen gelten auf Widerruf, aber die Frage nach ihrem Sinn verschwindet deshalb noch lange nicht. Wenn mir ein Physiker sagt, daß es in der Natur gemäß dem Entropiesatz eine Tendenz zur Strukturzerstörung gibt, die unter ganz bestimmten Bedingungen auf eine sehr vorhersehbare Weise wirksam wird, dann weiß ich immer noch nicht, warum es eine solche Tendenz gibt. Nach Aristoteles ist die Natur aufs Gute ausgerichtet und hat die Tendenz, in sich werthafte Gestalten zu produzieren. Tod, Leiden und Vergehen sind nach Aristoteles akzidentelle Bestimmungen einer im Prinzip aufs Gute gerichteten Natur.

An eine solche prästabilierte Harmonie glaubt heute niemand mehr. Aber die Frage, warum wir nicht mehr in einer Aristoteles-Welt leben sondern in einer, die durch den Entropiesatz bestimmt wird, kann mir kein Naturwissenschaftler beantworten. Sie ist Anlaß zu immer neuem Staunen. Wer glaubt, daß die Naturwissenschaft die Welt entzaubere, weiß nicht, was er sagt. Jede Entdeckung stößt das Tor zu tausend neuen auf und selbst eine „Vereinigte Feldtheorie" würde die Frage nicht beantworten, warum die Welt so ist, wie sie ist. Die Welt der Wissenschaft ist unabschließbar.

Im selben Sinne ist auch der Technisierungsprozeß „nach oben" hin offen, weil die technikimmanenten Zwecke ihre gesellschaftliche Einbindung nicht vorwegnehmen, wie ich im ersten Kapitel gezeigt habe. Der Philosoph Johannes Rohbeck spricht in diesem Zusammenhang von einer „überschießenden Potenz" technischer Mittel[1], um dieses Nichtvorhersagbare, geschichtlich Kontingente zum Ausdruck zu bringen.

Zwecke verschieben sich unvorhersehbar. Was ein technisches Gerät *ist*, kann man ihm daher nicht einfach ansehen, auch sein Bauplan gibt darüber keine Auskunft. Ein technisches Gerät ist, wozu es gebraucht wird. Sein Gebrauch ist durch die Konstruktion eher negativ als positiv festgelegt. Wir wissen sicher, daß ein Auto nicht als Waschmaschine gebraucht werden kann oder ein Geschirrspüler als Stereoanlage. Wir können aber nicht sicher sein, wozu eine Stereoanlage konkret dienen wird. Ich kannte einen älteren Misanthropen, der sie *ausschließlich* dazu benützte, um seine Nachbarn zu ärgern. Immer wenn er ausging und wußte, daß die Nachbar zu Hause waren, drehte er seinen Apparat auf volle Lautstärke. Ein technisches Artefakt ist, wozu wir es machen. Seine Konstruktion bildet höchstens einen limitierenden Faktor, das heißt, das technische Gerät ist eher eine Handlungs*möglichkeit* als eine präzise Handlungs*anleitung*.

Der Schein, daß es anders sein könnte, rührt von unserem spontanen Glauben, daß etwas, das sich verändert hat, auch anders aussehen müsse. Wir sind auch geneigt zu glauben, daß ein guter Mensch, der zum Misanthropen wurde, an den heruntergezogenen Mundwinkeln erkennbar sein müsse, während er vorher öfters lächelte. Was etwas anderes *ist*, sollte auch von außen als etwas anderes erkennbar sein. Wir unterstellen in der Technik, krude gesagt, eine Art von „psychosomatischen Zusammenhang", den es auf diesem Felde *gerade nicht* gibt. Ein technisches Gerät ist in seinem Aussehen indifferent zu den Zwecksetzungen, die mit seiner Hilfe verfolgt werden. Mir scheint, daß diese Eigenschaft der Grund dafür ist, daß uns Roboter, Science-fiction- oder Zeichentrickfilme so stark faszinieren. Der Roboter drückt auf einer anthropologischen Ebene gerade diese Indifferenz der Zwecke und Mittel aus — auch er kennt keinen psychosomatischen Zusammenhang.

Ist dies richtig, dann würde an dieser Stelle deutlich, weshalb es den im letzten Kapitel genannten Problemstau in der künstlerischen Darstellung technischer Artefakte gibt. Die Kunst lebt vom Ausdruck des Inneren, Psychischen im Äußeren und vom Materiellen. Die Kunst verleiht

selbst den Elementen ein Gesicht. Das Technische hebt diesen univer-
salen psychosomatischen Zusammenhang auf. Es trennt das Innere vom
Äußeren, den Leib von der Seele. Der „Mann auf der Straße" hat das
immer schon gewußt, wenn er von der „seelenlosen Technik" sprach. Daher wird das Technische erst dann ausdrucksstark, wenn wir es zu nichttechnischen Kontexten in eine erkennbare Beziehung setzen. Die im letzten Kapitel entfaltete These, daß das „form follows function" im Industrieprodukt zusehends außer Kraft gesetzt wird, ist nichts als ein
Sonderfall dieser Trennung des Inneren vom Äußeren.

Vielleicht ist dieser spekulative Gedanke vom mangelnden „psychosomatischen Zusammenhang" der technischen Geräte wert, noch von einer anderen Seite aus beleuchtet zu werden. Ich sagte, daß das technische Artefakt seine unmittelbaren Zwecksetzungen zwar zwingend,
seine weiteren aber nur negativ festlegt. Es ändert sozusagen nicht sein
„Gesicht", wenn sich diese allgemeineren Zweckbestimmungen ändern.
Ein Mercedes, welcher der Aggressionsabfuhr seines Besitzers dient,
sieht nicht grimmiger aus als einer, der zum Krankentransport eingesetzt
wird, so wie eine Kutsche, die dem Repräsentationsbedürfnis eines Fürsten diente, anders aussah als die eines Bürgers, Künstlers oder Bischofs.

Die Indifferenz moderner technischer Geräte relativ zu ihren Zweckbestimmungen hat auch wesentlich zur Folge, *daß sie nicht altern können.* Wo sich das Innere im Äußeren nicht artikuliert, gibt es auch keinen Reichtum der Erfahrung, der im Äußeren seinen Ausdruck fände. Ein
alterndes Gesicht kann interessanter sein als ein junges, ein Herbstblatt
wirkt ästhetisch reichhaltiger als ein frisches und grünes, das noch am
Baum hängt. Ein „altes Haus" (wenn es nicht aus Beton ist) kann Patina
ansetzen, die es uns gestattet, diese Metapher vom „alten Haus" auch
für einen alternden Menschen zu gebrauchen, was durchaus liebevoll
klingt. Dagegen ist es verletzend, wenn ich einen alternden Menschen „altes Auto" nenne — das klingt allzu direkt nach Schrottpresse und demnächst anstehender Entsorgung.

Ich kenne kein einziges, modernes technisches Gerät, das die Fähigkeit hätte, in Würde zu altern, so wie ein traditionell gebautes Steinhaus in Würde altern kann und dabei, wie ein guter Wein, noch gewinnt. Ein Auto, das Schrammen, Beulen und Roststellen hat, sieht einfach nur häßlich aus und verlangt nach der Schrottpresse. Alternder Beton wird auf eine sehr unangenehme Weise fleckig, rissig und zieht den Schmutz an.

Weil die technischen Geräte von ihrem Phänotyp her keine Zweckverschiebungen mitmachen, haben sie, so gesehen, auch keine Geschichte. Sie haben also kein „Gesicht", in dem sich ihre Geschichte ausdrücken könnte. Sie funktionieren — oder auch nicht. Diese Gesichtslosigkeit macht sie sperrig gegenüber symbolischen Transformationen, die uns im Bereich der Natur viel leichter gelingt, weil sich dort das Innere im Äußeren ausdrückt, zumindest im Bereich des Lebendigen. Diese symbolische Sperrigkeit des Technischen ist im nächsten Abschnitt näher zu behandeln, weil sie ein Schlüssel ist für das, was ich im vorherigen Kapitel den „Problemstau" in der Kunst genannt habe, der seinerseits Anzeige für ein ungelöstes Problem in unserem Umgang mit der Technik ist.

Ich hatte im vorherigen Kapitel weiter darauf aufmerksam gemacht, daß es diesen Problemstau in den Zeiten vor der Industriellen Revolution so nicht gegeben hat. Das handwerkliche Gerät hatte damals noch ein „Gesicht", es zeugte von der Individualität seines Herstellers oder seines Verwenders, wie heute noch in der gehobenen Architektur. Wie gravierend dieser Zusammenhang ist, wird deutlich, wenn in neuerer Zeit traditionell von Hand geformte Gegenstände plötzlich mit Werkzeugmaschinen hergestellt werden. Das Handwerkliche klingt nur noch an wie ein verlorenes Zitat, wo doch in Wahrheit die automatischen Fräs- und Druckmaschinen ihr Werk verrichtet haben. Butzenscheiben, Stil- und Kuckucksuhren, Christbaumkugeln und Nußknacker, Laminatböden, holzimitierende Furniere in Plastik, Modeschmuck, barockisierende Bilderrahmen, Plastikbuchrücken, die nach Schweinsleder und Goldprägung aussehen sollen, „altdeutsche" Möbel, wie sie vornehmlich von Supermärkten vertrieben werden, haben etwas durchaus Verlogenes an sich. Selbst die Herrgottsschnitzer beziehen ihren voll gefrästen Fertig-Jesus aus der Fabrik, bearbeiten ihn noch ein wenig und verkaufen das ganze als „original Kunsthandwerk". Hier schlägt die Gesichtslosigkeit des Technischen auf das Handwerkliche zurück und höhlt es aus.

Mir scheint, daß die Verlogenheit der Industriemalerei des 19. Jahrhunderts genau dieselbe Ursache hatte. Auch hier wurde etwas als individuell präsentiert, was von der Stange kam. Eine Geschichtlichkeit wurde insinuiert, die vorhersehbar war, eine symbolische Weite suggeriert, die in der standardisierten Funktion aufging. Von hier nach Disneyland ist nur noch ein Schritt.

Ein altes, zerfurchtes Gesicht zeugt von der Geschichte, die seine Spuren in ihm hinterließ. Der psychosomatische Zusammenhang enthüllt und verbirgt zugleich. Wir ahnen ein Geheimnis — oder daß es eines geben könnte. Solche Erwartungen, Befürchtungen oder Ahnungen gehen beim technischen Gerät ins Leere. Es ist, was es ist.

Dies ist aber auf eine höchst durchschaubare Weise, so daß wir leicht geneigt sind, das technische Gerät für eine Gegeninstanz zu allem Mysteriösen zu halten. Wir sind geblendet vom verläßlichen Funktionieren des Geräts und richten uns in diesem Funktionieren ein wie ein Schamane in seinen immergleichen Riten und Gebeten.

Auf diese Art wird das Technische zum Gegenzauber gegen die Unabschließbarkeit der Realität. Wir wollen die Welt im Griff haben und vergessen dabei sehr leicht, daß wir den Griff noch nicht im Griff haben. Das Technische ist eingebettet in eine nach oben hin offene und daher zu gestaltende Reihe von Zweckursachen. Erst wenn diese Reihe sinnvoll geordnet wird, ist auch der technische Zugriff begriffen.

Die Unabschließbarkeit des Technischen „nach unten" ist womöglich noch gewichtiger als diese irritierenden Phänomene. Sie betrifft die Grenzen in den Anwendungsbedingungen, die Undurchschaubarkeit der „Nebenfolgen", die Sperrigkeit des Materials, den Einfluß konkreter Umweltbedingungen. All diese Grenzen machen deutlich, daß das technische

Gerät bei weitem nicht so vollkommen ist, wie uns seine immanenten, präzise abrufbaren, Funktionen glauben machen wollen.

Ich hatte im zweiten Kapitel auf die revolutionäre Veränderung aufmerksam gemacht, die im 19. Jahrhundert durch den Einsatz der Werkzeugmaschinen hervorgerufen wurde. Seither ist die Materie „präzise" und wird stets weiter verfeinert. Für das zukünftige Europa strebt man in der Werkstofftechnik ein „totales Qualitätsmanagement" an mit der Zielvorstellung „keine Fehler" zuzulassen, so jedenfalls nach der Richtlinie 797 des VDI zum Thema „Ingenieur-Werkstoffe".

Es ist klar, daß es sich dabei um eine Illusion handelt. Alle Werkstoffe streuen um die Sollwerte, die wir vorgeben und zwar im Einzelfall beliebig weit. Man kann zwar jeden Stoff immer weiter purifizieren und homogenisieren, aber ein „totales Qualitätsmanagement" wird es niemals geben. Durch Homogenisierung läßt sich die statistische Streuung um die Sollwerte beliebig verkleinern. Weil es sich jedoch um eine *makroskopische* Statistik handelt, kann niemals ausgeschlossen werden, daß ein Werkstück im konkreten Fall ganz andere Eigenschaften hat als die, die wir rechnerisch erwarten. Zum Beispiel kristallisieren die Metalle beim Abkühlen niemals gleichmäßig. Die Inhomogenitäten können ihre Ursache in mikroskopischen Schwankungen haben, die wir wegen ihrer Kleinheit und Unvorhersehbarkeit nicht verändern können. So kann niemand vorhersehen, wohin die Splitter einer explodierenden Handgranate fliegen, weil die Granate an Stellen reißt, wo winzige Dichteunterschiede gegeben sind, die ihren Ursprung im Mikrophysikalischen haben. Solche Imponderabilien spielen überall im Bereich der technisch hergestellten Werkstoffe eine große Rolle, wie jeder Praktiker weiß, aber in der Theorie wird dieser Zusammenhang oft vernachlässigt. In dem einschlägigen, von Hubert Gräfen herausgegebenen „Lexikon Werkstofftechnik" fehlt das Stichwort „Zufall". Dies ist seinerseits kein Zufall, denn seit Galilei sind wir geneigt, die mathematisch idealisierte Materie mit der konkreten, in Raum und Zeit vorkommenden, zu verwechseln. Galilei war davon überzeugt, daß das „Buch der Natur" in „mathematischen Lettern" geschrieben sei. „Ich will", sagt er, „von aller Unvollkommenheit absehen und will die Materie als ideal und vollkommen annehmen."[2] Die Bedeutung dieser Idealisierungsleistung wird von Galilei nicht weiter reflektiert, weil er eine Platonische Ontologie unterstellt. Danach *ist* das Mathematische das Reale. Die konkrete Erfahrung, die uns die Materie als ein Prinzip der Unvollkommenheit zeigt, wird metaphysisch außer Kraft gesetzt und dies eigentümlicherweise von denen, die sich für besonders unmetaphysisch halten. Bei Aristoteles war dagegen die Materie Ursache des Zufalls in allem Werden. Technische Zielvorstellungen, die wir uns vornehmen, mochten noch so hehr sein, sie beluden sich nach Aristoteles mit den nicht vorhersehbaren Kontingenzen der Materie, sobald der Handwerker daran ging, sie konkret zu verwirklichen.

Diese Eigenschaft des Materiellen, die bei Aristoteles im Zentrum steht, wird in der Moderne, die sich eher an Plato orientiert, verdrängt. Jetzt unterschiebt man dem Realen leichthin das Ideale. Das Konkrete wird durch die Brille des Mathematischen gesehen.

Doch der Zufallscharakter der Materie kann nicht aufgehoben werden. Wir schieben ihn mit all unserer Technik immer nur an den Rand, wo er uns erwartet. Die perfekte Technik ist ein Mythos, aber einer, der ständig neue Nahrung aus der Realität erhält. 99,9999 Prozent betrug die Verläßlichkeit der amerikanischen Mondrakete. Fahrradfahren ist gefährlicher.

Hängt dies damit zusammen, daß wir die Sicherheitsmargen für die Großtechnologie künstlich verschärfen, um im Großen einen Schein jener Vollkommenheit zu genießen, der uns im Alltag abhanden kam? Ist die Weltraumfahrt, wie Lewis Mumford vermutete, ein Pendant zu den ägyptischen Pyramiden, wo ebenfalls ein Einzelner auf Kosten der übrigen unsterblich wurde?

Natürlich spielen bei technischen Katastrophen — wie auch beim Fahrradfahren — unvorhersehbare Zufälle eine weitaus größere Rolle als die genannten Imponderabilien der Materie. Ich habe hier den Hauptakzent auf die unausrottbaren Zufallsschwankungen der Materie gelegt, weil sich in ihrer Verdrängung ein wichtiges Charakteristikum unseres Umgangs mit der Technik zeigt. Wir wünschen zutiefst, daß die Materie perfekt sei. Wir würden allzu gerne eine kosmologische Vorbedingung unserer Existenz aufheben, die so universal ist wie die Schwerkraft, denn alles Existierende rollt den entropischen Abhang hinab. Insbesondere die Lebewesen wehren sich gegen das Bombardement ungerichteter Molekülbewegungen und müssen ihm im Endeffekt doch unterliegen.

Technische Geräte setzen diesen Zusammenhang, jedenfalls momentan, außer Kraft. Ihre Form scheint sich nicht mühsam gegen eine Umwelt behaupten zu müssen, die darauf aus ist, sie zu zerstören. Autos bleiben erstaunlich lange mit sich identisch, ohne allen Stoffwechsel. Wenn sie Beulen haben, ertragen wir diesen Anblick nicht (warum eigentlich?) und geben unverhältnismäßig viel Geld aus, um die Illusion der perfekten Gestalt aufrechtzuerhalten. Platzt diese Illusion, dann kaufen wir einen neuen Wagen. Insgesamt erscheint der unvernünftige und nicht zu rechtfertigende Durchsatz von Gütern, der die Industriegesellschaft kennzeichnet, wie getrieben von der Angst vor der Unvollkommenheit. Wenn schon wir selbst nicht vollkommen sind, dann sollen es wenigstens die Gegenstände sein, mit denen wir umgehen. Ihr Anblick soll uns über die eigene Vergänglichkeit hinwegtrösten. Wenigstens das Auto soll nicht altern und die fundamentale Eigenschaft des Universums, das zur Strukturzerstörung tendiert, soll für einen illusorischen Moment außer Kraft gesetzt werden.

Das Mittel zu dieser maschinellen Unsterblichkeit ist freilich höchst ungeeignet. Indem wir die künstlich erzeugte Materie so manipulieren, daß sie im Prinzip nicht altern kann, nehmen wir ihr zugleich die Möglichkeit, Geschichte zu haben und damit die Möglichkeit, zu reifen. Daher sind technische Geräte nur entweder funktionstauglich oder Schrott, vollkommen oder Ausschuß. Auf diese Dichotomie hin haben wir sie stilisiert.

Ein guter Sprengmeister ist heute imstande, selbst die größten Gebäude innerhalb von zehn Sekunden dem Erdboden gleich zu machen. Auch Häuser altern nun nicht mehr und sie altern vor allem nicht schön. Deshalb kennen wir nur noch die Alternative funktionstüchtig oder abbruchreif. Dazwischen liegt keine Geschichte mehr, die der Inhalt einer wahren Unsterblichkeit sein könnte. Die liebevolle Anrede „altes Haus" wird bald der Vergangenheit angehören. Alte Häuser wird es nicht mehr geben, nur solche, die funktionieren oder die gesprengt werden. Die Funktionstüchtigkeit, die durch eine idealisierte und homogenisierte Materie ermöglicht wird als ein Sich-Stemmen gegen der Lauf der Zeit, wird einen Schein von Unsterblichkeit erzeugen, den wir durch Dauerkonsum aufrechterhalten. Diese Art von technikinduzierter Unsterblichkeit entsteht durch die Negation der Zeit. Ihr wird aber gerade das fehlen, was das Wesentliche des Menschen ausmacht: das Risiko der Verflochtenheit in die Geschichte und die damit verbundene Möglichkeit, zu reifen.

5.2 Das Symbolische in der Technik

Der Eindruck, daß der technische Bereich eine geschlossene Binnenwelt ausmacht, legt sich auch wegen der Symbolarmut dieses Bereiches nahe. Diese Symbolarmut hängt mit dem zusammen, was ich metaphorisch das „versteinerte Gesicht" der Technik oder auch ihren mangelnden „psychosomatischen Zusammenhang" genannt habe. Der Schein einer in sich abgeschlossenen Binnenrationalität wird nämlich durch die Tatsache unterstützt, daß das technische Gerät keinen Verweischarakter hat. Es geht sozusagen ganz in dem auf, was es ist.

Was man unter einem „Symbol" verstehen soll, weiß offenbar niemand. Die Begriffsbestimmungen in den diversen Lexika sind jedenfalls ziemlich widersprüchlich. Trotzdem mag vielleicht das Folgende konsensfähig sein:

Ein „Symbol" ist ein sinnlich wahrnehmbares Zeichen, das auf das Symbolisierte, also auf einen nichtsinnlichen Bedeutungsinhalt, verweist. In der Regel wird das Symbol diesen Bedeutungsinhalt assoziativ zur Geltung bringen und damit mehrdeutig sein. Für ein bloßes „Zeichen" gilt das nicht. Zeichen, wie z. B. Verkehrszeichen, müssen eindeutig sein. Andererseits fehlt nicht jedem eindeutigen Zeichen der Verweischarakter. So verweisen mathematisch-physikalische Symbole auf etwas außerhalb ihrer selbst. Schwer ist jedoch zu sagen, auf was sie verweisen, weil die Physik in immer abstraktere Räume vordringt, während es das Charakteristikum des Symbols ist, *konkret* zu sein und als konkretes Zeichen Bedeutung zu tragen.

Symbole sind oft nicht nur mehrdeutig, sondern geradezu widersprüchlich. So war im Christentum die Eule zugleich Symbol der geistigen Finsternis und der kontemplativen Weisheit, der Fisch zugleich Christus- und Teufelssymbol, der Weinstock stand zugleich für Besitz und Geborgenheit, aber auch für das angedrohte Gericht. Im Symbol wurde die Mehrdeutigkeit oder sogar Widersprüchlichkeit der menschlichen Welterfahrung explizit.

Ein auf Eindeutigkeit festgelegtes Symbol sollte man besser „Zeichen" nennen, aber es hat sich oft ein anderer Sprachgebrauch durchgesetzt, wonach auch logische, mathematische, physikalische oder chemische Zeichen „Symbole" genannt werden. Akzeptiert man diesen Sprachgebrauch und setzt weiter voraus, daß wir die Welt nur durch die Vermittlung von Zeichensystemen erfassen und folglich nicht imstande sind, zu wissen, was sie außerhalb ihrer sonst noch sein könnte, dann gibt es überhaupt nur Symbole. In diesem Sinn haben die Philosophen Charles Sanders Peirce eine Semiotik und Ernst Cassirer eine Symboltheorie entwickelt.

Cassirers Symboltheorie ist eigentlich eine Theorie des Zeichengebrauchs, denn er rechnet prinzipiell alles zu den Symbolen. Mathematisch-physikalische Theorien ebenso wie Mythen, Kunstwerke, die natürliche Sprache, Geschichtsepochen, aber auch technische Gebrauchsgegenstände sind für Cassirer Symbole. Der Zeichengebrauch auf solchen verschiedenen Niveaus ist für Cassirer *die* spezifische geistige Leistung des Menschen, den er deshalb auch „animal symbolicum" nennt.

Cassirer geht in seiner Symboltheorie davon aus, daß der Mensch zugleich in ganz verschiedenen, nicht aufeinander rückführbaren, Symbolsystemen lebt. Diese können sich ohne weiteres auf dasselbe Objekt beziehen, ohne deshalb in ihrer Funktion vertauschbar zu sein. Mit anderen Worten: Das Objekt erzwingt keine bestimmte Sicht der Dinge, sondern regt sie eher an. Was eine Sache *ist*, ist nicht definitiv in ihr beschlossen, sondern ist bedingt durch den begrifflichen und symbolischen Horizont dessen, der sie deutet.

Cassirer ist hier zu erwähnen, weil er als einer der ersten die Symbolanalyse auf die Technik bezogen hat, und weil es neuere Autoren gibt, die ihm hierin folgen. Allerdings muß seine Systematik zu diesem Zweck weiterentwickelt werden. Die Differenz zwischen „Zeichen" und „Symbol" ist gerade im Bereich der Technik grundlegend, so daß das Wechselspiel von immanent-funktionaler Eindeutigkeit und Mehrdeutigkeit des realen Gebrauchs die Pointe eines angemessenen Verständnisses ausmacht.

Die Cassirerschülerin Susanne K. Langer hat aus diesem Grunde eine Binnendifferenzierung im Symbolbegriff eingeführt, die in der neueren Technikdiskussion öfters aufgegriffen wird: Sie unterscheidet „diskursive" von „präsentativen" Symbolen. Mit „diskursiven" Symbolen arbeitet die Mathematik, Physik, aber auch die Jurisprudenz oder die Biologie. „Präsentative" Symbole haben ihren Ort hingegen in der Kunst, Religion und im Mythos. Nach Langer lassen sich zwar präsentative in diskursive Symbole übersetzen, aber immer nur teilweise. Es bleibt ein rational nicht faßbarer Rest. Dies war auch der Grund, weshalb Langer den Begriff des „präsentativen Symbols" einführte. Sie wollte die an den logischen Zeichengebrauch gebundene Vernunft des Neopositivismus erweitern, um die Sphäre des Irrationalen, Expressiven, Rituellen und Mythischen philosophisch einzuholen.

Die Psychologin Christel Schachtner hat diese Cassirer-Langersche Symboltheorie auf die Computertechnologie angewandt. Das ist ein großer Fortschritt für das Technikverständnis, denn in der Vergangenheit waren die Psychologen ziemlich spröde mit der Technik, so daß hauptsächlich aus diesem Grunde eine Symbolik der Technik bis heute fehlt.[3]

Christel Schachtner hat nun herausgestellt, wie der Computer *zugleich* ein diskursives und präsentatives Symbol sein kann. Sie nennt ihn auch ein „Übergangsobjekt", das zwischen Innerem und Äußerem vermittelt. Auf einer funktionalen Ebene kann der Computer ein sehr effizientes, rational gut durchschaubares und handhabbares Arbeitsinstrument sein, während er auf der Ebene des Präsentativen zugleich dafür stehen kann, in einer chaotischen, unvorhersehbaren Welt symbolische Ordnung zu schaffen.

Schachtner berichtet, daß Softwareentwickler, die ganz in ihrem Beruf aufgehen, nach und nach unter einem gestörtem Verhältnis zu ihrem Körper leiden. Körperfunktionen und -gefühle werden jetzt negativ eingeschätzt oder als „peinlich" empfunden. Alterungserscheinungen sind von Hause aus unerwünscht, was dazu führt, daß „man" in gewissen Softwareentwicklungsteams einfach nicht älter als 30 Jahre ist. Das heißt, meine Behauptung, daß die moderne Maschine keinen „psychosomatischen Zusammenhang" hat — sie kann beispielsweise nicht altern — schlägt hier auf die Maschinenbenützer zurück. Sie verwandeln sich ihren Objekten an.[4]

Wenn wir es gewohnt wären, technische Geräte als präsentative Symbole zu lesen, dann würde auch von der Symboltheorie her deutlich, weshalb es zu dieser merkwürdigen Bildung von „Rationalitätsinseln" kommt: Das technische Gerät ist immer *zugleich* diskursives und präsentatives Symbol. Diese präsentative Symbolik artikuliert sich aber nicht auf der konstruktiven Ebene. Vielmehr ist die Analyse des konstruktiven Aufbaus, als eines diskursiven Symbols, dem Verstande faßlicher, so daß wir geneigt sind, ganz im Bereich des Diskursiven zu verbleiben. Dann verschwinden die symbolischen Obertöne, die unseren Umgang mit der Technik oft mehr bestimmen als zweckrationale Überlegungen.

Ist ein Symbol ein sinnliches Zeichen, das auf einen nichtsinnlichen Inhalt verweist, der seinerseits in einer gewissen Schwebe und Mehrdeutigkeit bleibt, dann kann ein technisches Gerät als solches kein Symbol sein. Erstens verweist es auf nichts und zweitens ist es nicht mehrdeutig. Es gibt auf dieser Welt nichts, was symbolisch so sperrig wäre wie das moderne industriegefertigte Produkt. Es hat zugleich das Klotzhafte und Verweisungsunempfindliche des anorganischen Bereichs. Auf was verweist schon ein Stein? Das technische Artefakt hat aber auch das Glatte, Rationalistische und Eindeutige einer physikalischen Theorie. Alle symbolisierende Kraft prallt daher zunächst einmal wirkungslos an der Technik ab. Damit stimmt überein, daß in den Symbollexika gewöhnlich keine technischen Geräte erwähnt werden, jedenfalls keine solchen, die nach der Industriellen Revolution entstanden sind. Zum Beispiel enthält das „Herder-Lexikon Symbole" über 1000 Stichworte, betreffend europäische, ägyptische, orientalische, chinesische und japanische Symbole „von der Steinzeit bis zur Gegenwart". Unter diesen Symbolen kommt zwar das „Flechtwerk", aber kein „Flugzeug", zwar das „Rad", aber kein „Radio", zwar das „Auge", aber kein „Auto" vor.

Moderne Technik hat von sich aus keinen Verweischarakter. Ein Elektronenmikroskop *ist* nur dieses: die Länge von Lichtwellen zu unterschreiten, um Gegenstände sichtbar zu machen, die unterhalb der Auflösungsgenauigkeit eines Lichtmikroskops liegen. Klarer Zweck, klares Mittel, eindeutige Korrelation zwischen beiden. Technische Geräte sind von sich aus penetrant unsymbolisch. Daher besteht auch die Schwierigkeit, sie ästhetisch zu transponieren.

5.3 Die Megakatastrophe und die technisch-praktische Vernunft

Ich hatte im zweiten Kapitel das „Schneller, Höher, Weiter", das den Technisierungsprozeß seit der Industriellen Revolution powert, mit Kants „regulativem" Gebrauch der Ideen in Zusammenhang gebracht. Die Pathologien, die aus dieser Zielvorstellung hervorgehen, hatte ich als eine Art „Dialektik der technisch-praktischen Vernunft" gedeutet, in Analogie zur Kantischen Metaphysikkritik.

Der Gedanke war der, daß im Technisierungsprozeß offensichtlich ein transzendierendes Moment enthalten ist. Es ist die „Idee der totalen Manipulierbarkeit", wie ich sie genannt habe. So wie der Wissenschaftler nach Kant die Idee der letztgültigen Wahrheit anzielen muß, um überhaupt etwas herauszubringen, so scheint auch der Technisierungsprozeß ein ideelles Moment zu enthalten, das auf totale Beherrschbarkeit ausgeht.

Nach Kant können wir die Balance zwischen Kategorie und Idee, Endlichem und Unendlichem auf zweifache Weise verfehlen. Zum einen können wir uns im Endlichen einschließen und zum bloßen Registrierapparat von Fakten degenerieren, die in sich keine Bedeutung haben. Dieses ist die Gefahr, der wir heute zu erliegen drohen. Zum anderen wird diese Balance dann verfehlt (und diesen Fall hatte Kant hauptsächlich vor Augen), wenn wir den Ausgriff ins Unendliche als Resultat, statt als Ziel, als Gegebenheit, statt als Aufgabe sehen. Dies war nach Kant der Fehler der dogmatischen Metaphysik, die das Unendliche verdinglicht und zu einem Objekt unter Objekten macht.

Diesen Gedankengang hatte ich im zweiten Kapitel skizzenhaft auf den Bereich des Technisch-Praktischen übertragen. Der Verdinglichung des Ausgriffs ins Unendliche entspräche dann jener Technokratenwahn, der im elektrischen Strom, in der Weltraumtechnik oder im Cyberspace das Unendliche verwirklicht sieht. Es wäre jener säkularisierte Erlösungsglaube, der die Erfüllung der menschlichen Sehnsüchte vom Apparat erwartet, letztlich von einer Art „Gottmaschine". Diese „Dialektik der technisch-praktischen Vernunft" nenne ich auch das „Feld der Megakatastrophen", weil die Kehrseite dieser Divinisierung die Unfähigkeit ist, die Gefährlichkeit des Technisierungsprozesses wahrzunehmen. Es handelt sich hierbei um eine Ideologie, die ein weitaus größeres Zerstörungspotential in sich enthält, als alles, was Kant jemals an der dogmatischen Metaphysik fürchtete.

Seit der Industriellen Revolution ist das Überschreiten aller Grenzen die fundamentale Maxime der technologischen Entwicklung. Es ist denkbar, daß sich dieses wieder ändert, wenn sich nämlich herausstellen sollte, daß der technische Fortschritt auf die Dauer mehr Schaden als Nutzen stiftet, was angesichts der Endlichkeit der Ressourcen zu erwarten ist. In den vergangenen 25 Jahren hat sich z. B. der Holzverbrauch weltweit verdoppelt, die Nutzung von Papier nahm um das Sechsfache zu, der fossile Energieverbrauch um das Fünffache usw. Allein die Deutschen verbrauchen pro Jahr 40 Milliarden Papiertaschentücher! Wohin all das führen wird, kann man sich ausrechnen.

Auch wenn diese Dynamik durch Vernunft oder, was wahrscheinlicher ist, durch Katastrophen, zum Stillstand kommen wird, auch dann wäre es wahr gewesen, daß die Menschheit, jedenfalls in einer wichtigen Epoche ihrer Entwicklung, das Transzendieren primär als technisches Transzendieren begriff. In der Renaissance überboten sich die Künstler mit der Vollkommenheit ihrer Werke und die Fürsten prahlten damit mehr als mit ihrem Reichtum. Lorenzo hieß nicht umsonst „der Prächtige".

Wir sind geneigt, die Prachtentfaltung der Renaissance als einen Hinweis auf eine gewisse Unendlichkeit im Menschen anzusehen, wie immer diese näher bestimmt sein möge. Jedenfalls war Michelangelo kein harmloser Bourgeois, selbstzufrieden im Gehäuse seiner bornierten Zwecke. Im selben Sinne sehe ich im technischen Ausgreifen der letzten 200 Jahre einen Hinweis auf eine Unendlichkeit im Menschen, die ich bewußt in dieser Vagheit belassen möchte. Es handelt sich nämlich nicht — wie beim kategorischen Imperativ Kants — um das Hereinragen einer ontologisch realen, metaphysischen Unendlichkeit, die einen Gottesbeweis möglich machen würde. Es geht hier nur um einen *Hin*- statt um einen *Be*weis. Eine Menschheit, die sich mit keiner Grenze zufrieden gibt, Raketen baut, die aus 10 Millionen Einzelteilen bestehen und mit einer Sicherheit von 99,9999 Prozent zum Mond und wieder zurück fliegen, eine solche Menschheit ist keine Ansammlung von findigen Tierchen, die ein Vermögen, genannt „Vernunft" dazu gebraucht, um den Kampf mit der

Umwelt effizienter zu gestalten, als die Tiere, die zu diesem Zwecke ein Geweih oder besonders scharfe Krallen haben. Zwischen diesen Instrumenten der Tiere und denen des Menschen liegt eine Unendlichkeit, und es ist kein Gattungsegoismus, wenn uns unsere eigenen Leistungen Achtung vor uns selbst einflößen. Heute wird allerdings diese Unendlichkeit, die nur als *Möglichkeit* des Ausgriffs, d. h. als potentiell Unendliches, existiert, von den meisten Philosophen geleugnet oder minimalisiert. Auf diese Weise verfehlen wir die Kantische Balance eher im Sinn einer Verdinglichung unserer eigenen Subjektivität als in einer Verdinglichung des Unendlichen.

In der Wissenschaftstheorie wird oft nicht zur Kenntnis genommen, daß Wissenschaft im Horizont des Unendlichen steht und einen Ausgriff aufs Unbedingte als auf eine letzte Wahrheit beinhaltet. In der Praxis spielt es dagegen eine große Rolle. Die praktizierenden Wissenschaftler wollen in der Regel „alles", die „Vereinigte Feldtheorie", die „Weltformel", die „endgültige Theorie" usw.[5]

Es war insbesondere Karl Popper, der die Wissenschaft zu einem Kamingespräch alternder Lords herabstufte, die sich bei einem Glas Tee mit Rum über die Welt unterhalten, die ihnen, abgefedert durch ein beträchtliches Vermögen, nicht mehr weh tut. Daher ist auch die Leichtigkeit verständlich, mit der sie alles und jedes jederzeit zur Disposition stellen und die „Falsifikation" zum Grundprinzip der Wissenschaft erheben.

So läuft jedoch der Wissenschaftsprozeß nicht. Ein Wissenschaftler *will recht haben*, wo nicht, wäre er ein schlechter Wissenschaftler. Er will *die Wahrheit* über die Welt wissen, und oft genug verankert er dieses Wahrheitspathos in einem altertümlich einherschreitenden Platonismus, so jedenfalls die Tradition von Galilei bis Heisenberg.

Man kann nun, wie bemerkt, diese Denkfigur einer Vermittlung von potentieller Unendlichkeit und faktischer Endlichkeit auf den Technisierungsprozeß übertragen. So wird deutlich, wie auch in diesem Bereich ein transzendierendes Moment am Werke ist, das mehr beinhaltet als das technische Überschreiten zeitlicher, räumlicher oder energetischer Grenzmarken. Es wäre sonst völlig unverständlich, weshalb dieses technische Transzendieren immer wieder, und zwar von ganz „nüchternen" Ingenieuren in Termen metaphysischer Transzendenz gelesen wird. Mein Ziel ist es, ein symbolisch vermitteltes, gleichsam schwebendes Verhältnis zwischen diesen verschiedenen Transzendenzbewegungen herzustellen. Es soll die Mitte halten zwischen einem Gottesbeweis aus der Technik oder, was gleichbedeutend wäre, einer Vergöttlichung der Maschine und der verbreiteten Harmlosigkeit auf der anderen Seite, die im Technisierungsprozeß nur das Herstellen von Schrauben, Kardanwellen, Halbleitern und Elektromotoren sieht. Technik als der ewige Blaumann.

Auch den Gottesbeweis aus der Maschine hat es schon einmal gegeben. In der Technikphilosophie gilt Friedrich Dessauer (1881-1963) als ein schwer verständliches Unikum, weil er einerseits ein anerkannter Fachmann für Röntgentechnologie war, andererseits eine imponierende politische Figur, nämlich Zentrumsabgeordneter im Reichstag und wirtschaftspolitischer Berater des Reichskanzlers H. Brüning. In diesen Funktionen kämpfte er für den Rechtsstaat, bevor ihn die Nationalsozialisten in die Türkei verjagten.

Dessauer war bis in die sechziger Jahre hinein *der* Technikphilosoph in Deutschland. Über seinen Platonismus schütteln allerdings inzwischen alle Kollegen den Kopf. Man begreift nicht, wie ein intelligenter, schöpferischer und moralisch hochintegrer Gelehrter auf die Idee kommen konnte, daß die Lösungsgestalten für technische Probleme fix und fertig an einem überhimmlischen Ort lägen, wo sie der schöpferische Techniker gleichsam „abruft". Doch nach Dessauer wird das technische Gerät nicht *er*-, sondern *ge*funden: „Zu Ende gedacht ergibt sich, daß für ein vollständig erkanntes und damit begrenztes Ziel nur *eine* beste Lösung besteht. Denn weder gibt es für einen Zweck eine Mehrheit vollkommen gleichwertiger Materialien, noch eine Mehrheit gleichwertiger Formen. Diese *Singularität der besten Lösungen* aller überhaupt möglichen eindeutigen technischen Probleme bedeutet, daß die Lösungen in der Potenz schon vorhanden, also prästabiliert sind. *Wir machen die Lösungen* *nicht, wir finden sie nur ... Der technische Mensch setzt potentielles Sein vorgegebener Gestalten in aktuelle Wirklichkeit der Erfahrungswelt um.*"[6] Dieser Technikplatonismus belastet sich mit unlösbaren Schwierigkeiten. Es ist nicht recht verständlich, wie es im technischen Bereich „vollständig erkannte Ziele" geben sollte und wenn es sie gäbe, ob dann eine einzige, „ideale" Lösung existierte. Weiter fragt man sich, ob aus der theoretischen Existenz einer solchen idealen Lösung zwingend folgt, daß sie auch metaphysisch präexistiert.

Das Unverständliche an Dessauers Position erklärt sich leicht, wenn man sich an den ideellen *Vorgriff* erinnert, der nach dem hier Gesagten im Technisierungsprozeß verborgen enthalten ist. Dessauer hat nichts anderes getan, als diesen Vorgriff explizit zu machen und in ein abrufbares Wissen zu übersetzen. Im Sinne Kants ist dies die Falle der dogmatischen Metaphysik.

Dessauers „Gottesbeweis aus der Maschine" beruht auf einer Verwechslung zwischen Vorgriff und Einlösung. Er sieht das Unendliche nicht als einen Horizont, der im Gehen zurückweicht, sondern als eine Gegebenheit und als Gegenstand. Kantisch gesprochen: Er verwechselt Verstand und Vernunft, Kategorie und Idee. Im Technisch-Praktischen sind die Auswirkungen dieser Verwechslung noch desolater als im Theoretischen. Entsteht dort durch diese Vertauschung eine dogmatische Metaphysik, so findet sich hier eine handfeste Ideologie oder Ersatzreligion. Gleichwohl verweisen selbst noch solche Schiefheiten auf die zugrundeliegende Transzendenzbewegung, ohne die sie nicht möglich wären. Wir könnten nicht von der Technik betrunken sein, wenn es keinen Wein gäbe, der in Maßen genossen ein Hilfsmittel wäre.

Unter Philosophen verbreitet ist inzwischen allerdings die Metaphysikabstinenz oder sogar Metaphysikphobie. Indem sie gar nichts trinken, werden sie garantiert nicht betrunken, dafür aber ziemlich langweilig. Philosophie ohne Metaphysik ist wie Ehe ohne Geschlechtsverkehr, also keine. Sex und Metaphysik sollte man andererseits nicht so weit auseinanderhalten, wie es normalerweise, trotz Plato, geschieht. Schließlich beruhen beide, wie uns derselbe Philosoph belehrt, auf dem Trieb nach Einheit.

Kant gilt nicht nur im Ethischen als Feind solcher Triebe, was sachlich nicht richtig ist, sondern auch als „Alleszermalmer" im Bereich der Metaphysik, was ebensowenig stimmt. In Wahrheit hat er nur eine bestimmte Art von Metaphysik durch eine andere, kritische, ersetzt. Seine Idee des „focus imaginarius" ist angetan, einen Effekt zu erklären, der sonst unverständlich bleiben müßte, die Tatsache nämlich, daß es immer die neu entstandenen Spitzentechnologien sind, die sich in ihrer Entstehungsphase mit dem Rotgold der Transzendenz überziehen. Im nüchternen Tageslicht einer etablierten Technik wirken sie nur noch wie hochragende Gesteinsbrocken, die zwar Gewicht und Macht versinnbildlichen, aber nicht mehr das Schwebende, das sie im ersten Licht der Morgenröte an sich hatten. Das Rotgold der Transzendenz wandert unmerksam nach Westen, erleuchtet flüchtig die höchsten Gipfel und verschwindet bald wieder. Man möchte es für einen Spuk halten.

Das tun für gewöhnlich die Technikphilosophen. Was eine so schwebende Seinsweise hat, so flüchtig, so wenig „substanziell" ist, scheint ihrer Aufmerksamkeit nicht würdig. Während das technische Substrat, das materiell Vorhandende, beharrt, hat dieses ideale Licht den Charakter eines wesenlosen Akzidenz, das man — so scheint es — ohne Verlust vernachlässigen darf. Andererseits: Ein guter Stahlkocher erkennt an der Farbe des Stahls, ob die richtige Temperatur erreicht ist. Das Leuchten des Stahls ist für ihn *das* Kriterium für die Beurteilung der Schmelze. Ihre Qualität ist gerade durch dieses Schwebende bestimmt.

Begreiflich wird die Bedeutung dieses Schwebenden, schwer Faßbaren in Kants Begriff vom „regulativen Vernunftgebrauch". Das Organ der Wissenschaft ist nach Kant der rechnende Verstand. Er ist im Besitz von Regeln, die er systematisch anwendet, sozusagen der Bereich der „normal science" im T. S. Kuhnschen Sinne. Ist ein Wissenschaftsparadigma erst einmal etabliert, kann es jeder anwenden. Jedenfalls bedarf es jetzt keiner schöpferischen Intelligenz mehr, um als gültig erachtete

Regeln auf einen bereits vorstrukturierten Bereich zu beziehen. Auf diesem Niveau hat Wissenschaft etwas Mechanisches und Beamtenhaftes.

Ganz anders ist es, wenn neue Regeln formuliert werden müssen (Kuhns „Paradigmenwechsel"). Jetzt ist der Verstand überfordert. Er braucht „Ideen". Nach Kant ist der Bezug auf die „Ideen" nur „regulativ", weil sie als bloß fiktive Bezugspunkte konzipiert werden müssen, nicht als metaphysische Gegebenheiten. Jetzt wird verständlich, weshalb an den Bruchstellen wissenschaftlicher Paradigmen dieser metaphysische Ausgriff sichtbar wird, um sofort wieder zu verschwinden. Auch hier gibt es dieses irritierende Aufblitzen eines besonderen Lichts, das augenblicklich wieder verschwindet. Einstein, Heisenberg und Schrödinger hielten sehr viel von Metaphysik. Ihr Blick auf das wissenschaftliche Neuland verdankte sich dem ideellen Vorgriff, dem „regulativen Vernunftgebrauch". Heute spricht niemand mehr von ihrer Metaphysik. Quanten- und Relativitätstheorie sind etabliert. Die heutigen Physiker verstehen oft überhaupt nicht mehr, welche Bedeutung die Metaphysik für diese Wissenschaftsrevolutionäre einmal hatte. Wenn die Metaphysik heute noch vorkommt, dann schlüpft sie in die Fachwissenschaft und geht dort inkognito.[7]

Bei den Heroen der modernen Physik, bei Einstein, Heisenberg und Schrödinger, war also der ideelle Ausgriff noch explizit, während die Physiker heute oft Probleme haben, das Problem überhaupt noch zu sehen. Das ist so ähnlich wie ein heutiger Starkstromtechniker nichts mehr mit der Divinisierung des elektrischen Stroms im 19. Jahrhundert anfangen kann. Dieser Ernüchterungseffekt verführt die meisten Technikphilosophen dazu, ein Phänomen zu vernachlässigen, das zentral ist für die gesamte Technikgenese. Das Neue, das im Ofen der Geschichte geschmolzen wird, strahlt ein Licht aus, das auf die Qualität des Zukünftigen verweist. Daß ein geschmiedeter Stahl kein Licht mehr aussendet, ist kein Argument dagegen. Sonst wäre auch der Alltag ein Argument gegen den Fasching oder die Geburt ein Argument gegen die Zeugung, wo sie doch deren Konsequenz ist.

Summa: Man muß sich sowohl gegen die Verdinglichung der Transzendenz im Sinn einer Technomanie als auch gegen ihre Trivialisierung im Sinn jener ewig Nüchternen wehren, die Phantasielosigkeit mit Gründlichkeit verwechseln und aus Angst vor der Metaphysik in eine sterile Metaphysik des Vorhandenen zurückfallen.

Um von hier aus den Bogen zu den ersten beiden Kapiteln zu schlagen, ist es nützlich, die These vom Apriori des Technisierungsprozesses (jener „Idee der totalen Machbarkeit") mit dem in diesem Kapitel über Symboltheorie Gesagten zu verbinden. In den beiden ersten Kapiteln war beständig von technischen Symbolen der Transzendenz die Rede, deren Stellenwert dort nicht genau genug festgelegt werden konnte.

Ich rufe noch einmal die paradoxe Situation in Erinnerung, die durch historische Beispiele besser als durch zeitgenössische verdeutlicht werden kann, weil hier durch den zeitlichen Abstand bedingt, die Dialektik zwischen Vorgriff und Einlösung klarer vor Augen tritt:

Ich hatte im ersten Kapitel die Zahnradbahnen erwähnt, die gegen Ende des vorigen Jahrhunderts auf viele Alpengipfel gebaut wurden, wie auf den „Rigi", den „Pilatus" oder die „Jungfrau". Inzwischen haben diese Bahnen, wenn sie noch existieren, viel von ihrer Attraktivität verloren, nicht nur, weil sie oft durch Seilbahnen ersetzt wurden, die dasselbe billiger und besser leisten, sondern weil im Zeitalter der Düsenjets ein Alpengipfel kein Ziel der transzendierenden Sehnsucht mehr sein kann, sondern ein Haufen, den wir in fünf Kilometer Abstand unter uns daliegen sehen wie einen Maulwurfshügel. Von dieser Perspektive aus haben die alten Zahnradbahnen etwas Schneckenhaftes an sich. Der Dichter Mark Twain urteilte noch ganz anders, als er gegen Ende des letzten Jahrhunderts zum ersten Mal auf den „Rigi" fuhr: „Nichts hindert die Aussicht oder den Durchzug. Es ist, als betrachtete man die Welt im Vogelflug."

Das heißt, auch hier gibt es wieder die Idee des Fliegens als der vollkommensten Art, räumliche Grenzen zu überwinden. Es ist diese Idee, die in den ältesten Dampfloks, aber auch noch in der amerikanischen Mondlandefähre steckte.

Solche Symbolisierungsleistungen werden oft als ein privater, poetischer Zuckerguß auf einer öffentlich-nüchternen und prosaischen Technik angesehen, aber sie bringen das eigentliche Movens zum Ausdruck, das hinter dem gesamten Technisierungsprozeß steckt.

Wenn Symbole konkrete sinnliche Zeichen sind, die eine Fülle von Bedeutungszuschreibungen ermöglichen und wenn das technische Artefakt nur dann symbolisch transformiert werden kann, wenn es in nichttechnische Kontexte eingebunden wird, dann ist es naheliegend, das technische Gerät im Rahmen dieser ideellen Konstitution zu lesen. Es wird dann zum Ausdruck der grenzüberschreitenden Dynamik, die seine Existenz ermöglichte. Hier hat auch die Begeisterung, die Technikinnovationen zu begleiten pflegt, ihren legitimen Ort. Selbst ein Kettenkarussell ruft in seinem Benützer, und nicht nur im Kind, das Gefühl einer Erhebung über Raum und Zeit hervor. Um wieviel mehr tun es die jeweils neuesten Techniken!

Technik verschiebt Grenzen. Da dies bislang grenzenlos möglich scheint, wird Technik zum präsentativen Symbol der Vermittlung von potentieller Unendlichkeit und faktischer Endlichkeit, welche die menschliche Natur ausmacht. In diesem Lichte gesehen ist Technik etwas durchaus Positives. Der Fortschritt ist eine Bestätigung unserer schöpferischen Potenz. Man sollte dieser Tatsache nichts abhandeln. Sie bleibt auch dann positiv, wenn Technik ideologisch mißbraucht wird und Profiteure im Verein mit blinden Konsumenten alles daransetzen, uns ein Hightech-Grab zu schaufeln. Es ist daher auch nicht exotisch, wenn sich die jeweils neuesten Techniken mit dem Rotgold der Transzendenz überziehen. Es ist weiter unzureichend, wenn „aufgeklärte" Soziologen in diesem Prozeß nur das Wiedererstehen überholter Mythen sehen wollen. „Mythos Internet" heißt eine neuere kritische Studie, die sich rein negativ zur ideellen Überhöhung des Internet verhält.[8] Solche Kritik ist natürlich *auch* berechtigt. Sie übersieht aber, daß die ideelle Bestimmtheit des Technischen wesentlich zu ihm hinzugehört und daß sie höchstens reformuliert, nicht aber abgeschafft werden kann.

Andererseits gibt es wirklich zerstörerische Mythologien im Bereich des Technischen, die kritisch aufgelöst werden müssen. Ich habe im ersten Kapitel die uns seltsam anmutende Divinisierung des elektrischen Stroms genannt, die in der zweiten Hälfte des 19. Jahrhunderts allgemein verbreitet war. Diese merkwürdige Überhöhung hat bis in unser Jahrhundert nachgewirkt. In der Zeit nach dem Zweiten Weltkrieg gelang es den deutschen Stromkonzernen, diese Energie als ideale Energieform den Massen einzureden und die Politiker für sich zu gewinnen. Auf diese Art haben sie zentrale Verstromungsanlagen, hauptsächlich Kohlekraftwerke, geschaffen, die ökologisch weit schädlicher sind als kleinere, dezentralisierte. Die Konzerne haben des weiteren Deutschland mit einem Wald von häßlichen Strommasten überzogen, welche die schönsten Landschaften, wie z. B. das Rheintal, aber auch die entlegensten Schwarzwaldtäler, verschandeln. Die Gaswerke wurden dazu gezwungen, ihre Leitungen zwei Meter unter die Erde zu verlegen, auch Ölpipelines verlegt man so tief. Die Stromgiganten hatten die bessere Lobby, obwohl das unterirdische Verlegen von Hochspannungsleitungen kein technisches Problem darstellt.

So sieht häufig die Rückseite einer unkritischen Divinisierung der Technik aus: Wenn sie massenwirksam wird, gibt es immer einen, der kräftig davon profitiert. An einem Gott zweifelt man nicht und wo die Massen gläubig sind, lassen sie sich ausbeuten. Auch der Glaube an das Automobil, den Computer oder die Weltraumtechnik läßt sich trefflich ausnützen, aber nur dann, wenn der kritische Vorbehalt, den ich mit Kant gemacht habe, unterdrückt wird. Dann repräsentiert das technische Artefakt nicht nur die Idee des Transzendierens, sondern es *verkörpert* sie – der Cyberspace *ist* nun Gott. Symbol und Realität vertauschen ihre Rolle und wie in der Magie wird das Zeichen zum Bezeichneten.

In diese Dialektik der technisch-praktischen Vernunft als dem Feld der Megakatastrophen sind wir weit hinausgeschritten und schreiten immer weiter aus. Getrieben von der Idee, die Idee der Machbarkeit auf der Ebene der Resultate darzustellen, wird das Faktische zum Gesollten, weil es nun von diesem nicht mehr unterscheidbar ist. Daher besteht diese Eigentümlichkeit technischer Innovationen, unmittelbar sittliche Relevanz für sich in Anspruch zu nehmen. Es ist die Elektrizität, die nicht nur die Hirne, sondern auch die Herzen erleuchtet. Es ist die Eisenbahn, die nicht nur für physischen, sondern auch für moralischen Fortschritt steht. Es ist die Weltraumtechnik, die zur Abschaffung des Krieges und zu ökologisch sinnvollem Handeln führt.

Wird die „Idee der totalen Machbarkeit" nicht als Forschungsmaxime begriffen, d. h. als letztlich unerreichbares Ziel, möglichst funktionstüchtige Geräte herzustellen, sondern als etwas, das sich konkret realisieren läßt, dann drückt diese Forschungsmaxime alle anderen, insbesondere ethischen, Maximen an die Wand und wird alternativlos. Dann entstehen diese eigentümlichen Überblendungen zwischen Sein und Sollen, die Behauptung einerseits, die Technisierung geschehe naturwüchsig, sie sei aber zugleich auch etwas Anzustrebendes als ein uns gesetztes Ziel. In diesem Sinn behauptete Wernher von Braun, daß eine dauerhaft bemannte Weltraumstation mit der Präzision eines Sonnenaufgangs kommen werde, während er andererseits dafür eintrat, sie zu bauen. Ganz entsprechend vergleicht Jesco von Puttkamer noch heute die bemannte Weltraumfahrt mit dem Sexualtrieb, dem auch nicht zu widerstehen sei, was natürlich genauso falsch ist und nicht in Übereinstimmung zu bringen ist mit seiner lebenslangen Überzeugungsarbeit für die Weltraumtechnik.

Überall, wo der Technisierungsprozeß mit dem Index des Naturwüchsigen und Gesollten versehen wird, ist etwas faul. Technik ist etwas vom Menschen Gemachtes, das ihm dienen sollte. Dort, wo diese Spannung zwischen Sein und Sollen aufgehoben wird, wie z. B. auch in der „Magna Charta des Cyberspace", wird gewöhnlich etwas verschleiert.

Für Wernher von Braun war der Ausgriff ins All zugleich ein Erfaßtwerden von der qualitativen Unendlichkeit Gottes, so daß ein Raketenstart zum Gebet wurde. Von Braun hat diese Doppelbewegung von technischem und religiösem Transzendieren poetisch besungen. Um den Fortschritt besorgte Pfarrer lasen seine Texte von der Kanzel.

Dabei wurde übersehen oder verdrängt, daß von Braun eng mit den Nazionalsozialisten zusammengearbeitet hatte. Seine V-2-Raketen wurden in unterirdischen KZ's gebaut, wo so bestialische Zustände herrschten, daß pro Monat 1500 Häftlinge starben. Von Braun war ein eiskalter Karrierist, der sich jedem Regime anbot.[9]

Der Techniker, der seinen ideellen Ausgriff zum abrufbaren Resultat verdinglicht, produziert eine Ideologie zur Rechtfertigung der herrschenden Barbarei. Das Technische ist von sich aus ziellos und zerstörerisch, wenn es als nicht gebändigtes Machtmittel in die Hände derer gerät, die keine Skrupel haben.

5.4 Technik und Science-fiction

Der Mensch lebt nicht vom Brot des abstrakten Begriffes allein, sondern ebensogut und vielleicht noch mehr von seinen sinnlichen Vorstellungen. Die „Idee der totalen Machbarkeit" ist ein solcher abstrakter Begriff, der in der Regel nicht nur von sinnlichen Vorstellungen begleitet wird, die ihn sekundieren, wie es nach der Platonischen Ideenlehre der Fall sein müßte oder die ihn komplettieren, wie Kant unterstellte. Die Vorstellung ist oft genug dem Begriff nicht nur zeitlich, sondern auch sachlich vorgeordnet aus dem Grunde, weil das Sinnliche in der Regel nicht nur die krude Materie, sondern zugleich auch *den Sinn* transportiert.

Die Profi-Begriffskünstler, die Philosophen, hören das nicht gern. Es entmachtet sie, oder verweist sie auf den zweiten Rang. Vielleicht ist Philosophie von Haus aus ein zwiespältiges Unternehmen, angesiedelt im Spannungsfeld zwischen formallogischer Analyse und Weltanschauungsproduktion. Einerseits ist die Philosophie auf den strengen Gedanken verpflichtet, andererseits soll sie existenzielle Grundverhältnisse klären, aber diese sind begrifflich gesehen sperrig wie ein religiöser Glaube. Außerdem wirkt der Begriff notorisch hohl und blaß, wenn er solche existenziellen Grundverhältnisse zur Geltung bringen soll. Das philosophische System ist für die existenzielle Erfahrung wie eine Sammlung aufgespießter Schmetterlinge in einem verstaubten alten Glaskasten, bei dem man sich mit Mühe eine farbige Umwelt oder wenigstens ein fröhliches Flattern hinzudenken möchte, jedoch augenblicklich am Unwiderruflichen des Aufgespießtseins scheitert. Nichtmetaphorisch gesagt: Die Sprache verfügt über einen Obertonreichtum, den der Logiker haßt, weil er in die Mehrdeutigkeit hineinführt. Es sind aber gerade diese Obertöne, die den Geist zum Schwingen bringen, insofern er mehr ist als abstraktes Denken. Wo steht geschrieben, daß die Sprache nichts verliert, wenn sie ihrer expressiven und rhetorischen Qualitäten beraubt wird? Ist es sicher, daß wir noch alles ausdrücken können, wenn wir die Sprache auf eindeutige Begriffe reduziert haben, die womöglich nichts anderes sind als ein Schattenriß der Wirklichkeit, eine Schwundstufe des Lebenden, wie jene aufgespießten Schmetterlinge, die nicht mehr flattern können?

Andererseits ist jede Wissenschaft auf Klarheit und logische Stringenz verpflichtet. Dem Philosophen bleibt also nichts anderes übrig, als einen faulen Kompromiß zu schließen, der irgendwo in der Mitte liegt zwischen Mathematik und Bauchrednerei. Offiziell gibt sich der Philosoph als strenger Denker und Logiker. Das Publikum erkennt dahingegen, daß er zugleich ein Bauchredner und Prophet ist und nimmt es ihm deshalb übel, daß er ständig so tut, als ob. Allerdings gibt es heute wieder die Tendenz, die Philosophie in eine strenge Wissenschaft zu verwandeln. Diese Tendenz, die schon seit Jahrhunderten in die Irre führte, hat aber im Rahmen der „Analytischen Philosophie" einen neuen Schub erhalten. Gemessen an deren Standards ist das hier Gesagte die reine Weltanschauungspoesie. Der Vorwurf wiegt nicht schwer, weil die Analytischen Philosophen auf dem Terrain, auf dem ich mich hier bewege, überhaupt nicht präsent sind — sie tanzen ihren logischen Tanz auf dem imaginären Rhodos ihrer akademischen Sonderwelt.

Geht es um „Ideen", dann geht es um existenzielle Motivationsgründe, die den *ganzen* Menschen erfassen, nicht nur seinen Intellekt. Daher ist es nicht hinreichend, von der „Idee der totalen Machbarkeit" oder ähnlichem zu sprechen. Faktisch tritt diese Idee auch oft nicht *als Idee*, d. h. als Begriffskonstrukt, auf. Sie zeigt sich vielmehr als Vorstellung im Medium der Phantasie, d. h. als präsentatives Symbol.

„Science fiction" ist zwar eine Erfindung des 19. Jahrhunderts, aber ihre Wurzeln reichen weit zurück, ins Märchen oder in den Mythos. Alles machen zu können, war schon immer eine sehr attraktive Zielvorstellung. Ich möchte im Folgenden zeigen, daß die Verwurzelung des Technisierungsprozesses im Märchen oder im Mythos nicht nur ein vergangenes Stadium dieses Prozesses ausmacht. Es ist vielmehr so, daß das Märchen koextensiv mit ihm ist, und der Technisierungsprozeß sich substanziell aus dem Mythos speist. Was für das Apriori der technisch-praktischen Vernunft, jene „Idee der totalen Machbarkeit", gilt, gilt allerdings auch hier. Der transzendentale Überschuß erstirbt zwar im Objekt, aber nur so wie das Weizenkorn, das sich, einmal gestorben, hundertfach vermehrt.

Aus diesem Grunde geht Ernst Blochs Konzeption an der Sache vorbei, weshalb ich sie kritisieren werde, obwohl Bloch derjenige war, der das meiste und beste zum Thema „Mythos und Technik" gesagt hat. Bloch läßt Mythen und Märchen zu als eine historische Stufe des Technisierungsprozesses, dessen schöpferische Potenz in diesem Prozeß aufgezehrt wird. Mythos und Märchen, aber auch die Religion, sind bei Bloch eine Art Rohöl der Seele, das in den Raffinerien der Ingenieursarbeit aufgecrackt und in nüchterne Apparaturen verwandelt wird. Ist der Apparat einmal hergestellt, haben die Märchen ausgedient. Daidalos und Ikarus werden arbeitslos durch die Lilienthals und Lindberghs.

In Ernst Blochs „Prinzip Hoffnung" finden sich sehr lesenswerte Darstellungen über die Verwurzelung des Technisierungsprozesses in Phantasien, Märchen und Mythen, in der Alchemie oder in der romantischen Naturphilosophie. Bloch sieht richtig, daß die Nüchternheit der Technik ihre Wurzeln im menschlichen Sehnen hat, das keine Grenze anerkennt. Es ist also das, was ich als die leitende regulative Idee hinter dem Technisierungsprozeß ausgemacht habe. In dieser regulativen Idee sieht Bloch eine „utopische Funktion", die ein Transzendieren bezeichnet, aber gemäß seinem materialistischen Programm ein „Transzendieren ohne Transzendenz".

Die Sehnsucht des Menschen, jede Grenze zu überschreiten, zielt hier nicht auf einen „actus purus", in dem die stets nur endlichen Möglichkeiten des Überschreitens aufgehoben wären, sondern sie hat im besonderen ihre Sinnspitze in einer befreiten Gesellschaft, in der die Technik ihren verdinglichten Charakter verlieren würde, um jene Nutzwerte in Massen zu produzieren, die allen — jedem nach seinen Bedürfnissen — zugute kommen würden. Das Ideal hat sich in der Realität erfüllt. Die Technik ist „Allianztechnik" geworden, wo „das Herz der Welt in den Werken der Technik endlich mitschlägt".

Dies ist ein romantischer Topos, der die Störung des „psychosomatischen Zusammenhangs", den ich auf die Standardisierung und Funktionalisierung zurückgeführt habe, auf die gesellschaftlichen Rahmenbedingungen abwälzt. Aber es ist sinnlos, zu glauben, daß das Herz der Welt in den Werken der Technik mitschlagen werde. Die Welt hat kein Herz, und selbst wenn sie eines hätte, es garantiert nicht in der Technik schlagen würde. Die Technik taugt nicht als Herz, höchstens als dessen Schrittmacher.

Bei Bloch ist die Wirkung der Technik auf den Kampf des Menschen mit der Natur eingeschränkt. Bloch teilt die Gehlensche These von der Technik als Organverlängerung: „Erst der Mensch ist das werkzeugmachende Tier, hat den Nagel zur Feile, die Faust zum Hammer, die Zähne zum Messer gesteigert. Auch die Tiere errichteten ihre Bauten wie ihr erweiterter Leib."

Während Bloch in der Entstehungsgeschichte der Technik jede erdenkliche überbordende Phantasie zuläßt und in ihrer inspirierenden Kraft würdigt, bringt er sie in der realisierten Technik zum Stillstand, denn: „Jedes Werkzeug setzt genaue Bedürfnisse voraus und hat einen präzisen Zweck, sie zu befriedigen ... Ein Erfinder kann nichts Überflüssiges tun, noch hat je einer im Sinn gehabt, es zu planen."

Was gibt es Überflüssigeres als das Spiel, und doch hat ein bedeutender Technikphilosoph, Hans Sachsse, behauptet, daß das eigentliche Movens hinter dem Technisierungsprozeß der Spieltrieb sei.[10] Die Geschichte der Technik ist voll von Spielereien oder auch Spinnereien, die je nach dem fruchtbar oder auch furchtbar waren. Es ist jedenfalls verkehrt, das Märchen an den Anfang der Technikgeschichte zu setzen und an sein Ende den funktionierenden, geschlechtsneutralen Apparat.

Im Märchen hat das Handeln keine Grenze. Hier gibt es die Nadel, die selber näht, das Hutzelbrot, das immer nachwächst, wenn man nur einen Rest übrigläßt, die Tarnkappe, die unsichtbar macht, den Siebenmeilenstiefel, das Tischleindeckdich. Die orientalischen Märchen sind, wie Bloch zurecht bemerkt, sowohl besonders phantastisch als auch besonders realistisch, was die Vorwegnahme technischer Erfindungen anbelangt, die dann später konkret verwirklicht wurden. Aladins Wunderlampe scheint die Kräfte der Kernenergie vorwegzunehmen. Die orientalischen Zauberpferde hatten bereits alle Eigenschaften eines Düsenjägers.[11]

Dieses Überbordende, Grenzensprengende der Phantasie, die tendenziell aufs Unendliche ausgeht, stirbt aber bei Bloch nicht etwa im realisierten Produkt, sondern in der geschichtlichen Entwicklung. Er bringt damit zugleich die Meinung vieler Nichtmarxisten zum Ausdruck. Phantasie, die ins Unendliche ausgreift, das ist etwas für die Menschen vor der Industriellen Revolution, die ein Mikrofon nur erdenken, aber noch nicht herstellen können. So als wäre das Apriori der totalen Machbarkeit eine historische Stufe, die man ablegt wie den Faustkeil, nachdem das Messer erfunden wurde. Diese Trivialisierung des Apriori entspricht Poppers analogem Vorgehen in der Wissenschaftstheorie, wo auch die ideellen Momente als kontingente Voraussetzungen herabgestuft werden, anstatt daß sie den Forschungsprozeß durchdringen.

Die Ambivalenz des Technischen spiegelt sich sehr deutlich im modernen Science-fiction-Roman. So waren die Technikutopien des 19. Jahrhunderts, etwa die Romane von Jules Verne, technikoptimistisch. Seit dem Ersten Weltkrieg entstanden zunehmend Anti-Utopien, wie z. B. die Romane von H. G. Wells, Aldous Huxley oder George Orwell. Seit 20 Jahren wimmelt es im Science-fiction-Film von Untergangsvisionen.

Science-fiction ist eine Projektionsfläche der menschlichen Befindlichkeit, ihrer Sehnsüchte, Wünsche und Befürchtungen. Nachdem der Globus insgesamt erforscht ist und selbst die Gipfel der Achttausender kein Geheimnis mehr bergen (noch nicht einmal den Yeti), geht es nicht mehr an, diese Sehnsüchte mit Daniel Defoe auf eine Südseeinsel zu verlegen oder mit der Regenbogenpresse in das Loch Ness. Aus diesem Grunde diente seit H. G. Wells „Krieg der Welten" der Mars als eine solche Projektionsfläche menschlicher Sehnsüchte, so daß es bis in die Mitte unseres Jahrhunderts den Marsroman gab, so wie es im 18. Jahrhundert eine Gattung des Inselromans gegeben hat, für die Daniel Defoes „Robinson Crusoe" nur die Initialzündung darstellte. Heute gibt es keine Marsromane mehr. Dies hängt damit zusammen, daß wir Roboter hinschicken können. Nur das Halberkannte reizt die Phantasie.

Da sich in der Science-fiction-Literatur alles artikuliert, was den Menschen erfüllt, ist sie so schillernd wie dieser. Sie enthält daher auch die „Idee der totalen Machbarkeit" entweder als Zielvorstellung oder als Horrorvision. Sehr merkwürdig ist, daß z. B. in Romanen wie Aldous Huxleys „Schöne neue Welt" die Invitro-Fertilisation als ein Schrecken dargestellt wird, an den wir uns aber, seit es sie in Wirklichkeit gibt, ganz leicht gewöhnt haben. Vieles, was Frank Tipler in seiner „Physik der Unsterblichkeit" als machbar und als eine positive Zielvorstellung beschreibt, war noch die Horrorvision von gestern. Das kann entweder bedeuten, daß die früher gehegten Befürchtungen übertrieben waren, oder daß uns mit der Fähigkeit, uns zu wundern auch die Fähigkeit abhanden gekommen ist, an der richtigen Stelle zu erschrecken. Jedenfalls vertauschen in der Science-fiction-Literatur Realität und Phantasie sehr häufig die Rollen. Oft gilt dies auch für Zielvorstellungen, die imaginiert wurden, längst bevor man „realistischerweise" auf sie hätte verfallen können. Die Phantasie ist nicht nur das Feld der Befürchtungen, sondern auch das der schöpferischen Antizipationen.

Der englische Franziskanermönch Roger Bacon, ein bedeutender Philosoph und Naturwissenschaftler des Mittelalters, sah vor über 700 Jahren Schiffe, Automobile, Flugzeuge und Unterseeboote voraus und zwar fast in der Reihenfolge ihres späteren Entstehens.

Jules Vernes Roman „Von der Erde zum Mond" nimmt viele Züge des späteren Apolloprogramms vorweg. 1892 präsentierte der französische Autor André Robida in einem Zukunftsroman ein „Telefonoskop", d. h. einen Fernseher. Zu Beginn unseres Jahrhunderts schrieb der Science-fiction Autor Karel Capek damals vielbelächelte Roboter und Raumschiffe, die heute Realität geworden sind. 1945 schlug der Science-fiction-Autor Arthur C. Clarke Informationsvermittlungsämter im Weltraum in 36 000 km Höhe vor, die seit 1965 durch geostationäre Satelliten realisiert wurden.

Wie sehr sich Science-fiction und realer Technisierungsprozeß durchdringen, wurde deutlich auf einem Kongreß, der 1995 in München zum Thema „Künstliche Intelligenz" stattfand. Auf diesem Kongreß hielt der bekannte Science-fiction-Autor Stanislaw Lem einen Vortrag, in dem er *ausschließlich* wissenschaftliche Fakten berichtete, während der KI-Forscher Hans Moravec unter dem Vorwand der Wissenschaft einen Beitrag zur Science-fiction-Literatur lieferte, indem er die Entwicklung der Menschheit in die nächsten Jahrhunderte bis in das „Zeitalter des Geistes" hinein verlängerte („Geist", Bits und Bytes sind hier immer dasselbe).[12]

Die Querverbindungen zwischen Phantasie und Wissenschaft waren und sind auch im Bereich der Weltraumtechnik vielfältig. So bat z. B. Fritz Lang vom UFA-Filmstudio Hermann Oberth 1929, bei der Erstellung des Films „Frau im Mond" mitzuhelfen, was Oberth auch tat. Oberth seinerseits wurde zu den eigenen fachwissenschaftlichen Beiträgen durch die Lektüre von Jules Vernes Roman „Von der Erde zum Mond" inspiriert. Wie bereits im zweiten Kapitel bemerkt, hat Oberth selbst auch Bücher geschrieben, die zwar ernst gemeint waren, in Wahrheit aber nahe an

Science-fiction-Romane herankamen, wie z. B. sein „Katechismus der Uraniden". In den fünfziger Jahren wirkte Wernher von Braun als Berater bei Walt Disney in Hollywood und Jesco von Puttkamer war bei Paramount in Hollywood beteiligt an so berühmten Filmen wie „Star Trek" und „Raumschiff Enterprise". Jedenfalls kann niemand behaupten, daß es eine klare Trennlinie zwischen rein zweckrationaler, „seriöser", Technik und verschwommenen, ins Jenseitige abgleitenden, Zielvorstellungen des Trivialmythos gibt. Phantasie und Technik sind durchlässig nach beiden Seiten.

So wie die Südseeinseln und der Mars ihre Attraktivität als Projektionsflächen kollektiver Sehnsüchte und Wünsche verloren haben, hat auch der Weltraum viel von seinem Flair eingebüßt, seit wir imstande sind, ihn gewohnheitsmäßig zu befahren.

Wie ich im zweiten und in diesem Kapitel gezeigt habe, führen jedoch solche ernüchternden Erfahrungen nicht dazu, daß die Sehnsucht nach dem Grenzenlosen verschwindet. Es scheint sich wirklich wie mit dem Hunger und dem Essen zu verhalten, daß nämlich das Essen den Hunger nicht wirklich aufhebt, sondern nur an eine andere Zeitstelle verschiebt. Der Transzendenzhunger, der sich zeitweise an der Raumfahrt befriedigt hatte, wurde hier so wenig satt wie früher an der Dampfkraft oder an der Elektrizität. Er hat sich daher jetzt den kybernetischen Raum als sein Objekt erwählt.

Auch hier war die Literatur der realen Technik voraus: In ihr gibt es seit den siebziger Jahren den sogenannten „Cyberpunk", der sich mit Hilfe von Computern aus der realen Welt abkoppelt, um im Äther der Informationswelten seine Omnipotenz und Omnipräsenz zu genießen.

„Virtual Reality" gab es z. B. schon in William Gibsons „Newromancer"-Trilogie, die in Hackerkreisen zum Bestseller wurde. Auch der Begriff „Cyberspace" stammt nicht etwa von einem Techniker, sondern aus dieser Trilogie.

Der Titel dieses einschlägigen Romans „Newromancer" blendet drei Begriffe ineinander, nämlich „Necromancer" (= Totenbeschwörer),

„Neuromantik" und „Neuronen". Auch hier gibt es wieder diese Mischung aus Romantik, Technik und Todessehnsucht, die gar nicht so ungewöhnlich ist, wenn man sich daran erinnert, daß es diese aparte Mischung auch schon in der deutschen Romantik um 1800 bei E. T. A. Hoffmann oder Heinrich von Kleist gegeben hat.

„Des Knaben Wunderhorn" tönt heute aus den Tiefen des kybernetischen Raumes und seine Melodie ist vielleicht noch wundersamer als vor 200 Jahren: „Cyberspace. Unwillkürliche Halluzination, tagtäglich erlebt von Milliarden Berechtigten in allen Ländern, von Kindern zur Veranschaulichung mathematischer Begriffe ... Grafische Wiedergabe abstrahierter Daten aus den Banken sämtlicher Computer im menschlichen System. Unvorstellbare Komplexität, Lichtzeilen in den Nicht-Raum des Verstandes gepackt, gruppierte Datenpakete. Wie die fliehenden Lichter einer Stadt ... Der Neuromancer ist ein zeitgenössischer (oder in diesem Fall in der nahen Zukunft angesiedelter) Zauberer, dessen Hexerei darin besteht, sein protoplasmisches Nervensystem mit dem elektronischen Nervensystem der Computerwelt zu interfacen und imagistisch zu manipulieren (und selbst davon manipuliert zu werden), ähnlich wie der traditionelle Schamane durch Drogen oder Trance imagistisch in eine Wechselwirkung zu traditionellen mystischen Bereichen tritt." Viele Cyberpunkautoren berufen sich auf Teilhard de Chardins „Noosphäre", die auch „eine transzendentale Software-Realität" genannt wird.[13] Hier rächt sich Teilhards naiver Technikoptimismus, der es schon Tipler ermöglicht hatte, sich auf ihn zu berufen.

Stewart Brand bestätigt, daß Science-fiction *die* Literatur am „Media Lab" des MIT ist. Marvin Minsky, KI-Papst am MIT äußert sich dazu: „Na ja, ich betrachte diese Autoren als Denker. Vermutlich werden in ein paar hundert Jahren Isaac Asimov und Fred Pohl als die bedeutendsten Philosophen des 20. Jahrhunderts gelten." Verglichen mit diesen sei, was die „Berufsphilosophen" denken, „flach und falsch".[14]

Es existiert also ein substanzieller Transfer zwischen ideellem Vorgriff und konstruktiver Realität auch im Bereich der avanciertesten Computertechnologien. Ein ideelles Moment in phantastischer Gestalt powert den Technisierungsprozeß bis heute und verleiht ihm einen Schuß ins Transzendente, der aber auf irritierende Weise mehrdeutig bleibt, indem nicht klar wird, worauf er eigentlich zielt: Religion, Magie, Aberglaube, Ideologie?

Das entspricht dem Nicht-Festgelegtsein des Mythos. Mythen und Märchen sind grausam. Sie symbolisieren die Erfahrung, haben aber keine Distanz zu ihr, definieren mithin kein Sollen. Wenn zu Beginn dieses Abschnitts gesagt wurde, daß die abgehobene Vernunft mit ihren abstrakten Begriffen zu eng ist, um die Spannung zwischen Sinn und Sinnlichkeit auszumessen, daß wir in das clair-obscur der präsentativen Symbolik hineinsteigen müssen, wenn die „Idee der totalen Machbarkeit" mehr sein soll als ein wesenloser Schatten, dann war dies nicht so gemeint, als sei es erlaubt, die Vernunft postmodern aufzuheben, um den Neomythus zu feiern. Es gibt heute wieder diesen Kult der Distanzlosigkeit, des vermeintlich Unmittelbaren, die Berufung auf die alles heilende Natur (was immer das sein möge). Klaus Michael Meyer-Abich hat jüngst wieder in seiner „Praktischen Naturphilosophie" diese Distanzlosigkeit gefeiert und die Naturgötter zu Ehren gebracht.

Doch der Geist der Natur ist verworren und grausam, jeder frißt jeden und die Elemente sind gleichgültig, ob sie das Leben fördern oder zerstören. Wenn der Mythos einen geistigen Naturzustand repräsentiert, der wie die Natur alles, Schönes und Grausames zugleich hervorbringt, zugleich eine Unendlichkeit und ihren Verlust, dann ist der Mythos keine Berufungsinstanz und die Natur kein normatives Fundament. In diesem Sinn kommen auch die Neomythen der Science-fiction-Literatur aus dem Bauch und sind der Reflexion sehr bedürftig. Vorstellung und Begriff müssen sich aneinander abarbeiten. Der Philosoph hat seinen Ort präzise dort, wo ihn die Logiker für einen unreflektierten Bauchredner und die Bauchredner für einen abgedrehten Logiker halten.

Anmerkungen

1 Rohbeck, S. 230

2 Galilei, Bd. I, S. 330; Bd. II, S. 275

3 Noch 1988 beklagten Walter Bungard und Jürgen Schulz-Gambard in einem Arti-kel „Technikbewertung; Versäumnisse und Möglichkeiten der Psychologie", daß eine „Auseinandersetzung der Psychologie mit Technik", welche die „Relationen von Tech-nik und menschlichem Erleben und Verhalten" zum Inhalt hätte, bisher „nur partiell und auch nur in sehr reduzierter Form stattgefunden" habe. Es sei Tatsache, daß „eine ›Psychologie der Technik‹ ... nicht existiert." (Bungard/Schulz-Gambard, in: Bungard/Lenk, S.157f.)

4 Schachtner (1993), S. 32ff., 120, 158, 173

5 So z. B. Stephen W.Hawking, Steven Weinberg, Paul Davies und viele andere.

6 Dessauer (1928), S. 19f.

7 Vgl. mein Buch von (1992), in dem ich diese Dialektik für die Physik nachgezeich-net habe.

8 Vgl. den von Münker/Roesler herausgegebenen Sammelband zu diesem Thema, wo die tragende Rolle des Mythischen nur beiläufig erwähnt wird.

9 Zum Beispiel ging Wernher von Braun nach dem Zweiten Weltkrieg nur deshalb in die USA und nicht nach Rußland, weil er dort die besseren Zukunftschancen er-wartete. Ohne diese Erwartung hätte er auch Raketen für Stalin gebaut.

10 Sachsse, Hans (1978), S. 17, 94

11 Bloch, S. 166, 731ff., 817

12 Die beiden Vorträge sind abgedruckt in dem Sammelband von Maar/Pöppel/Chri-staller, der den bezeichnenden Titel trägt: „Die Technik auf dem Weg zur Seele", S. 30ff. und 162ff.

13 Gibson, S. 76, 353/4, 362, 365

14 Brand, S. 273. Nicht nur die Forschung, auch die Privatwirtschaft scheint von Science-fiction-Vorstellungen durchdrungen zu sein. Howard Rheingold erwähnt

John Walker, den Chef der amerikanischen Cyberspacefirma „Autodesk", der mit seiner Firma jährliche Gewinne von mehreren 100 Millionen Dollar erwirtschaftet. In einem Manifest, das im Internet um die ganze Welt zirkulierte und den Titel trug „Through the Looking Glass", bekannte Walker, daß er seine gesamte Firmenphilosophie an der Science-fiction ausgerichtet habe. (Rheingold, S. 267ff.).

6. Die Apotheose des Automobils

Credo eines Porsche-Designers:
„Wir machen nicht, was wir wollen,
sondern wir wollen, was wir machen."

6.1 Der Feuerwagen des Propheten Elias und andere göttliche Gefährte

Das Automobil nimmt unter allen technischen Artefakten eine Sonderstellung ein. Schon in seiner Entstehungszeit transportierte es transzendente Hoffnungen. Und es erregt sie immer wieder neu. Das Auto ist ein psychischer Dauerbrenner. Offenbar kann ihm nichts etwas anhaben, weder Stau noch Treibhauseffekt oder die Erhöhung der Benzinpreise.

Der spätmittelalterliche Ingenieur Valturio zeichnete 1470 ein Auto, das er „Sturmwagen" nannte. Dieser „Sturmwagen" war mit Windmühlenflügeln ausgestattet, wodurch er Carl Benz' Vision einer automobilen Überwindung aller räumlichen Fesseln vorwegnahm oder auf den Feuerwagen zurückgriff, mit dessen Hilfe der Prophet Elias in den Himmel fuhr.

Der Schuß ins Transzendente kommt dem Automobil von Hause aus zu. Nicht nur der im zweiten Kapitel erwähnte englische „Thrust Super Sonic Car", der den Hochgeschwindigkeits-Weltrekord für Landfahrzeuge aufstellte und am 15.10.1997 mit 1206 km/h die Schallmauer durchbrach und künstlich daran gehindert werden muß, abzuheben, sondern auch der Opel-Raketenwagen „Rak 2" von 1928 war eine der ersten Nutzanwendungen der damals neu entstandenen Raketentechnik, die doch eigentlich dazu gemacht ist, die dritte Dimension zu erobern. Valturio hatte also recht mit seinem „Sturmwagen". Im Geiste heben sie heute noch ab, die Besitzer der großen Mercedes, BMW oder Maserati und die kleinen GTI- und GTE-Fahrer tun es ihnen nach.

Ich möchte im Folgenden die Überhöhung des Automobils in der Zeitschrift „Vogue" darstellen. Diese Zeitschrift ist seit 1979 auf dem deutschen Markt und richtet sich vornehmlich an Singles und Doppelverdiener ohne Kinder, die sich ein Auto ab 100 000 Mark aufwärts leisten können. Es sind Menschen, für die das Geld „wirklich eine so untergeordnete Rolle spielt, wie das Stück Leinwand hinter dem Lächeln der Mona Lisa".

„Vogue" ist inzwischen eine reine Frauenzeitschrift geworden, weshalb Themen wie „Mode", „Schönheit", „Küche", „Reisen" usw. eine viel größere Rolle spielen als „Wissenschaft" und „Technik". Charakteristisch ist, daß in dieser femininen, untechnischen Welt das Automobil trotzdem nicht fehlen darf. Am Auto kommt keiner vorbei, noch nicht einmal eine Frau (wenn es gestattet ist, die einseitige Wertehierarchie dieser Zeitschrift für einen Augenblick zu akzeptieren). Immerhin: „Frauen zeigen mehr Gefühl, auch wenn es um kalte Technik geht." Das veranlaßt die Männer, die in dieser Zeitschrift schreiben, offener zu reden, als sie es unter ihresgleichen tun würden, und das macht die Darstellung erst recht interessant.

Ich präsentiere im Folgenden Aussagen aus fast 20 Jahrgängen „Vogue", indem ich mein Augenmerk auf die religiösen Prädikate richte, die diese Zeitschrift dem Automobil glaubt zusprechen zu sollen. Dabei beziehe ich mich gleichermaßen auf Reklame und Artikel, insbesondere aber auf Besprechungen der neuesten Automobile.

Es gibt so gut wie keine religiöse Vorstellung, die in „Vogue" nicht auf das Auto übertragen würde. Das Auto, sagt man, sei des Deutschen „liebstes Kind". Hier ist es gleich das Jesuskind. In einem Reklametext über den BMW 850i heißt es z. B.: „Baut ein Auto, das über allen Dingen steht", während der Z-1 von derselben Firma ein „Spirit-car" genannt wird (was immer das heißen möge). Jedenfalls steckt in solchen BMWs ein „Geist, welcher über seine Zeit hinaus für die Ewigkeit geschaffen zu sein scheint".

Man ist vielleicht geneigt, diese Art von sakraltechnischer Überhöhung des Automobilismus für eine sektiererische Sonderwelt der Yuppies zu halten, so lästig, aber auch so bedeutungslos wie die Machenschaften mancher Sekten. Der Unterschied ist nur der, daß es sich bei „Vogue" um das Selbstbewußtsein einer Upperclass handelt, die von großem Einfluß auf die ganze Gesellschaft ist. Die in dieser Zeitschrift beschriebenen Wagen stehen am Ende einer hierarchisch strukturierten Nahrungskette. Danach ist z. B. der BMW von Hause aus ein „Löwe", während der 635 Csi von derselben Firma ein „Oberlöwe" ist.

In einem Interview fragte ein „Vogue"-Redakteur den berühmten italienischen Autodesigner Sacco: „Baut Sacco also rollende Mythen?" Darauf er selbst: „Ich bin im Dienste eines solchen Glaubens ... Das Auto ist eben doch, was für die einfachen Leute im Mittelalter das Hochblicken zur Kathedrale war." Wobei unter „Auto" hier nur die Nobelkarossen von Rolls-Royce, Ferrari, Bentley, Porsche, Maserati, Lamborghini, Jaguar und Mercedes zu verstehen sind, mit Hubräumen ab 3 000 cm^3 und mindestens 6 Zylindern, also das, was sich der kleine Mann gerade nicht leisten kann, ihn aber um so mehr beeindruckt. Solche Modelle werden, wie es heißt, zu „Lehrstücken für die Konstrukteure aller Firmen ... Autos dieser Art sind wichtig – sie setzen Maßstäbe für andere Modellreihen".

Die Überhöhung des Automobils ist ein gesamt-gesellschaftliches Phänomen, das nur bei den Superreichen desto deutlicher zum Ausdruck kommt, wo es jederzeit um „Prunk, Power, Prestige" geht oder um das „Renommee auf vier Rädern".

Zum Zwecke der Divinisierung muß das Automobil zunächst einmal aus seinem zweckrationalen Kontext herausgenommen werden: „Lassen Sie sich durch keinen Menschen, wirklich durch keinen, noch nicht einmal durch sich selbst, einreden, ein Auto müsse man in unserer heutigen Zeit ganz nüchtern mit dem Kopf einordnen. Alles Unfug, logisch zwar, aber dennoch Unfug. Würden wir autofahrenden Männer unseren Gefährten mit Logik gegenübertreten, dann käme jeder dritte ohne Auto aus. Und die beiden restlichen Drittel mit einem kleineren, schwächeren, langsameren, sparsameren."

Das schnellste Automobil der Welt, der „Thrust Super Sonic Car". Mit der Geschwindigkeit von 763,035 mph (1221 km/h) hat das Raketenauto sein Ziel erreicht, mit 1206 km/h die Schallmauer zu durchbrechen. Übrschalltauglich, aber sein praktischer Wert?

Wie wahr! Dennoch: „Ein Auto, das längst zum Mythos geworden ist … entzieht sich jeder utilitaristischen Betrachtungsweise" und zwar aus dem Grunde, weil „sich das Auto schon längst vom Fortbewegungsmittel zum sakralen Objekt entwickelt hat". Daher gilt ganz allgemein: „Mit rationellen Argumenten ist beim Thema Auto nichts anzufangen." Und weiter: „Ein Auto ist ein Auto? Natürlich nicht. Wäre es nur ein Auto, so stünde es auf demselben emotionalen Niveau wie ein Kühlschrank mit Abtau-Automatik." Es wäre dann nichts als ein „nützliches Industrieprodukt". Mit solchen Produkten hat „Vogue" nicht viel zu tun, was sich am deutlichsten an der Art zeigt, wie diese Zeitschrift mit einem Wagentyp umgeht, der vorgibt, besonders zweckmäßig zu sein und es am allerwenigsten ist, dem Landrover.

Ein Landrover ist von seiner Zweckbestimmung her dazu geeignet, im Kriegsfalle off-road die Sahara zu durchqueren. Er braucht daher einen hohen Radstand, mäßigen Benzinverbrauch, Vierradantrieb, Geländeuntersetzung, Zentraldifferential, Antriebsschlupfregelung, Rammbügel, Flankenschutz, Frontschutzbügel, Dachgepäckträger, seitliches Trittbrett, Höhenmesser und ein leicht zugängliches Reserverad. Ein Landrover muß über 50 Grad Böschungswinkel verkraften, über eine autarke Versorgungseinrichtung verfügen und fünf Tonnen Nutzlast hinter sich herziehen können. Dementsprechend tragen diese Wagen Namen, die sehr an Bürgerkrieg oder zumindest an Grenzschutzpatrouillen erinnern: „Land Cruiser", „Pathfinder", „Discovery", „Samurai", „Wrangler", „Freelander", „Cross Country", „Rodeo", „Grand Cherokee", „Eagle", „Frontero", „Defender", „Rocky", „Freeway", „Explorer", „Patrol", „Tropper", „Terrano" usw. Die Landrover, die in letzter Zeit bei uns in Mode gekommen sind, haben daher all die heroischen Eigenschaften, die im Falle eines ausbrechenden Krieges vonnöten sind.

Zur Zeit fahren ungefähr eine Million solcher Gefährte auf den deutschen Straßen umher, denn es ist hierzulande nicht erlaubt, so einfach nur durch den Wald oder übers freie Feld zu treckern. 85% aller Landroverbesitzer leben auch in den großen Städten, wo das einzige Abenteuer darin besteht, einen Parkplatz für diese Ungetüme zu finden, die im Prinzip zwei benötigen.

Nicht nur die äußeren Maße sind überdimensioniert. Auch die Motoren, das Fahrgestell, das Gewicht, der Luft-Widerstandswert, der Benzinverbrauch (der bei 25 bis 30 Litern pro 100 km liegen kann), alles ist gigantisch, weil der off-road-Einsatz im Ernst nicht der wirkliche Zweck dieser Automobile ist, sondern ihr Einsatz auf ganz gewöhnlichen Straßen. Also müssen sie so schnell fahren und beschleunigen wie ein Mercedes und so kurvensicher sein wie ein BMW, was bei der hohen Bodenfreiheit und den riesigen, breitprofiligen Reifen mit ihrer erhöhten Rollreibung große Probleme schafft. Ferner sollen diese, für den Kriegsfall gebauten, Automobile keine Bequemlichkeit vermissen lassen. Sie enthalten daher so unkriegerische Accessoirs wie Klimaanlage, elektrische Fensterheber, Zentralverriegelung mit Fernbedienung, Schminkspiegel, TV-Videoanlage in Edelholz, elektrisch verstellbare und heizbare Außenspiegel, 2 x 100 Watt Stereoanlage mit sechs Konzertlautsprechern, Servolenkung, Airbags, beheizte Windschutzscheiben und elektrisch verstellbare Ledersitze. Es sind „Soft-Geländewagen" oder „Fun Cruiser", wie man sie auch nennt.

Das heißt also: Weil der Landrover einer Zielvorstellung genügt, die nie in Anschlag kommt, und weil er zugleich Qualitäten haben muß, die seiner Konstruktion strikt zuwiderlaufen, wird gerade diese Wagensorte für „Vogue" interessant. Sie interessiert aus dem einfachen Grunde, weil sie teuer und exotisch ist, und weil Stars wie Madonna sie fahren.

„Wo ein Wille ist, da ist auch ein Unwegsames", argumentiert „Vogue" gegen den Einwand an, daß man den Landrover bei uns im Grunde gar nicht brauchen kann. Sie findet dieses „Argument" aber letztlich doch nicht sehr überzeugend. Daher heißt es weiter: „Machen wir uns nichts vor. Die Neigung zum Geländewagen ist mit der Ratio nur höchst mangelhaft zu erklären. Im Irrationalen spielt sich da viel mehr ab", denn beim Fahren gilt ganz allgemein: „Stets sitzt das Unterbewußte mit am Steuer." Das Schreckliche an solchen lockeren Sprüchen ist, daß sie einfach nur wahr sind, wie überhaupt die Zeitschrift „Vogue" — entgegen dem Anschein — selten übertreibt. Sie sagt, *was ist*.

Dies zeigt sich beispielsweise an der anthropomorphen Sprache, die nach „Vogue" unsere automobile Verfaßtheit kennzeichnet. Danach gibt es durchaus so etwas wie „mobile Gefühle", „Intelligenz auf Rädern", ein wahres „Zusammenleben mit dem Wagen" von jenen Menschen, „die bereit sind, mit ihrem Auto durch dick und dünn zu gehen". Ein Rezensent bekennt: „Ich habe meinen Wagen schon immer als Teil meiner Persönlichkeit betrachtet."

Betrachte ich den Wagen „als Teil meiner Persönlichkeit", dann schlägt dies unmittelbar zurück, wie in einer Reklamepassage für den Ford „Scorpio" unumwunden zugegeben wird: Es gehe, heißt es dort, um die „harmonische Integration des Menschen in das technische System". Diese systemische Integration endet dann in einer rundherum zufriedenstellenden Mensch-Maschine-Einheit, so daß man sagen kann: „Die Entwicklung hat allen gut getan. Den Frauen, den Autos, den Männern."

„Bleib gesund und automobil!" lautet der Jahresgruß, den der ADAC-Präsident Anfang Januar seinen Mitgliedern entbietet. So weit sind wir gekommen! Gesundheit und Automobilität als gleichrangige Werte; Männer, Frauen und Autos als Wesen auf der selben Stufe! Daher gibt es auch eine „Liebe auf den ersten Tritt" (!), „Neues Auto, neues Glück", denn schließlich sind auch Autos veritable „Persönlichkeiten".

Ich möchte darauf hinweisen, daß solche Verwechslungen der Kategorien inzwischen den Segen der „strengen" Wissenschaft haben. So macht z. B. der Biologe Richard Dawkins in seinen Schriften keine Differenz zwischen Lebewesen und technischen Artefakten. Auch Autos und Computer würden im eigentlichen Sinne „leben".[1]

Also ist „Vogue" im Recht: „Wie eine Geliebte verlangt das Cabrio ständig größere und kleinere Aufmerksamkeiten." Kein Wunder, verfügt ein Wagen wie der Porsche 911 doch über beträchtliche erotische und ästhetische Qualitäten: „Eine große Schöpfung. Ein Auto voller Erotik. Die wülstig fleischigen Ausbuchtungen, die eleganten Kurven und die aggressiv-sinnlichen Hüften ... Der 911er ist natürlich viel schöner als die Nike von Samothrake." Porschewagen gehören ganz allgemein in dieselbe Kategorie wie die größten Kunstwerke aller Zeiten, ja wie die größten *Künstler* aller Zeiten. So heißt es über den Porsche 911er, er sei wie „Goethe, Chopin, die Akropolis".

Ganz generell muß das Automobil über seine zweckrationale Bestimmung hinaus, ja im Widerspruch zu ihr, eine „Aura" besitzen, denn allein von den „vier Rädern" geht ein „Urzauber" aus, weshalb es sich hier nicht um ein nüchternes „Fortbewegungsmittel" handelt, sondern um ein „sakrales Objekt" oder „Kultauto". Namentlich die amerikanischen Wagen in ihren riesigen Dimensionen sind „das Sinnbild für Kraft und Herrlichkeit", ja der Begriff des „Kultgegenstandes" sei noch zu gering bei einem Wagen wie dem Porsche 911 Speedster: „Wenn der Porsche 911 schon ein Kultgegenstand ist, was ist dann der Speedster? Natürlich heilig."

Diese Heiligkeit des Automobils treibt die gewöhnliche Logik an ihre Grenze: „Der Diesel – die sinnlose Vernunft. Das ist kein Widerspruch, sondern die Wahrheit." Verlangt wird von uns hier allerdings, wie ganz offen gesagt wird, ein „sacrificium intellectus" wie bei Tertullian: Credo quia absurdum.

Die Folge dieses Irrationalismus ist, daß das Verhältnis zum Automobil der rationalen Kontrolle entgleitet und suchtartig wird. So ist z. B. der BMW M5 ein Auto, „dem niemand ernsthaft widerstehen kann", was wesentlich an seinen Fahrleistungen liegt, denn „Beschleunigung kann richtig süchtig machen". Das ist auch moralisch zu rechtfertigen, denn wie es bei BMW heißt: „Wir erklären den Spaß zur Tugend."

Auch andere Qualitäten des Automobils sind suchterregend: „Als Cabrio-Fahrer durchlebt man alle Höhen und Tiefen des Autofahrer-Daseins. Aber wer einmal Blut geleckt hat, ist nicht mehr zu heilen." Das liegt daran, daß es im Cabrio jene „seltenen Momente" gibt, „in denen man das wahre, tiefe Cabrioglück ganz im Innern spürt, in denen einem nicht nur der Fahrtwind die Tränen in die Augen treibt".

Ein Porsche-Designer formuliert klassisch sein, wie er es nennt, „Credo": „Wir machen nicht, was wir wollen, sondern wir wollen, was wir machen." Wie beruhigend, wenn er übertreiben würde, wenn es kein „tiefes Cabrioglück" gäbe! Wie beruhigend, wenn die BMW-Reklame sich irren würde, indem sie den Spaß zur Tugend verklärt oder wenn die Lancia-Reklame nicht recht hätte, die neulich behauptete, auch für das Auto gelte: „Der Weg ist das Ziel."

Keine Religion kommt ohne den Teufel aus und dieser ist dem Autogläubigen der Stau. So wie der Christ wider allen gegenteiligen Anschein an seiner Hoffnung auf die Auferstehung festhält, so muß auch der Automobilgläubige die Zweifel bekämpfen, die eine falsch beratene Vernunft ihm suggeriert, wenn er im Stau festsitzt.

Hier erfassen z. B. den Porschefahrer heftige Zweifel darüber, ob eine Ausgabe von über 100 000.– DM gerechtfertigt war, sind doch vor dem Stau alle gleich, ob VW-Golf, Ente, Porsche oder Ferrari. Da ist es gut, daß der Porsche ein Auto ist, „das auch im Stau schneller aussieht als die anderen Automobile" und schließlich ist jeder Stau einmal zu Ende und mit ihm der Zweifel am Sinn des Porschefahrens. „Ein kurzer Tritt aufs Gaspedal und man weiß sofort, daß Zweifel am Porsche nur neurotische Projektionen von kleinmütigen Zivilisationspessimisten sein können."

Auf eine perverse Art ist die Reklame zum eigentlichen Ort der Wahrheit geworden. Da jeder davon ausgeht, daß sie sowieso lügt, kann sie auch die Wahrheit sagen, das ist der ganz besondere Gag.

Die Reklame ist der Hofnarr der Industriegesellschaft mit dem Unterschied, daß der Hofnarr wußte, was er tat. Er war darüber hinaus witzig, und der Fürst hatte jederzeit das Recht, ihn totzuschlagen. Wir hingegen müssen überall die Reklame ertragen, bis auf die Toilette oder in die Intensivstation, wo selbst am Ort der Intimität oder des Schmerzes ein Waschmittel oder eine Armbanduhr angepriesen werden muß. Zwar gibt es in jedem Intercity und in jeder Kneipe ein Nichtraucherabteil, aber zur reklamefreien Zone haben wir es noch nicht gebracht.

6.2 Zur Theologie des Autos

„**D**as Wunder ist des Glaubens liebstes Kind", sagte Goethe. Dies ist zwar falsch (Jesus schalt die Wundersüchtigen), aber für die Gemeinde der Automobilgläubigen gilt dieser Satz im eigentlichen und Wortsinne. Auch ganz prosaische technische Parameter werden hier plötzlich in den Bereich des Mythischen oder Mystischen transponiert. So sind die Cw-Werte „magische Ziffern im Automobilbau" oder der Audi 100 gilt als ein „Wind-Wunder", während der BMW 635 CSi mit seinem Bordcomputer die „Wunder der Elektronik" hervorzaubert. Die Hersteller von Sportwagen werden „Motor-Magier" genannt und von hier aus ist es nur noch ein Schritt zur Aufhebung der Naturgesetze, was den Magier im eigentlichen Sinne auszeichnet.

Über den Peugeot 205-GTI heißt es: „In winkligem Gelände ist die schnellste Verbindung zwischen zwei Punkten nämlich nicht die Gerade, sondern der GTI 1.9", wohingegen die neue 200-er-Reihe von Mercedes die „physikalische Gesetze ad absurdum zu führen" scheint.

Der neue Jaguar hebt sogar die Newtonschen Axiome auf: „Seit es den Jaguar 4-Liter gibt, sind die Trägheitsgesetze auch nicht mehr das, was sie einmal waren ... Vielmehr scheinen die Berge plötzlich flacher und die Autos, die man überholt langsamer geworden zu sein. So, als ob die Trägheit der Massen ihre Gesetzeskraft verloren hätte."

Es gibt kaum eine Eigenschaft des religiösen Bereichs, die nicht im Luxuswagen erneut in Erscheinung träte, wie beispielsweise der Begriff der „Vorsehung", denn: „Der Mensch denkt, Mercedes lenkt", was auch in einem sehr unprätentiösen Sinne wahr sein könnte, nämlich so, daß uns die Großindustrie ganz gut im Griff hat.

Nach christlichem Verständnis ist Gott nicht nur transzendent und weltenthoben. Gott verströmt sich zugleich in seine Schöpfung hinein als einen ersten Gnadenakt, dem andere Akte wie „Erlösung", „Rechtfertigung" und „Auferstehung" folgen. Gemäß diesem Programm ist auch das Luxusautomobil von allem Anfang an kein Gemachtes oder

Hergestelltes. Es ist kein Artefakt, sondern „eine große Schöpfung". Ein „Schöpfer" wie der Auto-Designer Franco Sabarro wohnt sehr hübsch am See von Neuchatel. Eine Vogue-Interviewerin über ihn und seine Umgebung: „So hat man sich die Traumwelt immer vorgestellt, in der, wie von magischen Kräften gestaltet, Karosserien entstehen."

Weil durch Magie entstanden, sind diese Karosserien nicht etwa „gemacht", sondern „erschaffen". Diese Formulierung entspricht geradezu dem „genitum non factum", mit dem das „Credo", das Glaubensbekenntnis der Christen, die Sonderstellung Jesu gegenüber den anderen Menschen hervorhebt. In einer solchen Sonderwelt lebt der Designer Franco Sabarro. Daher kann er auch nur oberhalb des Sees von Neuchatel „die Eingebungen zu seinen Geschöpfen bekommen". Sein Wohnort wird konsequenterweise zur Wallfahrtsstätte: „So sieht also der Platz aus, zu dem Auto-Liebhaber und -Liebhaberinnen aus ganz Europa pilgern."

Doch nicht nur Schöpfung, auch Sakramentalität und Erlösung finden sich in der Welt des Automobils transponiert wieder: Ein Rolls-Royce ist nicht nur „der Traumwagen schlechthin", er ist — so wie Jesus die Verleiblichung des ewigen „Wortes" war — „die Inkarnation des Fahrzeug-Luxus" selbst. So wie Jesus viele rief, aber nur wenige ihm folgten, gilt auch vom Fahren eines Rolls-Royce, dessen himmlisches Spitzenmodell „Silver Seraph" über 400 000 DM kostet: „Viele träumen davon, doch nur wenige sind auserwählt."

An die wenigen, die „auserwählt" sind, ergeht in den Evangelien die Härte der sittlichen Forderungen aus der Bergpredigt. Selbst dazu gibt es Entsprechungen im Bereich des Autodesign. Ein Designer, der die Würde erlangt hat, einen Wagen wie den „Ferrari Mondial" zu stylen, wird z. B. „täglich dem Schicksal dafür danken … daß er Designer geworden ist". Er wird wie die ersten Christen ob der Größe seiner Aufgabe „Weib und Kind vergessen". Mehr haben Jesus oder Buddha auch nicht verlangt.

Das Unglaublichste ist „Vogues" Versuch, auch noch den Tod technizistisch zu überhöhen. Der Tod ist das Urproblem aller Religionen, deshalb wird er auch in der automobilen Religion einen Ort haben müssen.

In diesem Sinne heißt es: „Wer mit dem Speedster stirbt, der stirbt nicht allein; das wußte schon James Dean, als er sich am 3. September 1955 mit seinem 356 Porsche Speedster auf einer kalifornischen Straße dem Gott der Raserei opferte." Übrigens wurde dieser Unglückswagen, wie dieselbe Zeitschrift berichtet, zu Amuletten verarbeitet, wie 2000 Jahre zuvor die Partikel des Kreuzes Christi. Ohne Zweifel ist das geschmacklos und gotteslästerlich, aber auf eine perverse Weise wahr. In der Zeitschrift „Vogue" spricht sich der allgemein herrschende automobile Wahnsinn ganz ungeniert und ungebrochen aus.

Diese Zeitschrift artikuliert eine Grundhaltung, die auch sonst verbreitet ist. Man findet daher solche Überhöhungen des Automobils auch in anderen Zeitschriften oder Zeitungen, wie beispielsweise in der „Frankfurter Allgemeinen Zeitung", die die Deutschen wohl zu Recht ein „Autofahrervolk" nennt.

In der „FAZ" wird die Divinisierung des Automobils nicht ganz so hohepriesterlich zelebriert wie in der „Vogue", aber es bleibt noch genug an Überhöhung für eine Zeitung, die sich besonders seriös, vernünftig oder sogar christlich gibt. Dies allerdings nur in der Dienstagsbeilage „Technik und Motor". Im Feuilleton derselben Zeitung steht meist das Gegenteil.

Ich zitiere einige FAZ-Passagen, die mir innerhalb der letzten Jahre en passant ins Auge stachen. Dies nur um zu zeigen, daß der pseudosakrale Automobilitätswahn von „Vogue" keine Sonderwelt darstellt, sondern den Nukleus einer allgemeinen Verfaßtheit.

Über eine Ferrari-Ausstellung in Florenz heißt es in der „FAZ", in deutlicher Anspielung auf Marinettis „Futuristisches Manifest": „Die Modernisten erhoben in den zwanziger Jahren das Automobil aus lauter Emphase zum Selbstzweck. Die Aura von Kraft und Geschwindigkeit überstrahlte alle banalen Transportzwecke ... Diese Autos sind virtuelle Existenzen, ..., deren Reich nicht mehr ganz von dieser Welt ist ... Diese Autos verkörpern den urmodernen Traum vom reinen Selbstzweck, dem jedes technische Mittel heilig ist." Diese Emphase der Selbstzwecklichkeit läßt die „FAZ" auch kleineren Wagen angedeihen: „Der VW Golf hat schon zu Lebzeiten das Zeug zur Legende, er ist auf dem Weg zu jenem Mythos, der noch vom VW Käfer herüberweht ..."

Autos, die einfach nur dem Zweck der Fortbewegung dienen, werden in der FAZ als exotische Ausnahmeerscheinungen hingestellt. So heißt es zum Beispiel über den „Daewoo Lanos SE 1.4", einen koreanischen Wagen der Golf-Klasse, der aber 6 000 DM billiger ist als dieser: „Es soll Menschen geben, für die ist das Auto kein Prestige-Objekt. So mögen zwar nur wenige denken, aber es gibt sie. Sie kaufen ein Fahrzeug zu dem Zweck, für den es vor 111 Jahren erfunden wurde: Transport von A nach B. Wer mit dieser Prämisse ans Auto herangeht, kann über kurz oder lang beim Daewoo-Händler landen." Dies, das Zweckrationale, ist also für die „FAZ" der Grenzfall des gerade noch Akzeptablen.

Gibt es im Bereich des Lebendigen die „Autopoiese", so gibt es im Bereich der Technik den „Autopoieten", jedenfalls bei der „FAZ": Ein solcher „Autopoiet" schreibt unter der Überschrift: „Mit griechischem Namen und messianischem Auftrag" über den Mazda Xedos 6: „Ziemlich maniriert, das Kußmündchen des Grills neben den Schlitzaugen der Scheinwerfer: ein Anflug von Lancia, ein Hauch von Rover, ein Rüchlein Jaguar. Dahinter ein prächtig modellierter, aber zierlicher Körper, glatthäutig und tiefgründig spielend. Der Oberbau, nicht zu filigran, wächst organisch aus der Gürtellinie heraus." Gleichwohl sollte beachtet werden: „Aber ein Auto ist keine antike Skulptur, auch wenn es einen griechischen Namen hat. Es muß Funktionen erfüllen ... 42 970 Mark kostet das Gesamtkunstwerk Xedos 6."

Zweifel am automobilen Wahn läßt die „FAZ", jedenfalls in der Beilage „Technik und Motor", nicht aufkommen: „Erregung über einen PS-Wahn dient im Grunde nur dazu, einen Popanz aufzubauen, über den man sich erregen kann." Die Kritik an der automobilen Gesellschaft kann allerdings auch diese Zeitung nicht ganz ignorieren, hofft aber auf „die Zukunft des Autos", denn wie es heißt: „Das Auto der Zukunft ist die Zukunft des Autos". Laut „FAZ" war „die Erfindung des Autos ... die eigentliche gesellschaftliche Revolution der Gegenwart".

Die Kehrseite der Medaille ist allerdings diese: Der Straßenverkehr fordert allein in der BRD täglich 30 Tote und 1400 Verletzte. In einem Jahr sind das 10 000 Tote und 500 000 Verletzte. Auch die Tiere haben sehr unter dem Straßenverkehr zu leiden. Pro Jahr müssen in der BRD 150 000 Hasen und Karnickel ihr Leben lassen, zu schweigen von den unzähligen Füchsen, Igeln, Katzen, Fasanen, Bussarden, Mardern oder Iltissen. Deutsche Autofahrer pusten pro Jahr 3 400 Tonnen Blei und fünf Millionen Tonnen Kohlenmonoxid in die Luft. Weltweit verursacht der Autoverkehr pro Jahr ungefähr 500 Milliarden DM an volkswirtschaftlichen Schäden. Seit dem Zweiten Weltkrieg sind auf der ganzen Welt 3 Millionen Menschen im Straßenverkehr gestorben, mehrere Millionen wurden schwer verletzt. Keine Seuche, vielleicht mit Ausnahme der Pest, hat jemals so verheerend gewütet.

All dies scheint uns nicht im geringsten zu beeindrucken. Im Spätmittelalter trieb die Pest die Menschen in die Kirchen oder als Flagellanten auf die Straßen. Die Hexenverfolgungen erzeugten ein Klima der Denunziation und Angst. Die Menschen reagierten eingeschüchtert, aggressiv oder auch autodestruktiv. Auf den mörderischen Charakter der automobilen Gesellschaft reagiert fast niemand. Wir lassen uns bequem zu Matsch fahren — das scheint die vorgegebene Ordnung der Dinge, die wir mit derselben Fatalität akzeptieren, wie die Azteken die Menschenopfer ihrer Priesterkaste. Wir ignorieren den Treibhauseffekt und die Verschwendung der nichtregenerierbaren Ressourcen läßt uns kalt. Das ist unschön, aber verständlich. Immerhin wird es nicht uns, sondern unsere Enkel treffen. Aber daß wir gleichgültig bleiben, wenn allein in der BRD jedes Jahr eine Kleinstadt massakriert wird, und ein Heer von Krüppeln den Rest seines Lebens im Rollstuhl verbringen muß, gibt doch zu denken.

Natürlich kann niemand wünschen oder hoffen, daß das Automobil wieder vollständig verschwände; die Vorteile sind einfach zu groß. Allerdings gibt es einfach zu viele davon (weltweit über 500 Millionen). Die Massenmobilität in ihrer jetzigen Form ist ein Wahn, zu dem es durchaus Alternativen gäbe. Man braucht sich nur daran zu erinnern, daß noch im Jahr 1950 die Bahn das wichtigste Verkehrsmittel in der Bundesrepublik war. 1949 schlug eine Expertenkommission dem damaligen Verkehrsminister Seebohm vor, der Schiene Priorität zu geben, die Bundesbahn technisch zu erneuern und für die größten Städte einheitliche U-Bahnen einzuführen. Diese Pläne scheiterten jedoch am Widerstand des ADAC und der Autoindustrie. Vierzig Jahre später hatte die Bahn nur noch einen Anteil von 6% am gesamten Verkehrsaufkommen, der Individualverkehr aber einen Anteil von 80%, Tendenz steigend.

Das Automobil ist auf weite Strecken kein Verkehrsmittel, sondern eine Droge und so war es schon immer. Anfang des Jahrhunderts lehnten die amerikanischen Autofahrer jede administrative Regelung des Verkehrs ab, also die Registrierung der Automobile, die Erteilung von Fahrlizenzen, die Festsetzung von Geschwindigkeitshöchstgrenzen usw.

Hochinteressant ist in diesem Zusammenhang was in einem alten „Handbuch für Automobilisten ohne Chauffeur" steht. Es richtete folgende eindringliche Ermahnung an seine Leser:

„Liebenswürdige, wohlerzogene und rücksichtsvolle Leute werden, sobald sie das Steuerrad in den Händen halten und das Beschleunigerpedal unter dem Fuß spüren, vom Automobilkoller erfaßt. Es scheint, als ob all das, was wir gemeinhin ›gute Erziehung‹ nennen, plötzlich aus ihrem Wesen ausgelöscht wäre. In den engsten und bevölkertsten Straßen der Stadt brüllt ihre tiefe, langtönende Hupe: ›Platz da für mich, seht ihr denn nicht, ICH komme?‹ ... Diese Leute sind imstande, im 30-Kilometer-Tempo auf eine Straßenbahnhaltestelle loszufahren und 20 Menschen auf einmal zu panikartiger Flucht zu treiben, ohne daß ihnen das Rücksichtslose ihrer Handlungsweise zum Bewußtsein kommt. Sie, die vielleicht hohe Beamte, Besitzer großer Unternehmungen und Träger klingender Titel sind ... Fast will es scheinen, als ob hier eine Art merkwürdiger Autosuggestion vorläge; die Kraft, die in dem Motor schlummert, scheint plötzlich in das Nervensystem des Mannes an der Lenkung überzuströmen und diesen in eine Art ›Übermenschen‹ zu verwandeln."[2]

Das war 1904. Geändert hat sich seither nichts, abgesehen davon, daß es 200mal so viele Autos gibt und daß sie fünfmal so schnell fahren.

Anmerkungen

1   Seine Begründung ist die, daß auch Maschinen „direkte Produkte lebender Objekte" seien. Aber „lebt" dann auch ein Vogelnest oder ein Dachsbau? (Dawkins, S.
13f.)

2   Nach Troitzsch/Weber, S.446f.

7. Theologie und Technik

Aus Angst, nicht „wissenschaftlich" genug zu sein,
meiden die Theologen den Trivialmythos.
Aber vielleicht sind Lady Diana und Perry Rhodan
theologisch bedeutsamer als mancher Gelehrter eingesteht.

7.1 Sprachlose Theologen

Wenn dem Philosophen oder Theologen nichts mehr einfällt, fällt ihm die Ethik ein, denn die Welt ist aufgeteilt: Die Natur untersuchen die Physiker, Chemiker und Biologen, den Menschen erforschen die Psychologen, Soziologen und Historiker. Was sollen die Philosophen und Theologen in einer Welt, die komplett vermarktet ist, in der es für alles und jedes einen Spezialisten gibt?

Es ist leicht zu sehen, daß die Ethik ein Sonderbereich ist, der unter diesen bereits vermessenen Ländereien nicht vorkommt. Wenn all diese Wissenschaften auf das gehen, *was ist*, entgeht ihnen ex definitione das, *was sein soll*. Wenn sie, wie die Soziobiologen, argumentieren, daß auch das Sollen ein naturales Phänomen sei, haben sie schlechte Argumente, denn ihre eigene Wissenschaft zehrt von normativen Voraussetzungen, die sie in ihrer Theorie nicht unterbringen, geschweige denn erklären können.

Es ist also unstrittig, daß die Frage nach ethischen Normen den positiven Wissenschaften im Rücken bleibt. Folglich muß es jemand geben, der sich damit beschäftigt. Daß die Ethik integraler Bestandteil der Philosophie ist, ist somit unbestreitbar. Es gibt keine guten Gründe, ihr diesen Kompetenzbereich zu entziehen. Einer gefährlichen Engführung kommt es aber gleich, wenn die Philosophie außer der Ethik sonst kein Spezifikum mehr vor den positiven Wissenschaften voraus hat.

Wenn es demnach eigentlich nötig wäre, daß die Philosophie auch eine nichtszientistische Seinslehre enthielte neben einer Ethik, die sowieso aus dem Raster der strengen Wissenschaft herausfällt, dann ist doch der Rückzug der Philosophie auf ethische Fragen zumindest kein Verlassen ihres angestammten Terrains. Aber wie verhält es sich mit der Theologie? Auch die Theologie hat sich schon immer mit Ethik beschäftigt. Sie wird es nach ihrem Selbstverständnis auch in Zukunft tun müssen, aber die Frage nach einer theologischen Ethik führt in eine merkwürdige Aporie: Entweder diese Ethik entfaltet die Sollensforderungen, die in der Bibel an den gläubigen Menschen gestellt werden, dann sind diese Forderungen, jedenfalls in einer säkularisierten Gesellschaft, nur noch einer Minderheit verständlich und akzeptabel. Oder die theologische Ethik richtet sich an alle, unabhängig von ihrer Weltanschauung, dann wird sie sich auf Vernunftgründe und nicht mehr auf die Bibel oder auf die Dogmatik berufen. Sie ist aber damit nicht mehr im eigentlichen Sinne theologisch.

Diese Problematik wird von den besten katholischen Moraltheologen so aufgelöst, daß sie an einer spezifisch christlichen *Motivation* für das sittliche Handeln festhalten. Die *Inhalte* dieses Handelns stellen sie aber auf einer allgemeinen Vernunftebene dar, die prinzipiell jedem Menschen einsichtig ist oder einsichtig sein sollte. Alfons Auer weist darauf hin, daß dies schon die Position des Thomas von Aquin war.[1] In diesem Sinne — und mit Berufung auf Thomas — hat der katholische Moraltheologe Wilhelm Korff ein Buch über „Kernenergie und Moraltheologie" geschrieben, das ohne Zweifel ein wichtiger Beitrag zu diesem Thema ist. Nach Korff geht es darum, „die Argumente so zu entwickeln, daß sie über die Prämissen christlichen Glaubens hinaus von möglicher Bedeutung sind".[2] Ohne Zweifel löblich, nur, warum heißt dieses Buch „Kernenergie und Moraltheologie", müßte es nicht einfacher „Ethische Probleme der Kernenergie" heißen? In der Tat spielt in Korffs Buch die Theologie keine wahrnehmbare Rolle. Ganz ähnlich ist es auch bei vielen anderen moraltheologischen Untersuchungen zur Technik.[3]

Wenn es um Probleme der Technik geht und wenn Theologen sich dazu äußern (was gar nicht so oft der Fall ist), dann sprechen sie in der

Regel von den *ethischen* Problemen der Technik. Aber das sind keine spezifisch theologischen Probleme, sondern solche, die sich jedem denkenden Menschen aufdrängen. Es sind weiterhin solche Fragestellungen, bei denen der Theologe keine besondere Kompetenz für sich in Anspruch nehmen kann.

Der katholische Theologe und Philosoph Ludger Honnefelder mischt sich seit einiger Zeit in die Diskussion um Gentechnologie, Invitro-Fertilisation und Sterbehilfe ein, aber er tut dies *ausschließlich* als Philosoph. Seine Argumente sind auch jedem Nichtchristen einsichtig, oder müßten es ihrem Anspruch nach sein, d. h. seine Überzeugung als Theologe spielt auf dem Feld einer Ethik der Technik *überhaupt keine Rolle* und kann sie auch nicht spielen. Wenn das so ist und wenn die wesentlichen Probleme der Technik ethischer Natur sind, hieße das, daß die Theologie aus eigenster Kompetenz nichts zu technischen Problemen zu sagen hat? Soll sie dieses Feld ganz den Philosophen überlassen?

Während die Philosophen gute Argumente haben, wenn sie den ethischen Bereich gegenüber den positiven Wissenschaften als ihren eigenen besetzt halten, haben die Theologen in dieser Hinsicht keine guten Karten. Was sie eventuell beitragen könnten, kann jeder andere ebenso gut oder vielleicht noch besser. Nun muß man aber leider wahrnehmen, daß die Theologen im Feld der Technik zumeist auf die Karte „Ethik" setzen, die in ihrer Hand eine Karo Sieben ist.

Nun muß es vielleicht keine „Theologie der Technik" geben. Es gibt auch keine „Theologie des Sports" und keine „Theologie der Mathematik", ohne daß dies irgend jemand als ein Manko empfinden würde. Theologie kann sich ihrem Selbstverständnis nach auf alles beziehen, aber sie muß es nicht tun. Aufgerufen ist sie nur dort, wo die Grundverfaßtheit des Menschen auf dem Spiel steht. Für die griechische Kultur war die agonale Beziehung zum eigenen Körper fundamental und deshalb gab es im antiken Griechenland eine „Theologie des Sports", jedenfalls waren die Olympischen Spiele integraler Bestandteil des griechischen Kultes. Dagegen sind die Olympischen Spiele seit dem 19. Jahrhundert integraler Bestandteil eines Kultes um die Zehntel- und Hundertstelsekunden geworden, d.h. sie wurden seitdem zum Bestandteil eines *technischen* Kultes.

Das kultische Moment in der Technik habe ich auch an anderen Stellen dieses Buches herausgearbeitet. Technik durchdringt unser Leben seit dem 19. Jahrhundert wie eine epochale Befindlichkeit und eine Theologie, die diese Befindlichkeit ignoriert, hat ihre spezifische Kompetenz verschenkt. Der Rückzug auf die Ethik scheint mir auch hier eine höfliche Art zu sein, die eigene Überflüssigkeit zuzugestehen. Ist das Gesagte richtig, dann wäre eine eigenständige „Theologie der Technik" ein Desiderat. Es müßte sie geben.

Ein Blick auf die „großen" Theologen zeigt allerdings, daß hier eine beträchtliche Lücke klafft. Zum Beispiel hat sich Karl Rahner nur am Rande mit Problemen der Technik auseinandergesetzt[4], bei Hans-Urs von Balthasar fehlt dieser Bereich, ebenso bei Wolfhart Pannenberg. Pannenberg erwähnt das technische Handeln jeweils synonym mit dem zweckrationalen, auf konkrete Objekte bezogenen, Handeln, d. h. er setzt keine Differenz zwischen dem epochal Neuen der industrialisierten Technik und dem Handwerk, wie es seit mehr als 10 000 Jahren existiert. Das ist erstaunlich bei einem Autor, welcher der modernen Naturwissenschaft so viel Aufmerksamkeit geschenkt und ein eigenes Buch über „Wissenschaftstheorie und Theologie" geschrieben hat. Pannenberg war also mit guten Gründen und gegen Theologen wie Karl Barth der Meinung, daß die Naturwissenschaft ein säkulares Ereignis sei, wert der ausführlichen theologischen Reflexion. In bezug auf die Technik war er nicht dieser Meinung, sonst hätte er sie explizit darstellen müssen.

Mir scheint, daß sich hierin die Theorielastigkeit der Philosophie und unseres Wissenschaftsverständnisses insgesamt in die Theologie hinein verlängert. Auch die meisten Theologen scheinen zu glauben, daß zwar unsere theoretischen Auffassungen vom Kosmos die menschliche Grundbefindlichkeit verändert haben, nicht jedoch das technische Handeln, während man umgekehrt so argumentieren könnte, daß nichts unser

Selbstverständnis seit der Renaissance und Reformation stärker verändert hat, als die industrielle Technik und daß im Verhältnis zu ihr die Revolutionen der Wissenschaft die Angelegenheit einer schmalen Elite von universitären Fachwissenschaftlern waren, die sonst niemand etwas angehen. Wer kümmert sich schon um Zeitdilatationen, Längenkontraktionen, Pi-Mesonen, Unschärferelation oder um das Pauliprinzip, außer einer verschwindend kleinen Elite von Fachleuten? Aber die Atombomben und Atomkraftwerke gehen uns alle an — zugleich sind sie mehr als bloße Sekundäreffekte der zugrundeliegenden physikalischen Theorien.

Auf welcher Ebene können nun Theologie und Technik ins Verhältnis gesetzt werden? Zunächst einmal ergibt sich hier dieselbe Schwierigkeit wie in der Kunst, und die Sprödigkeit der Theologie gegenüber der Technik hat auch ein und dieselbe Ursache. Prima vista sind technische Artefakte Mittel zu gegebenen Zwecken. Die Rechtfertigung dieser Zwecke gehört in die philosophische Ethik und nur insofern zur Theologie, als daß eine solche Ethik theologisch integriert und gegebenenfalls kritisiert werden muß. Der Bezug von Theologie auf Technik ist also ein sehr indirekter und es ist nur dieser indirekte Bezug, der sich z. B. in Pannenbergs „Systematischer Theologie" findet.

Nun hatte ich aber gleich im ersten Kapitel gezeigt, daß ein solcher Begriff von „Technik" zu eng ist. Er beschreibt richtig die unmittelbaren, in das Artefakt eingebauten, Zwecksetzungen. Dieser Begriff ignoriert aber die variablen Bedeutungszuschreibungen, die das technische Artefakt erfährt, wenn es in konkrete natürliche und soziale Umwelten eingebettet wird. Das kann bis zu dem Punkt gehen, daß das Artefakt zum präsentativen Symbol von religiösen Erlösungshoffnungen wird. Ich habe schon verschiedentlich darauf hingewiesen, daß an dieser Stelle ein Konnex Technik — Theologie möglich, ja geboten ist und möchte diesen Zusammenhang im vorliegenden Kapitel entfalten. Zuvor sind allerdings einige prinzipielle Überlegungen zur Rolle der Theologie nötig.

7.2 Die letzte Fahrt des James Dean – oder: Versuch einer Ortsbestimmung der Theologie

Theologie ist keine voraussetzungslose Wissenschaft. Auch andere Wissenschaften sind nicht voraussetzungslos, dies jedoch in einem weit unprätentiöseren Sinne. Ich habe im fünften Kapitel gezeigt, daß auch positive Wissenschaften, wie z. B. die Physik, „nach oben hin" offen sind. Das bedeutet, daß sie ihre höchsten Voraussetzungen nicht wirklich rechtfertigen können, es sei denn durch ihren Bezug auf die Erfahrung und ihren praktischen Erfolg. Weil aber jede Theorie empirisch unterdeterminiert ist und für jedes Set von Beobachtungsdaten alternative Theorien existieren, sind sie im strengen Sinn durch das Gegebene nicht zu rechtfertigten und die Frage nach möglichen Alternativen bleibt offen.

Dem durchschnittlichen Wissenschaftler wird dies nichts ausmachen, da es nicht eben wenig ist, wenn eine Theorie praktisch „funktioniert". Anders ist es in der Theologie. Die Theologie kann nicht auf die empirische Probe gestellt werden, jedenfalls nicht, wenn man experimentelle Standards fordert. Theologie rekurriert auf spezielle Erfahrungen, die nicht zu verallgemeinern sind. Eine solche Erfahrung ist die Erfahrung der ersten Apostel, die Jesus noch gekannt haben und zur Überzeugung gelangt waren, daß Jesus ein so außerordentlicher Mensch sei, daß er uns absolut betrifft oder doch betreffen sollte. Einen empirischen Beweis für ihre Überzeugung hatten die Apostel nicht anzubieten. Sie konnten nur an die Intuition ihrer Mitmenschen appellieren, daß eine Lebensform, die sich an Jesus orientiert, eine Art von Stimmigkeit erhält, die eher der Stimmigkeit eines Kunstwerks als der einer mathematischen Deduktion gleicht.

Wenn Theologie die systematische Darstellung solcher religiösen Primärerfahrungen ist, dann erscheint sie in einem weit höheren Maße voraussetzungsreich als jede wissenschaftliche Theorie. Sie hängt klar von weltanschaulichen Vorentscheidungen ab, die empirisch nicht entscheidbar sind. Da die weltanschaulichen Vorentscheidungen des Christentums heute alles andere als selbstverständlich sind, ist bei der Berufung auf sie Vorsicht geboten.

Ich habe bisher jede Berufung auf solche weltanschaulichen Hintergründe vermieden. Zwar bin ich selbst überzeugter Christ, aber mir scheint, daß gerade der, der eine solche Überzeugung teilt, imstande sein muß, sie möglichst lange zu suspendieren und zwar gerade um des Glaubens willen. Ein Christ, der heute überzeugend sein will, muß die Fähigkeit besitzen, neben sich zu treten und sich zu fragen „Was geschähe, wenn mein Glaube eine Täuschung wäre?", „Was wäre, wenn die säkulare Vernunft recht behielte, indem sie den religiösen Glauben als ein Ammenmärchen begreift?".

Nun ist natürlich der Einwand naheliegend, daß derjenige, der eine christliche Grundüberzeugung hat, von vornherein weltanschaulich vorgeprägt ist und alle Dinge im Lichte seines Glaubens sieht. In bezug auf das vorliegende Buch könnte man vermuten, daß das transzendierende Moment, das ich überall im Technisierungsprozeß ausgemacht habe, schon von Anfang an ein Platzhalter der religiösen Transzendenz war, auf die ich im Endeffekt hinauswollte, daß ich also, was aus dem Wald theologisch heraushallt, zuvor hineingeschrieen habe.

Dieser Einwand ist allerdings ziemlich schwach. Es ist einfach nicht wahr, daß diejenigen, die keine Christen sind, deshalb keine weltanschaulichen Vorentscheidungen getroffen hätten. Einen Menschen ohne Weltanschauung gibt es nicht und die weltanschauliche Prägung ist erfahrungsgemäß bei jenen am stärksten, die nichts zu repräsentieren vorgeben als die reine Vernunft.

Was des einen Vernunft, ist des anderen Vorurteil. Auch ein weltanschaulicher Materialist wird die Welt im Licht seiner Grundüberzeugung sehen, er wird Dinge für wichtig halten, die für einen anderen sekundär sind usw. In bezug auf solche weltanschaulichen Vorprägungen kann nur gelten, daß man sie ehrlicherweise offenlegen sollte, um sich im Rahmen einer allgemeinen Diskussion auf jedermann zugängliche Vernunftgründe zu beschränken. Daß sich in solche Vernunftgründe auch weltanschauliche Voreingenommenheiten einmischen werden, ist unvermeidlich. Dieses gilt aber nicht nur für den Christen, sondern für jeden, und die Diskussion ist ja gerade das Forum, um solche Voreingenommenheiten aus der Welt zu schaffen.

Was meinen Transzendenzbegriff konkret betrifft, so war er gerade *nicht* religiös gemeint. Er ist auch nur in einem sehr schwachen Sinne metaphysisch, insofern ich eine Kompetenz des Menschen zum jeweiligen Überschreiten gegebener Grenzen behauptet habe, d. h. einen Ausgriff ins Reich *potentieller* Unendlichkeit, bei gleichwohl festzuhaltender faktischer Endlichkeit all seiner Akte. Wer ein solches anthropologisches Grundvermögen negiert, ist gehalten, die Phänomene, die ich beschrieben habe, anders und besser zu deuten. Der Begriff des „Transzendierens", den ich bisher gebraucht habe, bleibt ganz im Bereich dessen, was Ernst Bloch „Transzendieren ohne Transzendenz" genannt hat. Es impliziert keinesfalls die Existenz eines überweltlichen Gottes als eines Adressaten dieser Transzendenzbewegung.

Im übrigen war meine Argumentation ja nicht so, daß ich bestimmte Technikauffassungen kritisiert habe, weil sie eine theologische Deutung von vornherein unmöglich machen. Ich habe sie vielmehr kritisiert, weil sie dem Phänomen der „Technik" nicht wirklich gerecht werden. Technik als Mittel zur Subsistenzsicherung, als Strategie gegenüber einer feindlichen Natur, als Lebenserleichterung oder als Organverlängerung, all dies sind zunächst sinnvolle Konzeptionen, die in der Technikentwicklung eine bedeutende Rolle gespielt haben. Sie reichen aber nicht hin, um die Bedeutung der Technik vollständig zu bestimmen. Daß solche Technikauffassungen religiöse Horizonte apriori ausblenden, und der Atheismus sich auf ein solches, verkürztes Technikverständnis berufen hat, war für mich kein Grund, sie für falsch zu halten, sondern allein die Tatsache, daß sie dem Phänomen, um das es geht, nicht gerecht werden. Dies impliziert, daß ich bis jetzt nur die logische Verträglichkeit von Religion und Technik aufgezeigt habe. Es impliziert aber auch, daß die vielbehauptete Affinität zwischen technologischer Aufklärung und Atheismus auf einem Irrtum beruhen muß.

Wenn ich jetzt von dezidiert religiösen Vorstellungen ausgehe, die ich dem Christentum entnehme, dann bedeutet dies, daß ich keinen Allgemeingültigkeitsanspruch mehr stellen kann. Gleichwohl mag auch das Folgende von allgemeinem Interesse sein, weil nämlich eine „Theologie der Technik" im Fall ihres Gelingens zweierlei für sich in Anspruch nehmen kann, was auch außerhalb ihres weltanschaulichen Rahmens von Interesse sein dürfte: Erstens kann gezeigt werden, daß ein recht verstandenes Christentum eine radikale, gleichwohl nichtpauschalierende Technikkritik einschließt, die heute nötiger ist denn je. Zweitens verleiht die Deutung des technischen Grenzüberschreitens im Sinne eines religiöses Transzendierens dem Technisierungsprozeß eine Tiefendimension, die er ohne sie nicht haben würde. Technik, in einen religiösen Kontext hineingestellt, wird reicher als ohne sie. Religion ist eine Quelle von Schönheit und Wahrheit, nicht wie ihre Gegner unterstellen, eine Insel der ewig Gestrigen, die eine historisch überholte Enklave vor der aufgeklärten Vernunft absichern, um sich nicht auf die Höhe der Zeit begeben zu müssen.

Ich habe also den Begriff des „Transzendierens" bisher nur im vorreligiösen Sinn gebraucht, nämlich im Sinn eines Ausgriffs in den Raum des potentiell Unendlichen. Auf diesem Niveau muß in der Schwebe bleiben, ob dieser Ausgriff nicht etwa ins Leere geht, um in einem regressus in infinitum zu enden.

Der religiöse Mensch bringt diesen Regreß zum Stehen. Für ihn hat das Ziel der Transzendenzbewegung einen Namen, hieße er nun „Gott", „Natur", „Nirwana", „Macht", „Lust" oder „Alkohol". Wesentlich ist hier nur, daß das Ziel der Transzendenzbewegung als ein Absolutum angesehen wird, selbst wenn es in sich endlich ist wie die Sinnenlust oder wie gewisse Rauschzustände. In dieser Hinsicht sind auch die Leser von „Vogue" religiöse Menschen, wenn sie sich die Divinisierung des Automobils gefallen lassen. Auch der Aberglaube ist ein Glaube.[5]

Der evangelische Theologe Paul Tillich sagt: „Der Gegenstand der Theologie ist das, was uns unbedingt angeht. Nur solche Sätze sind theologisch, die sich mit einem Gegenstand beschäftigen, sofern er uns unbedingt angeht." Er präzisiert weiter: „Das, was uns unbedingt angeht, ist das, was über unser Sein oder Nichtsein entscheidet."

Wenn es wahr ist, daß sich James Dean in seinem Porscheroadster dem „Gott der Raserei" geopfert hat, dann ging ihn die Raserei mit dem Porsche „unbedingt an" und sie entschied auch in der Tat über „Sein oder Nichtsein". Ein solches Verhalten ist im weitesten Sinne „religiös", genauso wie das derjenigen, die sich aus James Deans Unglückswagen Amulette fertigen ließen. Natürlich ist eine solche Religiosität durch und durch abergläubisch. Tillich sagt denn auch: „Götzendienst ist die Erhebung von etwas Vorläufigem zu etwas Letztem und Unbedingtem."[6]

Solcher Aberglaube und Götzendienst ist uns in diesem Buch öfters begegnet. Ich bediene mich hier der Tillichschen Begriffe, weil Tillich einer der wenigen ist, die dem technischen Bereich einen zentralen Stellenwert in ihrer Theologie zuerkannt haben.

Von Wernher von Braun bis Frank Tipler ist die Geschichte der Technik voll von Beispielen für die „Erhebung von etwas Vorläufigem zu etwas Letztem und Unbedingtem". Ich habe den philosophischen Mechanismus, der hinter dieser Erhebung steckt, durch eine Aufhebung der Differenz zwischen ideellem Ausgriff und kategorialer Einlösung zu erklären versucht. Der ideelle Ausgriff bezieht sich, wenn er sinnvoll sein soll, zunächst nur auf einen „focus imaginarius" im Kantischen Sinne, er muß also im Bereich des *potentiell* Unendlichen verbleiben. Wird er jedoch verdinglicht, wird das technische Artefakt mit den Attributen des *aktual* Unendlichen versehen, dann wird er zum „focus realis", das Unendliche wird zum herstellbaren Objekt. Nun geht es nicht mehr nur um eine neutrale Transzendenzbewegung, sondern um ein konkret benennbares Woraufhin. Damit ist die Sphäre des Religiösen erreicht, die aber von einem christlichen Standpunkt als Götzendienst oder Aberglaube apostrophiert werden muß.

So gesehen müßte Theologie immer zugleich auch Technikkritik sein. Ganz unverständlich und nicht zu dulden ist es daher, daß viele Theologen glauben, ohne Technikkritik auszukommen. Aber sie haben auch lange geglaubt, daß sie ohne Sozialkritik auskommen könnten.

Nichts hindert selbstverständlich, daß sich der Techniker einem solchen Götzendienst enthält und in einem *echten* Sinne religiös ist. Da die Technik ohnehin keine antireligiöse Instanz sein kann (so wenig wie die Naturwissenschaft), hat es auch schon immer echt religiöse Techniker gegeben.

Diejenigen, die so leichthin unterstellen, man könne nicht zugleich am Rad des technischen Fortschritts drehen und ein wirklich religiöser Mensch sein, sollten die Fakten zur Kenntnis nehmen. Walter Botsch hat in dem von Stöcklein und Rassem herausgegebenen VDI-Band zum Thema „Technik und Religion" über die „Einstellung von Ingenieuren und Technikern zur Religion" gearbeitet. Er zeigt dort, daß überraschend viele Techniker tiefreligiös waren, wenn auch nicht im engeren kirchlichen Sinne, so z. B. Robert Bosch, Werner von Siemens oder Oskar von Miller, alles Ingenieure aus dem für besonders „materialistisch" erachteten 19. Jahrhundert.[7] Entsprechende Untersuchungen finden sich auch über theoretische Physiker, wobei sich ein ähnliches Resultat ergibt.[8]

7.3 Kritik des unreflektierten Progressismus und Lob des klugen Konservativismus: Rudolf Bultmann und Romano Guardini

Ein Rückblick in die Geschichte ist immer sinnvoll, um Engführungen oder Naivitäten zu vermeiden. Allgemein kann man sagen, daß die moderne Technik vom Protestantismus rascher und freudiger begrüßt wurde als vom Katholizismus. Vergleicht man auf einer demographischen Karte des ausgehenden 19. und des beginnenden 20. Jahrhunderts die Gebiete mit fortgeschrittener Industrialisierung, dann sind es vornehmlich die protestantischen Gebiete, während sich der Katholizismus auf dem Lande hielt. Von daher kam die Idee, daß Katholiken „dümmer" seien als Protestanten. Auch wurden die Veränderungen im menschlichen Selbstverständnis, die von der Industrialisierung und Technisierung hervorgerufen wurden, vom Protestantismus rascher akzeptiert als vom Katholizismus.

Noch in der ersten Auflage des offiziösen katholischen „Lexikons für Theologie und Kirche" aus dem Jahr 1937 fehlte das Stichwort „Technik". Die erste offizielle, positive Äußerung zur modernen Technik von Seiten der katholischen Kirche stammt von Pius XII. und ließ bis 1953 auf sich warten, d. h. über 100 Jahre nach Beginn der Industriellen Revolution. All dies spricht eine eindeutige Sprache. Andererseits scheint mir, daß die rasche Akzeptanz, welche die neu entstandene Technik im Protestantismus fand, als Kehrseite eine gewisse Naivität gegenüber den Schattenseiten dieser neuen Technik hatte. Hier wurden nicht deutlich genug die substanziellen Einbußen gesehen, welche die Theologie für diese rasche Akzeptanz zu bezahlen hatte.

Rudolf Bultmann, Initiator einer „entmythologisierten" Bibellektüre, schrieb 1941: „Man kann nicht elektrisches Licht und Radioapparat benützen, in Krankheitsfällen moderne medizinische und klinische Mittel in Anspruch nehmen und gleichzeitig an die Geister- und Wunderwelt des Neuen Testaments glauben."[9] Bultmann entwickelt dann eine, wie er glaubte, mythologiefreie Bibelauslegung, die mit allen Gegebenheiten der modernen wissenschaftlich-technischen Zivilisation in Übereinstimmung sein sollte. Der Preis dafür war eine, im Anschluß an Heidegger gewonnene, „existenziale" Bibelauslegung, die nur noch auf Befindlichkeiten abhob. Die Welt wurde den Wissenschaftlern und Technikern zugewiesen, und die Seele einem Gott, der durch diese Ausdünnung wie ein Gespenst wirkte. Dieser Rückzug auf das Innere, „Existenziale", entspricht dem Rückzug der Philosophen von der Ontologie und Metaphysik auf die Ethik. Zwar kann niemand bestreiten, daß das Feld existenzialer Befindlichkeiten das genuine Feld der Theologie ist, so wenig wie man die Kompetenz der Philosophie für die Ethik bestreiten kann. Auch hier hat aber dieser Rückzug vom Sein der Dinge fatale Konsequenzen. Die Theologie wird welt- und blutlos und ist nicht mehr imstande, den Begriff der „Schöpfung" mit Inhalt zu füllen. Inzwischen ist dieser Sachverhalt von vielen evangelischen Theologen gesehen worden und sie geben sich redlich Mühe, ihn auszugleichen, aber die Frage nach der Technik ist damit noch nicht beantwortet.

Warum kann man nicht zugleich „elektrisches Licht und Radioapparat benützen, in Krankheitsfällen moderne medizinische und klinische Mittel in Anspruch nehmen und gleichzeitig an die Geister- und Wunderwelt des Neuen Testaments glauben"? Selbst wenn wir die Wunderberichte der Bibel wortwörtlich nehmen, was vom „genus litterarum" her meist nicht gefordert ist, selbst wenn wir annehmen, Jesus habe Kranke geheilt, sei über das Wasser gelaufen und habe verborgene Dinge gewußt, die an anderen Orten und zu anderen Zeiten geschehen sind, selbst all dies einmal unterstellt, warum sollten diese „Wunder" einem technischen Weltverständnis widersprechen? Weil das, was wir heute können oder wissen ein Maß für das festgelegt, was prinzipiell möglich ist? Oder weil das, was wir technisch realisieren das ersetzt, was wir früher „erbetet" hatten?

Beides ist durchaus widersinnig. Wenn man heute gebräuchliche Gegenstände wie Quarzuhren, Handys, Radioapparate oder auch Autos mittels Zeitmaschine ins frühe 19. Jahrhundert versetzen würde, würden diese Apparate den Zeitgenossen Goethes, und zwar auch den intelligentesten und aufgeklärtesten, wie Zaubermaschinen vorgekommen sein. Sie hätten, gemessen an den Standards ihrer Theorie und Praxis, keine Möglichkeit, diese Apparate sinnvoll einzuordnen. Alles wäre ein einziges Wunder.

Woher wissen wir, daß die von der Bibel berichteten Wunder nicht eines Tages ihren mirakulösen Charakter verlieren werden — „Wunder" im theologischen Sinne werden sie immer noch bleiben, denn das ist nicht dasselbe. Ein Mirakel ist ein unerklärliches Ausnahmephänomen, das

Wunder ein Zeichen, das sich auf eine außerordentliche Begebenheit bezieht, die zum Bedeutungsträger wird. Ein Sonnenaufgang kann ein Wunder sein – ein Mirakel ist er nicht.

Mit einem Wort: Bultmann hat einfach nur die unreflektierte Selbstdeutung des Technisierungsprozesses als den neuesten Stand der „Aufklärung" übernommen und seine Theologie entsprechend akkommodiert. Im vorauseilenden Gehorsam gegenüber dem Zeitgeist hat er die vorgebliche Konkurrenzbeziehung zwischen Glaube und Technik zugunsten der Technik aufgelöst, um einen schattenhaften, „existenzial" interpretierten Jesus zurückzubehalten, der so „modern" ist, wie manche Betonkirchen „modern" sind, nämlich reichlich fade.

Es ist kaum ein größerer Gegensatz denkbar als der zwischen Rudolf Bultmann und Romano Guardini: Bultmann, der „progressive" Theologe, der durch sein Entmythologisierungsprogramm die konservativen Kollegen von der „Bekennenden Kirche" provozierte und Guardini, der dem technischen Fortschritt skeptisch bis feindselig gegenüberstand und in ihm einen Verlust aller Werte sah, an die er glaubte. Es scheint, als würde sich in diesen beiden Gestalten das Klischee vom progressiven Protestanten und dem etwas beschränkten, rückwärtsgewandten Katholiken reproduzieren.

Über den Progressismus Bultmanns habe ich schon gesprochen. Er besteht in vieler Hinsicht in nichts als dem vorauseilenden Gehorsam gegenüber dem Zeitgeist, während der Konservativismus Guardinis – so wird sich zeigen – auf einer großen Sensibilität gegenüber den Pathologien der Industriegesellschaft beruhen.

Guardini wurde 1885 im oberitalienischen Verona geboren und zwar in der Nähe jener römischen Arena, deren gewaltiges Oval für den geschichtlichen Zusammenhang und die antike Formkraft stand, was noch dem Siebzigjährigen wie ein Symbol seiner eigenen Existenz vorkam. Nach Hanna-Barbara Gerl war es ein Spezifikum Guardinis, die „Grenze zum Gesetz der Vollkommenheit zu machen". So habe er in einer eindrücklichen Formulierung von der „Form durch Schranke" gesprochen, weil er in der Grenzenlosigkeit die „Grundgefahr unserer Epoche" gesehen habe.[10]

Von diesem klassischen, im Grunde griechischen, Konzept her war Guardini eher dazu prädestiniert, über Augustinus, Przywara, Kierkegaard, Goethe, Hölderlin und Gertrud von le Fort zu sprechen als über Galilei, Newton oder über die Technikentwicklung seit dem 19. Jahrhundert, Themen, die er deshalb höchstens beiläufig erwähnt.

Andererseits gibt es von Guardini eine Schrift aus den zwanziger Jahren, „Briefe vom Comer See", die Walter Dirks kürzlich unter dem Titel „Die Technik und der Mensch" neu herausgegeben hat.[11]

Diese neun Briefe — im Du-Stil gehalten — sind zunächst eine einzige Jeremiade über die Verwüstungen durch die moderne Technik. Guardini war zur Zeit ihrer Abfassung frisch ernannter Professor für Religionsphilosophie in Berlin und fühlte sich in der deutschen Hauptstadt der „roaring twenties" äußerst unwohl mit ihren schrillen Gegensätzen von Großbürgertum und Arbeiterelend, Salonkommunismus und Rotlichtmilieu, dieser mondänen Dekadenz, welche die Maler Otto Dix und George Grosz eindrücklich geschildert haben.

Aus dieser künstlichen, seinem klassischen Geiste fremden, Welt flüchtete Guardini zuweilen in die oberitalienische Heimat, wo er sich, wie Goethe, am Einklang von Natur und Kultur gesundsehen wollte — aber mit diesem Einklang war es nicht mehr so weit her.

Die Industrielle Revolution hatte nämlich gerade zu jener Zeit die oberitalienische Idylle erfaßt und war im Begriff, sie zu zerstören. Auf dem Comer See knatterten jetzt die Motorboote, statt der geräuschlosen Segelboote und an den Ufern, wo die prachtvollen Villen standen, wurden nun jene Straßen gebaut, die den Massentourismus bis zum heutigen Tage anziehen.

Guardini jammert: „Ich fühlte, wie um mich her ein großes Sterben begonnen hatte ... Wie soll ich's Dir sagen? Sieh, was droben im Norden schon fast vollendet ist, sah ich hier anheben. Ich sah die Maschine in ein Land einbrechen, das bisher Kultur gehabt ... die Welt der menschdurchwohnten Natur geht unter" und durch die Maschine kommt die „nackte Barbarei". Guardini blickt nostalgisch zurück: „Im Segelschiff hatte der Mensch, bei aller Geistigkeit der Situation, ein natürliches Dasein. Er weste in natürlicher Kultur. Im modernen Dampfer steht er in ganz künstlicher Situation … Immer künstlicher wird die Sphäre, in der wir leben; immer weniger menschlich, immer — ich kann mir nicht helfen — barbarischer! Und über Italien liegt die tiefe Schwermut dieses Unterganges."

Guardini wandert durch die Dörfer am Comer See und begeistert sich: „Wie ist Natur in Besitz genommen, gesehen und verstanden … Aber es ist eine sanfte Herrschaft … Ich möchte fast sagen, so, wie die Seele Stoffe und Kräfte zum Leben baut und regiert." Im Gegensatz dazu gilt für die moderne Technik: „Jetzt stehen, kraft der gefundenen Formel, Energien und Massen in beliebigem Maß zur Verfügung. Sie sind den organischen Zusammenhängen entzogen, zu jeder gewünschten Verwendung beweglich. Und der neue Herrscherwille fühlt sich in keiner Weise durch natürliche Gestaltungsbahnen und Maß-Setzungen gebunden, ja er ist solchen gegenüber überhaupt gleichgültig."

„Die Gegenstände werden allmählich auf wenige, ganz praktische Typen gebracht … alles persönlich durchseelte, individuell geformte Schaffen wird gründlich zu Ende sein … Nichts ist mehr ehrwürdig. Alles vogelfrei. Nichts steht unantastbar. Jeder greift nach allem." Durch die Technisierung sei der Mensch aus „allen organischen Bindungen herausgelöst". Er sei nun „ausgeliefert der Willkür seiner eigenen, nicht mehr organisch gebundenen Zielsetzung." Guardini weiß: Diejenigen, „die bereits naiv drin stehen" und diejenigen, „die rascher Umstellung fähig sind, werden vor Überlegungen, wie in diesen Briefen, von romantischem Zurückschauen reden, von Gebundensein an Früheres".

Wer in diesen Klagen nur den kraftlosen, kulturkonservativen Protest eines Zuspätgekommenen sieht, hat sie nicht verstanden. Es ist ja wahr, was Guardini sagt: In der Tat ist durch die Industrielle Revolution die traditionelle Einheit von Mensch und Natur zerbrochen. In der Tat ist unser Handeln aus dem organischen Zusammenhang herausgelöst und damit seiner eigenen Willkür überantwortet. All die Negativposten, die Guardini der modernen Technik vorrechnet, gibt es wirklich: Lärm, Gestank, hirnlose Entgrenzung, die schiere Barbarei durch Standardisierung, Typisierung, Ausblendung des Individuellen, wie auch die Zerstörung eines beseelten Umgangs mit der Natur oder das sich Verschanzen in künstlichen Binnenwelten, wofür bei Guardini der Dampfer steht.

Guardini sieht auch ganz deutlich, daß die industrielle Technik eine Epochenschwelle markiert. Unsere Zeit sei durch eine klare Zäsur getrennt von der Vergangenheit, die einschneidender sei als die Zäsuren, die etwa das Mittelalter von der Renaissance trennen. In der Zeit zwischen 1830 und 1870 habe sich die entscheidende Wende vollzogen.

Nun ist aber merkwürdig, daß Guardini bei dieser negativen Bestandsaufnahme nicht stehenbleibt. Er sieht nämlich in der Technisierung ein „geschichtlich Neues" durchbrechen, das wir weder verhindern können noch sollen, zu dem wir daher „unser Ja zu sprechen" haben, auch wenn wir wissen, „was dieses kostet".

Das ist es, was man vielen „progressiven" Theologen vorwerfen muß: Sie akzeptieren die Moderne, ohne nach deren Preis zu fragen. Sie passen sich der Entwicklung an, ohne „die tiefe Schwermut des Untergangs" zu spüren, und stehen sofort „naiv drin", weil sie eben zu „rascher Umstellung fähig" sind. Dann sieht es so aus, als gebe es eine notwendige Entscheidung zwischen der Wunderwelt des Neuen Testaments und der Verwendung des elektrischen Lichtes, wo doch im 19. Jahrhundert gerade das elektrische Licht als ein Wunder angesehen wurde.

Gerade zu jener Zeit, als Bultmann die Bibel entmythologisierte, machte die Mythologisierung der Technik kräftige Fortschritte, die Überhöhung gerade jener Technik, mit der Bultmann sein Entmythologisierungsprogramm begründet hatte. Eine absurdere Situation kann man sich kaum vorstellen: Während der „progressiv" sich dünkende Theologe die Heilige Schrift auf ein wesenloses „Kerygma" hin funktionalisiert, laden sich die technischen Funktionen mit jenem Glanz des Wunderbaren auf, für die der funktionalistisch denkende Theologe blind geworden ist.

„Das Neue", sagt Guardini, „wirkt zerstörend, weil es menschlich noch nicht bewältigt ist." Wie es zu bewältigen sei, weiß er auch nicht so genau. Einerseits rechnet er damit, daß die Geschlossenheit der Erde und ihre Endlichkeit einen „Druck" auf die Menschen ausüben werden, der sich „wirtschaftlich, kulturell, ja seelisch" positiv auswirkt. Andererseits sieht er ein Ende des quantitativen Wachstums, und zwar längst vor der Energie- und Ökologiekrise: „Mir ist, als sei die uns zunächst aufgegebene Arbeit der Extension getan; als seien wir zum mindesten damit an einem Punkte angelangt, wo wir das Gefühl haben, die Richtung werde nun eine andere." Er rechnet mit dem Entstehen eines neuen Bewußtseins: „Eine ganz neue Kraft wird gefordert sein, Wirklichkeitsaspekte zusammenzusehen, Beziehungen zur Welt gleichzeitig in der Seele zu haben, die der heutige oder gestrige Mensch einfach nicht zusammenbringt." Und dann folgt die erstaunliche Schlußfolgerung: „Was wir brauchen, ist nicht weniger Technik, sondern mehr. Richtiger gesagt: eine stärkere, besonnenere, ‚menschlichere‘ Technik. Mehr Wissenschaft, aber geistigere, geformtere."

Guardini läßt im Grunde die Dinge im Vagen. Genaueres kann er uns nicht sagen. Er ist sich lediglich im klaren, daß auch eine künftige, auf industrieller Technik basierende, Kultur offen sein wird für Mythos, Transzendenz und Märchen: „Ich sehe Menschen, die im heutigen wirklichen Leben stehen, denen aber wieder die Märchengestalten durch all die Vernunft hindurch laufen … Doch nicht wie ein Spuk zur Nacht, wenn man sich aus den praktischen Gebilden des neuzeitlichen Lebens hinwegträumt. Sondern die Märchen kommen aus den Maschinen selber, und unsere Wirklichkeit erfährt mitten im hellen Tag jene Verwandlung in das ‚Andere‘, die eben ‚Märchen‘ heißt."

Guardini kannte die Geschichte der Technik zu wenig, um zu sehen, daß uns längst die „Märchen aus den Maschinen selber" kommen. Er kannte keine Science-fiction-Literatur und wußte nicht, daß der Mythos niemals aufgehört hat, am Werk zu sein, wobei er oft ein grausames Spiel mit uns treibt. Aber auch die meisten Märchen sind ziemlich grausam.

Vielleicht war sich Guardini dessen bewußt. Jedenfalls bezeichnet seine Vision von den Märchen, die aus den „Maschinen selber kommen" und nicht etwa wie ein romantischer „Spuk zur Nacht", mit großer Präzision den einzigen Punkt, an dem Theologie und Technik ins Gespräch kommen können, während eine entmythologisierende Bibellektüre die Brücke zur Technik niederreißt. Glücklicherweise haben viele Theologen inzwischen erkannt, daß der Mythos keine schlecht formulierte naturwissenschaftliche Theorie ist, sondern der Ausdruck unseres primären In-der-Welt-Seins, das sich rein naturwissenschaftlich überhaupt nicht zur Geltung bringen läßt.

Als gläubiger Mensch sah Guardini in der Technikentwicklung ein Schicksal, dem er sich nicht verweigern durfte, wie sein Zeitgenosse, der Dichter Hermann Hesse. Dieser zog sich auf die Dauer nach Oberitalien zurück, um von Montagnola aus (das übrigens ebenfalls in der Nähe des Comer Sees liegt) eine ästhetische Gegenwelt zu errichten. Fade und blaß wurde diese Gegenwelt in dem Maße, wie sie sich der modernen Industriegesellschaft verweigerte und statt als „Steppenwolf" gegen sie anzurennen ein zeitenthobenes „Glasperlenspiel" zelebrierte oder sich mit „Narziß und Goldmund" ins Mittelalter zurückflüchtete.

Es ist nicht eben viel, was Guardini zu einer künftigen Kultur sagen konnte, welche die Barbarei der gegenwärtig herrschenden technischen Entgrenzung überwunden haben würde, ohne in die traditionellen Muster des „Guten, Wahren und Schönen" zurückzufallen. Aber wissen wir es heute besser?

7.4 Über die Vergöttlichung der Technik

Ich hatte im vierten Kapitel gezeigt, welche besonderen Schwierigkeiten bei dem Versuch entstehen, moderne Technik symbolisch zu interpretieren. Diese symbolische Sperrigkeit des technischen Artefakts macht sich nun auch in der Theologie bemerkbar.

In der Theologie gab es schon in den sechziger und siebziger Jahren eine lebhafte Diskussion um die Bedeutung der Technik, die heute schon auf Eis liegt, obwohl man auch hier nicht sagen kann, daß wir vernünftige Gründe hätten, die Technik theologisch zu vernachlässigen.[12]

In der Technikdebatte gab es heute vergessene Autoren, die trotzdem Wesentliches zu sagen hatten, das uns heute nicht mehr unmittelbar gegenwärtig ist. So schrieb Harvey Cox 1963 eine Dissertation über „Religion und Technik". Er bekannte in einem Interview acht Jahre später, daß ihm inzwischen aufgefallen sei, wie sich „fast die ganze heiße Debatte über Technik auf den ethischen Aspekt konzentriert ... Was uns aber fehlt, ist eine stimmige Analyse der symbolischen Bedeutung der Technik."[13]

1977 veröffentlichte der Jesuit August Brunner einen Artikel in den „Stimmen der Zeit" mit dem Titel „Technik und Religion", in dem er zu zeigen versuchte, daß sich die Technik grundsätzlich nicht zur religiössymbolischen Transformation eigne. Brunner geht von der auch für ihn „erstaunlichen" Beobachtung aus, daß mit der industriellen Technik „ein Bereich entstanden ist und sich ausgebreitet hat, der jeder Verchristlichung fremd geblieben ist. Kein technisches Erzeugnis ist zum religiösen Symbol geworden."

Ursache sei zum einen die „unbarmherzige Fremdheit des Stoffes", zum anderen die Tatsache, daß das Lebendige aufgrund einer eigenen, von uns nicht zu manipulierenden inneren Form existiert. Hingegen „bei der Maschine geht alles auf die Formung des Menschen zurück ... Sie verweist nur auf den Menschen..." und verstellt ihm damit „... auf die Dauer den Blick auf die volle und ganze Wirklichkeit ... Es ist darum nicht zufällig, daß die Technik keine religiösen Symbole gebracht hat; sie kann es nicht".

Steckt in diesen Überlegungen nicht viel Wahres? Gibt es nicht wirklich diese von Brunner diagnostizierte „unbarmherzige Fremdheit des Stoffes"? Ist es nicht wirklich so, daß der modernen Technik der Verweischarakter fehlt, so daß sie *als solche* symbolisch sperrig ist?

Ich hatte oben behauptet, daß der Katholizismus durch seinen konservativen Charakter eher gegen Modetorheiten gefeit ist als der Protestantismus. Dies scheint aber nur insofern zu gelten, als der Katholizismus eine größere Halbwertszeit gegenüber solchen Modetorheiten hat. Irgendwann einmal kommen sie auch in der katholischen Kirche an, und zwar dann, wenn sie in der profanen Welt so gründlich vergessen sind, daß es sich nicht mehr um Mode-, sondern überhaupt nur noch um Torheiten handelt.

In diesem Sinn schrieb Franz Burgey 1985 ein Buch mit dem Titel „Technik und heiliger Kosmos" (kann der Kosmos „heilig" sein?). In diesem Buch beklagt Burgey zunächst einmal zu Recht, daß es bislang keine „Theologie der Technik" gebe, „ja man scheint, von Ausnahmen abgesehen, noch nicht einmal der Dringlichkeit einer solchen Theologie gewahr worden zu sein". Burgey bezieht sich dann auf Brunners Artikel aus den „Stimmen der Zeit" und stellt ihn als ein Dokument des rückwärtsgewandten Obskurantismus dar. Technik lasse sich ohne weiteres symbolisch transformieren. Wenn dies bisher noch nicht geschehen sei, so liege es „an der totalen Vernachlässigung der Technik durch den religiösen Menschen". Das „technische Material" könne ohne weiteres „zur Offenbarung" werden. Die Entfremdung zwischen Religion und Technik sei ein rein geschichtlich-kontingentes Phänomen. Es gelte lediglich, „den Transzendenzbezug technischer Dinge und Vorgänge aufzudecken. Das ist für den frommen Menschen eigentlich eine Selbstverständlichkeit". Und weiter: „Wie könnte der Mensch einen Computer bauen aus winzigsten Mikrochips mit tausenden von integrierten Schaltungen, wäre die Materie nicht zutiefst geformt vom Logos."

Da der „Logos" ohnehin in allem enthalten ist, kommt er auch in der Maschine vor. Burgey zitiert im zustimmenden Sinn den Bestseller von Robert M. Pirsig „Zen und die Kunst, ein Motorrad zu warten", in dem es heißt: „Die Gottheit wohnt in den Schaltungen eines Digitalrechners oder den Zahnrädern eines Motorradgetriebes ebenso bequem wie auf einem Berggipfel oder im Kelch einer Blüte."[14]

Pirsig gehört an das andere Ende des ideologischen Spektrums. Er ist nicht nur nicht katholisch, sondern ausgesprochen antikirchlich, antiinstitutionell und, wie es der Name seines Buches schon ausdrückt, eher an ostasiatischen Religionen interessiert. Pirsig ist eher ein freischaffender Philosoph, Easyrider, flower-power-Adept und Nachfahre der Beat-Generation, der sich selbst zum progressiven Flügel rechnet.

Ich möchte nun im Folgenden deutlich machen, daß es eine bezeichnende Übereinstimmung zwischen dieser Art von Progressismus und gewissen Spielarten des konservativen Katholizismus gibt, wenn es darum geht, all die bedrängenden Probleme zu unterlaufen, welche die moderne Technik so sperrig und schwer handhabbar machen. Zu diesem Zweck bilde ich Pirsig auf ältere katholische Autoren ab. Es wird sich dann zeigen, daß es hier eine überraschende Übereinstimmung der Prinzipien gibt: Vieles, was sehr progressiv und innovativ daherkommt, ist nichts anderes als die bewußtlose Wiederkehr des Immergleichen.

In der katholischen Kirche kippte bei manchen Autoren die traditionelle Technikphobie plötzlich in eine ausgesprochene Technikidolatrie um. Dazu rechne ich, außer den im fünften Kapitel erwähnten Friedrich Dessauer, Autoren wie Teilhard de Chardin oder Andreas van Melsen. Gemeinsam ist solchen Autoren, die bis in die sechziger Jahre hinein großen Einfluß hatten, daß sie die traditionell zurückhaltende Einschätzung der modernen Technik innerhalb der katholischen Kirche durch eine naive Technikbegeisterung ersetzten, wonach das technische Handeln ipso facto Arbeit am Reiche Gottes sei.[15]

Dies ist der Kontrapunkt zum Glauben an eine wesensmäßige „Dämonie der Technik". Jetzt soll plötzlich das technische Handeln von sich zur Erlösung führen — eine im Prinzip mittelalterliche Konzeption. Aber so, wie die Fortschreibung alter ästhetischer Prinzipien unter den Bedingungen der modernen Industriegesellschaft in den Kitsch hineinführt, so führt die Fortschreibung dieses theologischen Prinzips ins Gotteslästerliche. So edel, hilfreich und gut, wie es Dessauer auch gemeint haben möge, so katastrophal waren die Ergebnisse seines unreflektierten Rückgriffs auf die metaphysische Tradition.

Ich hatte Dessauers Technikplatonismus bereits im fünften Kapitel erwähnt. Dieser Platonismus unterstellt die Präexistenz göttlicher Ideen, die im technischen Handeln zur Erscheinung kommen. Er impliziert also, daß Technik aus eigener Kraft das Gute verwirklicht. Negative Technikfolgen können jetzt nur daher rühren, daß wir die Technik nicht Technik sein lassen. Dieser Platonismus impliziert daher weiter, daß wir keine eigenständige Ethik der Technik brauchen, sondern daß Technik die Normen des Handelns bereits in sich enthält. Die entfremdende Wirkung der modernen Technik muß daher auf einer subjektiven Täuschung beruhen. Moderne Technik hat also nach Dessauer so etwas wie einen „psychosomatischen Zusammenhang", denn es ist die Idee, die sich im Artefakt unmittelbar ausdrückt. Das bedeutet zugleich, daß Technik von sich aus schön und symbolisch gehaltvoll ist: „Diese gewaltigen und feinen Gebilde, welche die Säle der Fabriken erfüllen, haben ihre Weihe, wie der Acker sie hat und der Wald." Nicht nur das: „So führen zum Religiösen ebenso gute Wege von der Drehbank, aus dem Grubenschacht, von Webstuhl und Dampfhammer, von Hochofen und Gebläseflamme, wie aus dem Acker."

Wenn der Technik ein „ideales Subjekt" zugrundeliegt, wenn weiter die technischen Ideen Gedanken „in mente divina" sind, dann hat Technik von sich aus sakralen Charakter. So kann Dessauer die Technik schlichtweg den „Boten Gottes" nennen oder die Präsenz des Göttlichen im technischen Gerät mit den Sakramenten vergleichen. Auch hier gelte das „ex opere operato".[16] Die Werkzeugmaschine habe denselben sakralen Charakter wie die geweihte Hostie. Solche Ungeheuerlichkeiten werden in der katholischen Kirche geduldet, wenn sie nur fromm genug verpackt sind.

Charakteristisch scheint mir nun, daß es diese Art von Technikvergötzung, die alle Probleme der Moderne unterläuft, heute wieder gibt, nämlich unter dem Deckmantel des Progressiven. Robert M. Pirsigs „Zen und die Kunst, ein Motorrad zu warten" läuft nämlich im Grunde auf dasselbe hinaus.

Ich erwähne dieses Buch, weil es einen ungeheuren Einfluß hatte und weil es nicht nur von neoprogressiven katholischen Autoren wie Burgey zitiert wird. In dem monumentalen Werk „Technik und Religion" von Stöcklein und Rassem kommt die von mir behandelte Problematik einer Technik als religiöses Symbol nur ein einziges Mal vor und wird dort ebenfalls mit dem Hinweis auf Pirsigs Motorrad abgetan, in dem die Gottheit „bequem" wohnt.[17] Die Frage nach einer religiösen Symbolik der Technik wird also nicht nur von den Theologen stiefmütterlich behandelt und an den Trivialmythos weiterverwiesen.

Zunächst einmal stellt sich Pirsig, wie auch der Platoniker Dessauer, auf den Standpunkt der „Schau", wo Subjekt und Objekt nicht mehr zu trennen sind und der „Urquell aller Dinge" in den Blick kommt. Von diesem Standpunkt aus ist natürlich auch die „Trennung von Kunst und Technik völlig unnatürlich", wie auch Religion, Kunst und Wissenschaft, „buddhistisch gesehen", alle eins seien. Dementsprechend gilt: „Das Motorrad, an dem man eigentlich arbeitet, ist man selbst." Dieses „innere Motorrad" oder „Motorrad a priori" sei wichtiger als das „reale", so daß die „Ursache der Trostlosigkeit der Technik im Unvermögen der Technologen wie der Technikkritiker liegt, Qualität in der Technik wahrzunehmen", wenn man unter „Qualität" die Buddhanatur versteht.[18]

Die strukturelle Verwandtschaft von Pirsigs „Motorrad a priori" und Dessauers Technikidealismus leuchtet ein, bis hin zu dem Versuch, die Pathologien des Technisierungsprozesses auf subjektive Wahrnehmungsstörungen bzw. auf ein ungenügendes Erfassen der immanenten Idee zurückzuführen.

Von Pirsigs Buch wurden allein in Deutschland über 300 000 Exemplare verkauft. Es traf den Nerv der Zeit. Die Entfremdung, welche die Technik hervorruft, verlangt nach Kompensation und in die von der Theologie und Philosophie offen gelassene Lücke strömt der Trivialmythos, der dann auf den akademischen Bereich zurückwirkt, weil es dort nichts besseres gibt.

Insgesamt entsprechen sich ästhetische und religiöse Rezeption der Technik: Beide schwanken zwischen Adoration und Ekel.

7.5 Kann denn Technik Sünde sein?

Der Begriff der „Sünde" ist ein ramponierter Begriff, aber theologisch unumgänglich. Kompensatorische Technikideologien wie die von Dessauer oder Pirsig beruhen darauf, daß sie ihn von der Methode her ausblenden. Wenn es ein „ideales Subjekt der Technik" gibt, ist die Frage „Kann denn Technik Sünde sein?" sehr rasch mit „Nein" beantwortet, so rasch wie die Profanwelt, die mit dem Begriff der „Sünde" normalerweise nichts mehr anfangen kann und sich deshalb sündlos wähnt, auch wenn sie permanent die ungeheuerlichsten Katastrophen ins Werk setzt. Der Technikspiritualist fühlt sich so sündlos wie der, der an nichts mehr glaubt: Der Buddha in der Maschine ist so beruhigend wie der abwesende Gott.

Als am 16. Juli 1945, rechtzeitig zum Fest der Heiligen Dreifaltigkeit, die erste Atombombe in Los Alamos explodierte, sagte Robert Oppenheimer, der maßgeblich an ihrem Bau beteiligt war: „Die Physiker haben die Sünde kennengelernt, und das ist ein Wissen, das sie nie verlieren werden." Es scheint die Sünde also doch zu geben, und es scheint des weiteren, daß sie auch mit Technik zu tun hat.

Demgegenüber fällt auf, daß viele Theologen Technik und Sünde nicht in einen unmittelbaren Zusammenhang bringen. Sie sprechen zwar von „Unglaube", „Konkupiszenz" oder „Hybris", versäumen auch nicht, die „Konkupiszenz" insbesondere bis in den sexuellen Bereich hinein zu verlängern, aber die „Hybris" verdichtet sich ihnen nicht bis zum technischen Handeln, während sie doch hier am deutlichsten zutage tritt.[19]

Die Theologen hätten allen Grund, die Hybris, die im modernen Technisierungsprozeß steckt, scharf zu kritisieren. Nach Berechnungen des amerikanischen Wissenschaftlers George Woodwell könnten mit dem gegenwärtigen Bestand an Atomwaffen — bezogen auf die Sprengkraft — zwei Monate lang jeden Tag 1000 Zweite Weltkriege geführt werden (pro Tag gibt die Menschheit über eine Milliarde Dollar für Rüstung aus, während in der selben Zeit 40 000 Kinder an Hunger sterben).

Rüstungstechnologie ist nur ein Feld, Umweltzerstörung ein nicht weniger brisantes. Eine Theologie, die keine klare und eindeutige Option für die Armen trifft, die Armen in der Dritten Welt, aber auch die Armen bei uns, eine solche Theologie hat sich selbst widerlegt. Glücklicherweise sehen das inzwischen die meisten Theologen. Aber die Armen, das sind nicht nur die armen Menschen, sondern auch die Tiere und Pflanzen, die wir technisch im Würgegriff haben. Die brutale und gewissenlose Zerstörung der Natur, die erst durch die technischen Machtmittel ihre Durchschlagskraft erhält, ist, christlich gesehen, ein nicht zu akzeptierender Skandal, ganz abgesehen davon, daß wir im Begriff sind, den Ast abzusägen, auf dem wir selber sitzen.

Ein Theologe, der zu diesen Greueln schweigt und die Sünde nicht klar beim Namen nennt, hat sich schuldig gemacht und wird morgen blamiert dastehen wie jene Theologen, die zu den Inquisitionsverfahren, den Hexenverbrennungen oder zur „Christianisierung" Südamerikas geschwiegen haben.

Warum reden die Theologen so viel von Sex statt von Technik? Welcher Don Juan wäre je so umtriebig gewesen, daß dies an die Zerstörungskraft einer Atombombe auch nur entfernt heranreicht?

Dieser Tage hat sich bestätigt, was man schon seit langem vermutete, daß nämlich Atomwaffen aus den Beständen der zerfallenen Sowjetunion in die Hände der Mafia gelangt sind. Wer am „Rad des Fortschritts" dreht und immer gefährlichere Geräte und Verfahren entwickelt, ist im hohen Grade für solche Katastrophen mitverantwortlich. Die technischen Machtmittel haben heute Größenordnungen erreicht, die in der Hand fehlbarer Menschen zu Katastrophen führen müssen. Wenn irgendwo im großen Stil gesündigt wird, dann im Bereich der Technik.

In den theologischen Lexika finde ich unter dem Stichwort „Sünde" immer noch Begriffe wie „Hoffart", „Neid", „Zorn", „Geiz", „Unkeuschheit", „Unmäßigkeit", „Trägheit". Wie harmlos wirken diese klassischen sieben „Todsünden" im Verhältnis zu dem, was ein gewissenloser Techniker ins Werk setzt und was eine gewissenlose Gesellschaft akzeptiert.

Unter den Bedingungen einer modernen Industriegesellschaft existiert keine Theologie ohne Technikkritik. Zum Glück gibt es einzelne Theologen wie, Paul Tillich, die dieses Problem sehr deutlich gesehen haben und ihm einen zentralen Stellenwert in ihrer Systematik einräumen. Tillich unterscheidet eine „technische" von einer „ontologischen" Vernunft. Danach hat die „ontologische" Vernunft geherrscht von Parmenides bis Hegel, während sich in der Mitte des 19. Jahrhunderts eine „technische" Vernunft abgespalten habe, die nur noch die „Mittel-Ziel-Struktur" im Blick hatte. Im Begriff der „Abspaltung" steckt, was ich „Rationalitätsinsel" genannt habe, und es ist wiederum angemessen, wenn Tillich diesen Abspaltungsprozeß in die Mitte des 19. Jahrhunderts, d. h. genau in die Zeit der Industriellen Revolution, verlegt. Tillich unterscheidet in Bezug auf die Vernunft weiter „formale und emotionale Elemente": Das formale Element herrsche in den „kognitiven und ordnenden" Funktionen der Vernunft vor, das emotionale Element in ihren „ästhetischen und gemeinschaftsbildenden" Funktionen.

Wenn nun die „ontologische" Vernunft ihre formende Kraft verliert, dann verbinden sich die Emotionen mit der technischen Vernunft zu einer hochexplosiven Mischung: „Emotion ohne rationale Strukturen führt zum Irrationalismus ... Der Irrationalismus hat alle Eigenschaften des Dämonischen, sei es im religiösen, sei es im weltlichen Bereich ... Wenn die Vernunft ihre formalen Strukturen und damit zugleich ihre kritische Kraft preisgibt, so ist das Resultat nicht leere Sentimentalität, sondern das dämonische Hervorbrechen widervernünftiger Mächte, denen häufig alle Mittel der technischen Vernunft dienstbar gemacht werden."[20]

Diese Mischung aus sinnlos delirierenden Emotionen bei wohlfunktionierendem technischem Sachverstand ist uns in diesem Buch öfters begegnet. Wichtig finde ich jedenfalls, daß Tillich dem Dämonischen in der Technik einen Ort zuweisen kann, ohne die Technik selbst zu dämonisieren. Die Rede von einer „Dämonie der Technik" ist so alt wie die Technik und ein Theologe muß erklären können, wie es zu dieser Rede kam und welche Bedeutung sie hat. Dieses Dämonische liegt nach Tillich allein im „Anspruch eines Endlichen, unendlich und von göttlicher Größe zu sein".

Tillich hat zahlreiche Pathologien, die charakteristisch sind für die moderne industrialisierte Technik, sehr genau beschrieben, wie z. B. die Gefahr einer Verabsolutierung der technischen Zwecke, hervorgerufen durch die Emanzipation vom Naturzusammenhang: „Die befreiende Macht der Werkzeuge besteht darin, daß es durch sie möglich wird, Zwecke zu verwirklichen, die nicht im organischen Prozeß selbst enthalten sind ... Der unbegrenzte Charakter der technischen Möglichkeiten kann eine Perversion schaffen, eine Umkehrung von Mitteln und Zwecken. Die Mittel werden zu Zwecken nur, weil sie Möglichkeiten sind ... Die Produktion der Mittel wird zu einem Ziel in sich selbst." Diese Perversion macht die Technik „zweideutig", eine Zweideutigkeit, die sich auch in der Dialektik zwischen Freiheit und Begrenztheit zeigt, biblisch ausgedrückt im Turmbau zu Babel. Dieser entspreche dem Wunsch der Menschheit, „unter einem Symbol geeint zu werden, das die Endlichkeit des Menschen überwindet und die göttliche Sphäre erreichbar macht".

Eine dritte Zweideutigkeit der modernen Technik sieht Tillich in der Wechselbeziehung zwischen „Selbst und Ding": Der Mensch stelle im technischen Prozeß Dinge her, die keinen Subjektcharakter mehr haben (was sonst auf jedes Naturprodukt zutrifft): „Je mehr Wirklichkeit der Mensch durch den technischen Prozeß in ein Stück Dingwelt umwandelt, um so stärker wird auch er selbst verändert. Er wird selbst Teil eines technischen Produktes und verliert den Charakter eines unabhängigen Selbst."[21]

All diese Beobachtungen sind sehr zutreffend und heben sich wohltuend von dem heutigen Gerede von Gott ab, der in einer Blume ebenso „bequem" wohnt, wie in einem Motorrad.

Was ich bei Tillich allerdings nicht gefunden habe, ist ein *positiver* theologischer Bezug zur modernen Technik. Es kann ja nicht so sein, daß die „technische" Vernunft nur Anlaß zur Sünde ist, indem sie sich der „ontologischen" Vernunft verweigert und es genügt auch nicht, auf positive

Wirkungen der Technik, wie Arbeitserleichterung, zu verweisen, denn dies ist kein *theologisches* Datum. Wenn es einen sündhaften Gebrauch der Technik gibt, dann muß sie auch zum Vehikel der Gnade werden können, dann muß es auch ein *positives* Hindurchgreifen der ontologischen durch die technische Vernunft geben, sonst wäre Technik nicht wirklich zwei-, sondern eindeutig und im letzten doch dämonisch.

7.6 Gibt es eine Theologie der Technik?

Wenn es gute Gründe gibt, diese Frage mit „Nein" zu beantworten, dann muß das folgende ein skizzenhafter Versuch bleiben. Doch auch eine solche Skizze muß philosophisch fundiert werden. Als ein philosophisches Fundament habe ich in diesem Buch Gebrauch gemacht von einer modifizierten Kantischen Denkfigur, wonach im Technisierungsprozeß die „Idee der totalen Machbarkeit" als regulative Idee enthalten ist. Diese „Idee der totalen Machbarkeit" öffnet einen Horizont *potentieller* Unendlichkeit, der nicht nur in der Technikinnovation, sondern oft auch in der Technikrezeption zu Tage tritt. Wir „sehen" im technischen Artefakt nicht nur das vorliegende zweckrational definierte Instrumentarium, *dieses* Automobil, *diese* Magnetschwebebahn, *diese* Rakete, sondern wir „sehen" zugleich die Idee des Grenzüberschreitens, der „Befreiung" von Raum und Zeit, bis hin zur Aufhebung unserer Endlichkeit.

Von einem philosophischen Standpunkt aus wird man diese Überblendungen des Reellen mit dem Ideellen zunächst einmal neutral zur Kenntnis nehmen. Auf dieser Kenntnisnahme möchte ich allerdings nachdrücklich bestehen, denn mir scheint, daß die Technikphilosophie bisher die konstitutive Bedeutung solcher Idealisierungsleistungen nicht hinreichend zur Kenntnis genommen hat, weil sie dem rationalistischen Selbstmißverständnis vieler Techniker aufsaß, wonach das technische Handeln eine wohldefinierte Funktion im System unserer Grundbedürfnisse hat.

Ohne diese Funktion leugnen zu wollen, scheint mir allerdings klar, daß sich Technik nicht in einem eng utilitaristischen Rahmen begreifen läßt, so wenig wie sonst irgend etwas, was der Mensch tut.

Eine Theologie der Technik wird sich nicht damit begnügen, die trans-utilitaristische Komponente des Technisierungsprozesses neutral zur Kenntnis zu nehmen. Sie wird diese Komponente als einen Platzhalter echter religiöser Transzendenz *deuten*. Für den Theologen ist es kein kontingentes Faktum, daß der Glaube an das Reich Gottes in der Mitte des 19. Jahrhunderts in den Glauben an den unendlichen technischen Fortschritt umkippte, wobei sich dieser Fortschrittsglaube mit allen Attributen des traditionellen Gottesglaubens schmückte. Der Theologe geht davon aus, daß es eine religiöse Grundbefindlichkeit im Menschen gibt, die gar nicht die Möglichkeit hat, zu verschwinden.

Ist dies richtig, dann wird die permanente Anwesenheit religiöser Kategorien im Technisierungsprozeß verständlich. Dann wird begreiflich, weshalb sich die Fachleute für Künstliche Intelligenz am MIT als „Juniorgötter" fühlen. Man versteht auch, weshalb der amerikanische Physiker Richard Seed, der zur Zeit glaubt, Menschen klonen zu müssen, als Motiv für sein Tun angibt, der Mensch „solle mit Gott eins werden". Das Klonen von Menschen sei ein erster Schritt zur technischen Unsterblichkeit, und der Mensch habe dadurch „fast so viel Macht wie Gott".[22]

Warum boomt die Idee einer Unsterblichkeit im Cyberspace unter Computerfachleuten? Ist es nicht die Sehnsucht nach Erlösung, die offenbar unausrottbar ist? Unter der Voraussetzung einer religiösen Grundbefindlichkeit, die nicht nicht sein kann, wird auch das merkwürdige Pathos in Frank Tiplers „Physik der Unsterblichkeit" verständlich. Die Idee eines permanenten technologischen Fortschritts ist seit der ökologischen Krise in Gefahr als Zielvorstellung abdanken zu müssen. Tiplers „Physik der Unsterblichkeit" ist das letzte, absurde Sich-Aufbäumen einer Idee, die schon vor 150 Jahren absurd war.

Leider hat sich der evangelische Theologe Wolfhart Pannenberg öffentlich für Tiplers „Physik der Unsterblichkeit" eingesetzt und glaubt, daß sie theologisch zu retten ist. Hängt dies damit zusammen, daß Pannenberg das moderne technische Handeln nicht als eine eigenständige Größe anerkennt, und daß er die Querverbindungen zwischen dem technischen Handeln und der Sündentheologie auf sich beruhen läßt?

Jedenfalls hätte eine Theologie gegenüber allen Verabsolutierungen des Technisierungsprozesses wachsam zu sein. Die Zweideutigkeit, Widersprüchlichkeit, Sündhaftigkeit des Menschen zeigt sich nirgends deutlicher als dort, wo er über große Macht verfügt. In der Antike war dies die Macht des Staates. Die ersten Christen ließen sich lieber vom Löwen fressen, als daß sie dem römischen Kaiser gehuldigt hätten. Heute ist es der technisch-industrielle Komplex, der in der Hand weniger gigantischer Konzerne weltweit Macht über die Menschen ausübt. Diese Macht besteht, mit Tillich zu reden, in der einseitigen Herrschaft der „technologischen" über die „ontologische" Vernunft, d. h. in einer Verabsolutierung der Zweck-Mittel-Rationalität. Sie findet sich darin, daß die technischen Mittel durch die Anwendung physikalisch-mathematischer Gesetze eine Präzision und Durchschlagskraft erreicht haben, vor denen die Naturschranke zurückweicht, als hätte es sie nie gegeben. Beide Effekte schaukeln sich hoch und werden zum Selbstläufer. Daher gibt es die immer wieder gehörte Behauptung vieler Ingenieure, der technische Fortschritt sei „zwangsläufig".

An dieser Stelle ist jedoch auf zweierlei zu verweisen. Erstens: Die Theologie hat die katastrophalen Folgen einer Verabsolutierung der Zweck-Mittel-Rationalität mitleidlos zu kritisieren. Zweitens: Die Theologie wird sensibel werden müssen für die Eigenart moderner technischer Artefakte, die reine Funktionen und keine Gestaltqualitäten mehr ausdrücken. Ich habe dies den fehlenden „psychosomatischen Zusammenhang der Technik" genannt, was mit der Unfähigkeit der Technik zusammenhängt, zu altern, eine Geschichte zu haben und damit, daß sie symbolisch extrem sperrig ist.

Der Protest „konservativer" Autoren wie Guardini oder Brunner hat hier sein Recht. Er ist zusammenzusehen mit dem Protest der Kunst

seit dem 19. Jahrhundert bis hin zu den Installationen der „documenta",
die sich auf Technik gewöhnlich nur so beziehen, daß sie ihre immanenten Funktionen zerstören. Erst wenn das Technische als Technisches verschwindet, wird das Symbolische sichtbar. Eine Theologie, die
sich mit Neomystik à la Pirsig zufriedengibt und einfach dekretiert, daß
der göttliche Geist in der Maschine zu wohnen habe, bleibt unterkom-
plex.

Dies sind rein negative Grenzmarken. Doch wo bleibt nun die *positive*
Beziehung von Technik auf Transzendenz? Wo artikuliert sich Heiliger
Geist in der Maschine? Oder ist die Frage falsch gestellt?

Mir scheint in der Tat, daß die „Gottmaschine" eine Illusion ist, in dem
Sinne Tiplers, der den „Deus ex machina" zum „Deus qua machina" hochstilisiert. Ein selbstgemachter Gott ist kein Gott — das wußten schon die
alten Propheten. Eine „Gottmaschine" ist aber auch in dem schwächeren
Verständnis sinnlos, daß Gott noch nicht einmal in einer Maschine „wohnen" kann. Auch Menschen wohnen nicht gerne in einer Maschine und
wenn der Architekt Le Corbusier sich für Flugzeuge, Schiffe und Autos
begeisterte und daraus seine Konzeption einer „Wohnmaschine" ablei-
tete, so betrachten wir dies als ein Zeichen von Barbarei unter dem Vorwand der Avantgarde. Warum sollte also Gott in einer Maschine wohnen,
wo sie noch nicht einmal dem Menschen gemäß ist?

Guardini hatte recht: Erst wenn die Märchen aus der Maschine selber kommen und zwar am hellichten Tag, nicht als ein nächtliches, romantisches Kompensationsphänomen, erst dann werden Theologie und
Technik ins Gespräch kommen.

Dies kann nur geschehen, wenn wir auf die entfernteren Zwecke und
symbolischen Obertöne achten, die jederzeit mit dem technischen Fortschritt verbunden sind. Es geht hier nicht um die Maschine als solche,
sondern um die *Bedeutung*, die sie in einem bestimmten gesellschaftlich-
geschichtlichen Kontext hat.

In einem solchen Kontext kann die Dampflok zum präsentativen Symbol der menschlichen Sehnsucht werden, Grenzen zu überschreiten, das

Unendliche zu erreichen. Schon morgen steht sie im Museum — tot wie ein aufgespießter Schmetterling. Ich hatte darauf aufmerksam gemacht, daß es nur die jeweils neuesten Technologien sind, die sich in ihrer Entstehungsphase mit dem Rotgold des „Guten, Wahren und Schönen" überziehen, während die Morgenröte der Innovation alsbald ins graue Licht des technischen Alltags übergeht, der durch seine Nüchternheit keine metaphysischen Assoziationen mehr hervorruft.

Dem Theologen ist dieses Phänomen wohlvertraut. Er weiß, daß das Göttliche nicht verfügbar ist, kein Zuhandenes, das an jeder Zeit-Raum-Stelle gleich und gleich vorhersehbar wirkt wie die Schwerkraft oder der Zweite Hauptsatz der Thermodynamik. Das Göttliche äußert sich geschichtlich und unableitbar. Sein Ort ist der „Kairos", der glückliche, gefüllte Augenblick, wo Sein und Sollen übereinstimmen und die Gegenstände ihre Fremdheit verloren haben.

Diesen „Kairos" gibt es auch in der Technikgenese und in gewissem Sinn haben wir, die Technikbenutzer, ihn alle erlebt, wenn wir von einem Auto, einer Rakete, einem Flugzeug oder einem Computer begeistert waren. Die Souveränität über Raum und Zeit, über Bits und Bytes, evoziert in uns die Idee einer absoluten Souveränität, in der alle Beschränkungen aufgehoben wären. Es ist keine Illusion, wenn wir den Weltraum oder den Cyberspace als Ort der Freiheit begreifen. Das technische Gerät wird hier zum präsentativen Symbol der Transzendenz und erlangt *als solches* religiöse Qualität. Der Fehler der Dessauers oder Pirsigs war nicht, daß sie darauf bestanden haben, daß es sich so verhalte, sondern daß sie das, was nur ein Symbol sein kann, verdinglichten, indem sie wie Dessauer die Maschine zum Sakrament erhoben.

Der Dessauersche Technikplatonismus ist nicht nur deshalb mißlungen, weil ein Platonismus zur Aufhebung des Konkreten und der Geschichte führt, sondern auch, weil er das Wahre als „Idee" d.h. als ein Abstraktum ansetzt. Im Christentum ist dagegen das Wahre konkret.

Ich frage mich, ob bei der berechtigten Forderung nach einer „narrativen Theologie", die sich den Geschichten des Neuen Testaments anschmiegt, statt sie abstrakt zu verdünnen, der Ansprechpartner der Theologie nicht die Science-fiction sein müßte? Wo wird sonst die existenzielle Befindlichkeit des Zeitgenossen offenbar, insofern sie von der Technik durchdrungen ist? Wo artikulieren sich seine Hoffnungen und Befürchtungen deutlicher?

Aus Angst, nicht „wissenschaftlich" genug zu sein, meiden die Theologen den Trivialmythos, auch wenn er eine epochale Befindlichkeit zum Ausdruck bringt. Aber vielleicht sind „Lady Diana" und „Perry Rhodan" theologisch bedeutsamer als Niklas Luhmann und Richard Rorty.[23]

Anmerkungen

1 Auer, in: „Autonome Moral und christlicher Glaube", S. 27

2 Korff, S. 11

3 So z. B. bei einer Untersuchung Gründels zur Gentechnologie. Dieser Autor gibt vor, theologisch zu argumentieren, aber seine Argumente, die durchaus nachvollziehbar sind, sind auch ohne theologische Prämissen akzeptierbar. Wozu sind sie dann überhaupt nötig? (Gründel „Theologisch-ethische Aspekte der Gentechnik", in: Buckel u. a., S. 163-184)

4 In Rahners Werken gibt es einige wenige Überlegungen zur Gen- und Rüstungstechnologie, aber diese Überlegungen stehen offenbar am Rande. (Rahner, Werke, Bd. VIII, S. 260ff., 286ff.; Bd. XV, S. 280ff.)

5 Ich folge hier der Konzeption des Frankfurter Religionsphilosophen Hermann Schrödter. Nach ihm ist Religion „die Gesamtheit der Erscheinungen (Objektivationen), in denen Menschen das Bewußtsein der radikalen Endlichkeit ihrer Existenz und deren reale Überwindung (Religiosität) ausdrücklich machen." (Schrödter (1979), S. 298)

6 Tillich, Bd. I, S. 19ff

7 Stöcklein/Rassem, S. 316ff

8 Vgl. z. B. das Buch „Physik und Transzendenz" von Hans-Peter Dürr

9 Bultmann, S. 16

10 Gerl, S. 17, 260

11 Ich beziehe mich im Folgenden ausnahmslos auf diese Schrift, obwohl man natürlich auch andere berücksichtigen müßte, wie insbesondere „Das Ende der Neuzeit", wo der Gedankengang der „Briefe" weiter ausgefaltet wird. Mir geht es hier nur um eine exemplarische Darstellung.

12 Guido Schnellmann schrieb 1974 ein Buch mit dem Titel „Theologie und Technik" mit einer Rückschau über die vergangenen 40 Jahre. Sein Fazit: „Das Phänomen Technik ist bislang weder philosophisch noch theologisch bewältigt. " (Schnellmann, S. 1). Ich weiß nicht, ob die Entwicklung der letzten 25 Jahre zu einem anderen Urteil berechtigt. In der „Deutschen Bibliothek" in Frankfurt gibt es jedenfalls zum Stich-

wort „Technik und Theologie" 16 Eintragungen, davon 15 aus den sechziger und siebziger Jahren. Es liegt nur ein einziger Vermerk aus dem Jahr 1985 vor, nämlich das unten näher zu behandelnde Buch „Technik und heiliger Kosmos" von Burgey. Seither ist, jedenfalls in Deutschland, keine Monographie mehr zu diesem Thema erschienen.

13 Cox, in: Mitcham/Grote, S. 384

14 Burgey, S. 1, 229ff

15 Diese Autoren glauben also an eine Art theologischen Automatismus, der das technische Handeln zum Heil führt: „So wie der Mensch in der Technik der Entdecker der Möglichkeiten der Natur und damit ihres Wesens ist, so legt auch die Technik ihrerseits im Menschen neue Möglichkeiten frei, indem sie ihn zwingt, mehr Mensch zu sein, mehr Person." (Melsen, S. 296). Selbst in der Görresgesellschaft tendierte man in jener Zeit zu einem solchen theologisch motivierten Technikoptimismus. (Vgl. das Jahrbuch dieser Gesellschaft von 1967 zum Thema „Mensch und Technik").

16 Dessauer (1928), S. 94, 102f., 168ff.

17 Stöcklein/Rassem, S. 368

18 Pirsig, S. 141, 150, 175, 267, 271, 291, 344

19 In Michael Sievernichs Werk über „Schuld und Sünde in der Theologie der Gegenwart" fehlt z. B. das Stichwort „Technik", offenbar weil es von den Theologen der Gegenwart vernachlässigt wird.

20 Tillich, Bd. I, S. 89, 108, 113

21 Tillich, Bd. III, S. 77f., 91ff., 125

22 FAZ vom 8.1.1998, S. 7

23 Der Gießener Theologe Linus Hauser untersucht allerdings schon seit Jahren die Science-fiction-Literatur theologisch. Es wäre zu wünschen, daß solche Untersuchungen nicht nur im Zusammenhang mit dem religiösen Sektenwesen durchgeführt werden. Dies wird der epochalen Befindlichkeit, die sich in der Science-fiction-Literatur ausdrückt nicht gerecht.

Literatur

Amerika-Haus Berlin (Hrsg.) (1979): George Rickey, Berlin.

Auer, Alfons ([2]1984): Autonome Moral und christlicher Glaube, Düsseldorf.

Barck, Karlheinz u. a. (Hrsg.) (1993): Aisthesis, Leipzig.

Behringer, Wolfgang / Ott-Koptschalijski, Constance (1991): Der Traum vom Fliegen. Zwischen Mythos und Technik, Frankfurt.

Benz, Carl (1925): Lebensfahrt eines deutschen Erfinders, Leipzig.

Bloch, Ernst (1985): Das Prinzip Hoffnung, Frankfurt.

Boethius (1991): Trost der Philosophie, München.

Bormann, Sven (1994): Virtuelle Realität. Genese und Evaluation, Bonn.

Brand, Stewart (1990): Media Lab. Computer, Kommunikation und neue Medien. Die Erfindung der Zukunft am MIT, Reinbek.

Braun, Hans-Joachim/ Kaiser, Walter (1997): Energiewirtschaft, Automatisierung, Information, Propyläen-Technikgeschichte, Band V: seit 1914, Berlin.

Brecht, Bertolt (1998): Die Stücke, Augsburg.

Brunner, August (1977): Technik und Religion, in: „Stimmen der Zeit", Bd. 195.

Buckel, W. u. a. (Hrsg.) (1991): Das Handwerk der Gentechnik, München.

Bungard, Walter/ Lenk, Hans (1988): Technikbewertung, Frankfurt.

Eurgey, Franz (1985): Technik und heiliger Kosmos, Würzburg.

Cassirer, Ernst (1985): Symbol, Technik, Sprache, Hamburg.

Cassirer, Ernst (1994): Philosophie der symbolischen Formen (3 Bände), Darmstadt.

Cassirer, Ernst (1994): Wesen und Wirkung des Symbolbegriffs, Darmstadt.

Cassirer, Ernst (1995): Zur Metaphysik der symbolischen Formen, Hamburg.

Davies, Paul (1990): Die Urkraft. Auf der Suche nach einer einheitlichen Theorie der Natur, München.

Dawkins, Richard (1987): Der blinde Uhrmacher. Ein Plädoyer für den Darwinismus, München.

Decker, Edith (1988): Paik. Video, Köln.

Dessauer, Friedrich ([2]1928): Philosophie der Technik, Bonn.

Dessauer, Friedrich (1924): Leben, Natur, Religion. Das Problem der transzendenten Wirklichkeit, Bonn.

Dessauer, Friedrich (1956): Streit um die Technik, Frankfurt.

Deutsche Gesellschaft für Luft- und Raumfahrt (DGLR) (Hrsg.): Jahrbuch, Bonn.

Deutsches Museum (Hrsg.) (1977ff): Vierteljahresschrift „Kultur und Technik", München.

Dobmeier, Gotthard (Hrsg.) (1991): Angst vor der Technik – Vertrauen in die Schöpfung? Techniker und Theologen im Dialog, München.

„documenta" (1955ff), Kataloge des Museum Fridericianum, Kassel.

Dürr, Hans-Peter (1990): Physik und Transzendenz, München.

Einstein, Albert (1953): Mein Weltbild, Zürich.

Eisfeld, Rainer (1996): Mondsüchtig. Wernher von Braun und die Geburt der Raumfahrt aus dem Geist der Barbarei, Hamburg.

Estang, Luc ([8]1979): Saint-Exupéry, Hamburg.

Esterbauer, Reinhold: Gott im Cyberspace? Zu religiösen Aspekten neuer Medien, in: Kolb, Anton u.a. (Hrsg.): Cyberethik, Stuttgart 1998.

Eyth, Max (1905): Lebendige Kräfte. Sieben Vorträge aus dem Gebiete der Technik, Berlin.

Featherstone, M./ Burrows, R. (Hrsg.) (1995): Cyberspace, Cyberbodies, Cyber-punk. Cultures of Technological Embodiment, London.

Fehlemann, Sabine (Hrsg.) (1994): Retrospektive, Carl Grossberg zum 100. Geburtstag, Von der Heydt-Museum Wuppertal, Köln

Feynman, Richard P. (1993): Vom Wesen physikalischer Gesetze, München.

Friedel, Helmut/ Güssow, Ingeborg (1980): Kunst und Technik in den 20er Jahren. Neue Sachlichkeit und Gegenständlicher Konstruktivismus, München.

Galilei, Galileo (1987): Schriften, Briefe, Dokumente (2 Bände), München.

Gehlen, Arnold (1974): Anthropologische Forschungen. Zur Selbstbegegnung und Selbstentdeckung des Menschen, Hamburg.

Gerl, Hanna-Barbara (1985): Romano Guardini 1885-1968. Leben und Werk, Mainz.
Gibson, William ([8]1992): Neuromancer (3 Bände), München.

Glitz, Raimund (1994): Virtuelle Realität. Arbeitsbericht zur Technikfolgenfolgenab-schätzung, VDI-Technologiezentrum, Düsseldorf.

Görres-Gesellschaft (Hrsg.) (1967): Mensch und Technik. Akte der 9. Sitzung der Görresgesellschaft, Freiburg.

Gräfen, Hubert (Hrsg.) (1991): Lexikon Werkstofftechnik, Düsseldorf.

Guardini, Romano ([2]1990): Die Technik und der Mensch. Briefe vom Comer See, Mainz.

Guardini, Romano (1950): Das Ende der Neuzeit, Würzburg.

Guderian, Dietmar (Hrsg.) (1994): Technik und Kunst, Düsseldorf.

Gumin, H./ Meier, H. (Hrsg.) (1992): Einführung in den Konstruktivismus, München.

Hägermann, Dieter/ Schneider, Helmuth (1997): Landbau und Handwerk, Propyläen Techikgeschichte, Band I: 750 v. Chr. bis 1000 n. Chr., Berlin.

Hastedt, Heiner (1994): Aufklärung und Technik. Grundprobleme einer Ethik der Technik, Frankfurt.

Hauser, L./ Wachler, D. (Hrsg.) (1989): Weltuntergang – Weltübergang. Science-fiction zwischen Religion und Neomythos, Altenberge.

Hawking, Stephen W. (1988): Eine kurze Geschichte der Zeit. Die Suche nach der Urkraft des Universums, Hamburg.

Heisenberg, Werner (1973): Der Teil und das Ganze, München.

Herder-Lexikon Symbole ([2]1994), Freiburg.

Hoffmann, Johannes (Hrsg.) (1992): Ethische Vernunft und technische Rationalität. Interdisziplinäre Studien, Frankfurt.

Hoffmann, Johannes (Hrsg.) (1997): Irrationale Technikadaption als Herausforderung an Ethik, Recht und Kultur, Frankfurt.

Hofmann, Werner (Hrsg.) (1985): Konrad Klapheck. Retrospektive 1955-1985, München.

Hungerkamp, Maria/ Lutz, Matthias (Hrsg.) (1997): Grenzenüberschreitende Ethik. Festschrift für Johannes Hoffmann anläßlich seines sechzigsten Geburtstages, Frankfurt.

Huning, Alois (1974): Das Schaffen des Ingenieurs, Düsseldorf.

Kant, Immanuel ([3]1982ff): Werkausgabe (12 Bände), Frankfurt

Kindlers Malerei Lexikon (1964ff), Zürich.

König, Wolfgang/ Weber, Wolfhard (1997): Netzwerke, Stahl und Strom, Propyläen Technikgeschichte, Band IV: 1840 bis 1914, Berlin.

Korff, Wilhelm (1979): Kernenergie und Moraltheologie, Frankfurt.

Kuhn, Thomas S. (1996): Die Struktur wissenschaftlicher Revolutionen, Frankfurt.

Langer, Susanne K. (1987): Philosophie auf neuem Wege. Das Symbol im Denken, im Ritus und in der Kunst.

Lenk, Hans (1982): Zur Sozialphilosophie der Technik, Frankfurt.

Lenk, Hans/ Ropohl, Günter (Hrsg) (1987): Technik und Ethik, Stuttgart.

Ludwig, Karl-Heinz/ Schmidtchen, Volker (1997): Metalle und Macht, Propyläen Technikgeschichte, Band II: 1000 bis 1600, Berlin.

Maar, Christa/ Pöppel, Ernst/ Christaller, Thomas (Hrsg.) (1996): Die Technik auf dem Weg zur Seele. Forschungen an der Schnittstelle Gehirn/Computer, Hamburg.

Maturana, Humberto R./ Varela, Francisco J.(^{2}1987): Der Baum der Erkenntnis. Die biologischen Wurzeln des menschlichen Erkennens, München.

Melsen, Andreas G. M. van (1964): Naturwissenschaft und Technik. Eine philosophische Besinnung, Köln.

Mayr, Ernst (1991): Eine neue Philosophie der Biologie, München.

Meyer-Abich, Klaus Michael (1997): Praktische Naturphilosophie. Erinnerung an einen vergessenen Traum, München.

Minsky, Marvin (1990): Mentopolis, Stuttgart.

Mitcham, Carl/ Grote, Jim (Hrsg.) (1984): Theology and Technology. Essays in Christian Analysis and Exegesis, New York.

Münker, Stefan./ Roesler, Alexander (Hrsg.) (1997): Mythos Internet, Frankfurt.

Mumford, Lewis (1986): Mythos der Maschine. Kultur, Technik und Macht, Frankfurt.

Mutschler, Hans-Dieter/ Ott, Konrad (1992): Vernunft in der Weltraumfahrt? Der deutsche Raumgleiter „Sänger", Frankfurt.

Mutschler, Hans-Dieter (^{2}1992b): Physik – Religion – New Age, Würzburg.

Mutschler, Hans-Dieter (1993): Guardini und das Problem der Technik", in: Schuster, H. J. (Hrsg.) „Guardini weiterdenken", Berlin.

Mutschler, Hans-Dieter (Hrsg.) (1994a): Gott neu buchstabieren. Zum Leben und Werk Karl Rahners, Würzburg.

Mutschler, Hans-Dieter (1994b): Technische Kausalität und klassische Vierursachenlehre, in: Linus Hauser (Hrsg.): Festschrift für Hermann Schrödter, Altenberge.

Mutschler, Hans-Dieter (1995): Frank Tiplers Physical Eschatology, in: Zygon Vol. 30 (3), Chicago September 1995.

Mutschler, Hans-Dieter (1996): Ethische Probleme der virtuellen Realitätserzeugung und des radikalen Konstruktivismus, in: Jahrbuch für Christliche Sozialwissenschaften 37. Band (1996).

Mutschler, Hans-Dieter (1997a): Gott, der Mensch und die Wissenschaft (zusammen mit H. P. Dürr, K. M. Meyer-Abich, W. Pannenberg und F. M. Wuketits), Augsburg.

Mutschler, Hans-Dieter (1997b): Konstruktivistische Erkenntnistheorie und Computermißbrauch im Cyberspace, in: Bammé, Arno u.a. (Hrsg.) Klagenfurter Beiträge zur Technikdiskussion, Heft 83, Klagenfurt.

Mutschler, Hans-Dieter (1997c): Zum Spannungsverhältnis zwischen Physik und Theologie, in: Praxis der Naturwissenschaften – Physik, Heft 6, 46. Jahrgang 1997. Negroponte, Nicholas (1995): Total digital. Die Welt zwischen 0 und 1 oder die Zukunft der Kommunikation, München.

Oberth, Hermann (1986 = ^{3}1929): Wege zur Raumschiffahrt (= „Die Rakete zu den

Planetenräumen"), Düsseldorf.

Oberth, Hermann (1959): Stoff und Leben. Betrachtungen zum modernen Weltbild, Remagen.

Oberth, Hermann (1966): Der Katechismus der Uraniden. Haben unsere Religionen eine Zukunft? Wiesbaden-Schierstein.

Pannenberg, Wolfhart (1983): Anthropologie in theologischer Perspektive, Göttingen.

Pannenberg, Wolfhart (1987): Wissenschaftstheorie und Theologie, Frankfurt.

Pannenberg, Wolfhart (1988ff): Systematische Theologie (3 Bände), Göttingen.

Peirce, Charles. S. (1991): Naturordnung und Zeichenprozess, Frankfurt.

Pirsig, Robert M. (1995): Zen und die Kunst, ein Motorrad zu warten, Frankfurt.

Planck, Max (1949): Vorträge und Erinnerungen, Stuttgart.

Popper, Karl (1976): Logik der Forschung, Tübingen.

Popper, Karl (1984): Objektive Erkenntnis, Hamburg.

Proske, Christine (1991): Wolkenkratzer. Die schönsten Bauten, ihre Geschichte, ihre Architektur, München.

Propyläen Kunstgeschichte, Propyläen-Verlag, Berlin 1967ff.

Puttkamer, Jesco von (1987): Der Mensch im Weltraum. Eine Notwendigkeit, Frankfurt.

Puttkamer, Jesco von (1994): Raumfahrt ist Kulturpflicht, in: Dokumente der Luft- und Raumfahrtindustrie 10/1994.

Rahner, Karl (^{2}1957): Geist in Welt. Zur Metaphysik der endlichen Erkenntnis bei Thomas von Aquin, München.

Rahner, Karl (1954ff): Schriften zur Theologie (15 Bände), Einsiedeln.

Rammert, Werner (Hrsg.) (1990): Computerwelten, Alltagswelten. Wie verändert der Computer die soziale Wirklichkeit? Opladen.

Rapp, Friedrich (1978): Analytische Technikphilosophie, München.

Rapp, Friedrich (Hrsg.) (1981): Naturverständnis und Naturbeherrschung, München.

Rempeters, Georg (1994): Die Technikdroge des 21. Jahrhunderts. Virtuelle Welten im Computer, Frankfurt.

Riedl, Anselm (1970): George Rickey. Kinetische Objekte, Stuttgart.

Rheingold, Howard (1992): Virtuelle Welten. Reisen im Cyberspace, Berlin.

Rohbeck, Johannes (1993): Technologische Urteilskraft. Zu einer Ethik des technischen Handelns, Frankfurt.

Ropohl, Günther (1985): Die unvollkommene Technik, Frankfurt.

Ropohl, Günter (1991): Technologische Aufklärung. Beiträge zur Technikphilosophie, Frankfut.

Rötzer, Florian/ Weibel, Peter (Hrsg.) (1993): Cyberspace. Zum medialen Gesamtkunstwerk, München.

Roth, Gerhard (1994): Das Gehirn und seine Wirklichkeit, Frankfurt.

Ruland, Bernd (1969): Wernher von Braun. Mein Leben für die Raumfahrt, Offenburg.

Rusch, Gebhard/ Schmidt, Siegfried J. (Hrsg.) (1995): Konstruktivismus und Ethik, Frankfurt.

Sachsse, Hans (1974ff): Technik und Gesellschaft (3 Bände), München.

Sachsse, Hans (1978): Anthropologie der Technik, Braunschweig.

Sachsse, Hans (1979): Kausalität − Gesetzlichkeit − Wahrscheinlichkeit, Darmstadt.

Sachsse, Hans (1984): Ökologische Philosophie. Natur – Technik – Gesellschaft, Darmstadt.

Schachtner, Christel (1993): Geistmaschine. Faszination und Provokation am Computer, Frankfurt.

Schachtner, Christina (Hrsg.) (1997): Technik und Subjektivität. Das Wechselverhältnis zwischen Mensch und Computer aus interdisziplinärer Sicht, Frankfurt.

Schmidt, Siegfried J. (^{2}1988) (Hrsg.): Der Diskurs des radikalen Konstruktivismus, Frankfurt.

Schnellmann, Guido (1974): Theologie und Technik, Köln.

Schrödinger, Erwin (1961): Meine Weltansicht, Frankfurt.

Schrödter, Hermann (1979): Analytische Religionsphilosophie, Freiburg.

Segeberg, Harro (Hrsg.) (1987): Technik in der Literatur, Frankfurt.

Sesink, Werner (1993): Menschliche und künstliche Intelligenz. Der kleine Unterschied, Stuttgart.

Soentgen, Jens (1997): Das Unscheinbare. Phänomenologische Beschreibungen von Stoffen, Dingen und fraktalen Gebilden, Berlin.

Stöcklein, Ansgar/ Rassem, Mohammed (Hrsg.) (1990): Technik und Religion, Düsseldorf.

Stork, Heinrich (^{2}1989): Einführung in die Philosophie der Technik, Darmstadt.

Teilhard de Chardin, Pierre (1969): Der Mensch im Kosmos, München.
Tillich, Paul (1956ff): Systematische Theologie (3 Bände), Stuttgart.

Tipler, Frank J. (1994): Die Physik der Unsterblichkeit, München.

Troitzsch, Ulrich/ Paulinyi, Akos (1997): Mechanisierung und Maschinisierung, Propyläen Techikgeschichte, Band III: 1600 bis 1840, Berlin.

Troitzsch, Ulrich/ Weber, W. (Hrsg.) (1987): Die Technik. Von den Anfängen bis zur Gegenwart, Stuttgart.

VDI-Berichte 797 (1990): Ingenieur-Werkstoffe im technischen Fortschritt, Düsseldorf.

Violand-Hobi, Heidi E. (1995): Jean Tinguely. Biographie und Werk, München.

Waffender, Manfred (Hrsg.) (1991): Cyberspace. Ausflüge in virtuelle Wirklichkeiten, Hamburg.

Weinberg, Steven ([2]1992): Der Traum von der Einheit des Universums, München.

Weizsäcker, Carl Friedrich v. (1958): Zum Weltbild der Physik, Stuttgart.

Weizsäcker, Carl Friedrich v. (1984): Die Einheit der Natur, München.

Weizsäcker, Carl Friedrich v. (1988): Aufbau der Physik, München.

White, Frank (1989): Der Overview Effekt. Die erste interdisziplinäre Auswertung von 20 Jahren Weltraumfahrt, München.

Wiener, Norbert (1963): Kybernetik, Düsseldorf.

Woolley, Benjamin (1995): Die Wirklichkeit der virtuellen Welten, Basel.

Bildnachweis

S. 30 Titelblatt von Max Eyths Autobiographie „Hinter Pflug und Schraubstock" von 1899. Wiedergegeben mit freundlicher Genehmigung des VDI-Verlages, Düsseldorf, aus: Guderian, D. (Hrsg.): Technik und Kunst.1994, S. 420. Die Vorlage stellte freundlicherweise Charlotte Schönbeck, Wilhelmsfeld zur Verfügung.

S. 35 Mercedes-Benz „300 SL" mit offener Sportkarosserie, 1953. Foto: © AKG, Berlin.

S. 45 Georg Stephensons „Rocket", Holzstich, 1875. Foto: © AKG, Berlin.

S. 57 Die Divinisierung der Elektrizität im 19. Jahrhundert. Werbemittel der Firma Helios in Köln, 1888. Veröffentlichung mit freundlicher Genehmigung durch das Institut für Stadtgeschichte der Stadt Frankfurt am Main.

S. 67 Papiermühle zu Haynsburg bei Zeitz (gegründet um 1700, in Betrieb bis 1909) Teilansicht. Deutsches Museum, München, Alte Abteilung, Landwirtschaftstechnik. Foto: © Deutsches Museum, München.

S. 86 Junge spielt mit Cyberspace. Foto: © IFA-Bilderteam, München.

S. 119 „Torquetum" von Johannes Pratorius (Richter), 1568. Wiedergabe mit freundlicher Genehmigung durch das Germanische Nationalmuseum Nürnberg.

S. 121 Albrecht Altdorfer, Karawelle, Federzeichnung, 1515. Wiedergabe mit freundlicher Genehmigung durch die Universitätsbibliothek der Universität Erlangen-Nürnberg.

S. 123 Containerschiff. Foto: © Hamburg Süd, The Shipping Group, Hamburg.

S. 126 Carl Grossberg, Maschinensaal, 1925, Von der Heydt-Museum Wuppertal. Foto: © AKG, Berlin. Wiedergabe mit freundlicher Genehmigung durch das Von der Heydt-Museum Wuppertal und Eva Grossberg, Sommerhausen.

S. 128 Konrad Klapheck, Das Glück der Regelmäßigkeit,1959, Karl Ernst Osthaus-Museum Hagen. Wiedergabe mit freundlicher Genehmigung durch das Karl Ernst Osthaus-Museum Hagen, VG Bild-Kunst, Bonn 1998.

S. 145 René Magritte, „La Duree poignardee", Die durchbohrte Zeit, Öl auf Leinwand, 1938/39, Art Institute Chicago. Foto: © AKG, Berlin, VG Bild-Kunst, Bonn 1998.

S. 136/137 E. N. Neureuther, „Maschinenfabrik Klett & Co." (die spätere MAN), 1858. Foto: © Historisches Archiv der MAN, Augsburg.

S. 143 George Rickey, „Vier Vierecke im Geviert" auf der Terrasse vor der National-galerie Berlin, Mobile Stahlskulptur, 1969. Foto: © AKG, Berlin.

S. 150 Hans Hesse, Altargemälde zum Silberbergbau im Erzgebirge, 1521 aufgestellt von der Bergknappschaft Annaberg/ Stadtkirche St. Annen. Foto: © AKG, Berlin.

S. 201 Thrust-Super-Sonic Car. Foto mit freundlicher Genehmigung durch Deutsche Castrol Hamburg.

Der Verlag dankt für die erteilten Abdruckgenehmigungen:

S. 39—40" Bertolt Brecht, aus: Gesammelte Werke, Stücke 1, © Suhrkamp Verlag Frankfurt am Main 167, S. 294/295.

S. 51—53 aus: Frank White, Der Overview-Effekt, 1989 © des Vorworts von Ulf Mer-bold by Scherz Verlag, Bern, München, Wien.